시스터 아웃사이더

시스터
아웃사이더

오드리 로드

주해연·박미선 옮김

후마니타스

추천사

지금 우리에게 너무나도 딱 맞게 오드리 로드가 도착했다.
여성이지만 흑인이라는 이유로, 흑인이지만 여성이라는 이유로,
페미니스트이지만 레즈비언이라는 이유로
차별과 배제를 경험해야 했던 오드리 로드는
뜨겁고 단단한 목소리로 자신의 이야기를 들려준다.
이 이야기가 낯설지 않은 건, 그녀가 곱씹는 공포와 혐오가
지금 우리가 경험하는 그것과도 너무나 닮아 있기 때문이다.
세상을 바꾸자는 이들 사이에서도 벌어지는 차별과 배제,
연결되어야 할 이들을 갈라놓는 의도적인 오해와 멸시에 그녀는
분노하면서도 절망하지 않는다. 절망하기보다 그 분노를
생산적으로 활용할 방법을 끈질기게 모색한다.
"주인의 도구"가 아닌 새로운 도구로
"주인의 집"을 해체할 방법을 찾아
그녀는 단호하면서도 부드럽고 시적인 목소리로
끊임없이 우리에게 말을 건다.
침묵을 깨고, 차이를 우리의 힘으로 만들고,
그리고 "구조 밖에 존재하는 아웃사이더들과 함께" 싸워야
한다고 말이다. • 한채윤

눈물이 멈추지 않는다. 나도 묻는다.
"누가 여성입니까, 저는 여성이 아닙니까?"
이 질문이 영원한 것처럼,
오드리 로드 역시 그럴 것이다. • 정희진

같은 벽을 만났다. 수십 년간 똑같은 벽 앞에 서서 생각했다.
결국 방법은 권력인가. 약자들이 권력을 가져야만 세상을 바꿀
수 있는 걸까. 같은 벽 앞에 서서 무기력함을 곱씹을 때마다
방향감각이 조금씩 흔들리곤 했다. 요즘 부쩍 그랬다. 생각과
표현과 방법이 다른 걸 견디지 못하고 상대를 절멸시켜
버리겠다는 협박이 저항의 언어로 인기를 끌게 된 건 결국은
권력을 가지지 못했기 때문이 아닐까.
하지만 오드리 로드의 말대로, 동성애 혐오, 인종차별주의,
성차별주의는 차이를 인간의 역동적 힘으로 인식하지 못하는
무능력에서 비롯된다. 우리 중 누군가가 권력을 갖는다고 해서
문제가 해결되는 건 아니다. 모두가 함께 권력에 저항할 때
세상은 바뀐다. 결국은 차이에 기반을 둔 연대의 정치만이 우리가
서있는 풍경을 바꿀 수 있다.
방향감각을 다시 정비해야 할 때 이 책을 만난 건 행운이다.
그리고 지금 한국 사회의 가장 뜨거운 논쟁 가운데 있는 '우리'
페미니스트들 모두가 이 행운을 누릴 자격이 있다. • 권김현영

풍부한 비전과 도덕적 용기, 그리고 그녀의 언어가 촉발하는
열정으로 말미암아, 로드는 이미 우리에게 없어서는 안 될
시인이 되었다. • 에이드리언 리치

내가 오드리 로드를 사랑하는 이유는 그녀가 정치적으로나
감정적으로 솔직했을 뿐만 아니라, 그 누구보다 열정적으로 자기
자신에게 충실한 삶을 살고자 했기 때문이다. 그녀는 자신이
그렇게 산다는 게 얼마나 위험한 일인지, 얼마나 대단하고
즐거운 일인지 너무나 잘 알고 있었다. 그리고 끈질기게 그런
삶의 진실을 우리에게 몸소 보여 주고 가르쳤다. 오드리, 그녀가
그립다. 그녀의 목소리를 들으니 그녀에게 말하고
싶어진다. • 앨리스 워커

그녀의 글들이 마침내 침묵을 깼다. 우리는 우리의 자아를
가시화할 수 있는 힘과 이론, 그리고 자유로운 언어를 얻게
되었다. 로드는 우리가 공포의 덫에 사로잡히지 않을 용기를
주었다. • 벨 훅스

당신이 했던 말들이 마치 치통처럼 계속 저를 괴롭히고 찌르고
삐걱거리게 합니다. "당신의 침묵은 당신을 지켜 주지 않는다."
"우리가 말하지 못하는 이유는 눈에 띄는 걸 두려워하기
때문이다. 하지만 그것이 없다면 우리는 온전한 삶을 살 수
없다." 죽음으로써 더 강해진 당신은 조용히 거기 서서 말합니다.
"우리가 말을 하든 안 하든 그 기계는 우리를 잘게 부숴 버릴
것이다. 그래도 여전히 두려움은 남는다."
"당신의 침묵은 당신을 지켜 주지 않는다."
어떤 이들이 침묵할 때, 더듬거릴 때, 보이지 않는 잉크로 쓸 때,
공포 때문에, 돈 때문에, 사랑 때문에, 아이들 때문에 입을 닫을
때, 당신은 그 침묵이 뭐냐고, 그 고통이 뭐냐고 묻습니다. 보고
싶은 오드리, 부디 계속 우리에게 말하는 법, 깨닫는 법을 가르쳐
주기를. 이제부터 우리가 할 일이 침묵보다 더 중요하다는
것을. • 글로리아 헐

감사의 글

이 글을 쓰는 동안 나를 지지하고 응원해 준 모든
여성분들께 감사드리고 싶다. 특히 편집자인 낸시
K. 베리노가 보여 준 인내와 통찰에 대해서는
특별히 감사의 말을 남긴다. 그녀는 이 모든 과정이
실현될 수 있도록 해줬다.

차례

일러두기

· 이 책은 오드리 로드의 산문집 *Sister Outsider*(1984)를 우리말로 옮긴 것이다. 단, 현대적 맥락과 시사점을 고려해 Notes from a Trip to Russia는 제외했고, 세 편의 연설문 「이 무시는 언제 끝날 것인가」, 「1983년 워싱턴 행진 연설」, 「억압의 위계란 없다」를 추가했다. 또 사라 아메드가 2017년에 쓴 「지금 우리에게 오드리 로드는」도 새롭게 추가한 글이다.

· 로드는 미국america과 유럽europe을 소문자로, 흑인Black, 흑인됨 Blackness, 유색 여성woman of Color 등은 대문자로 쓰고 있다.

· 본문의 대괄호([　])와 각주(*)는 모두 옮긴이의 첨언이며, 미주 (1, 2, 3…)는 지은이의 것이다.

· 원문에서 저자가 이탤릭과 대문자로 강조한 부분은 강조점으로 표기했다.

· 단행본, 정기간행물에는 겹낫표(『　』)를, 소제목, 논문, 기고문 등의 한국어 표기에는 홑낫표(「　」)를, 노래 제목·시·영화·연극·텔레비전 프로그램 등에는 가랑이표(<　>)를 사용했다.

• 지금 우리에게 오드리 로드는 • *

오드리 로드의 가장 중요한 산문을 한데 모아 놓은 이 책을 소개하게 되다니 영광이다. 이 책을 소개한다는 건 곧 여러분에게 오드리 로드를 소개한다는 뜻이 될 것이다. 여러분이 그녀를 전혀 모른다거나 읽어 본 적이 없는 독자는 아닐 테니 그런 의미에서 로드를 소개할 필요는 없을 것이다. 이미 그녀의 글을 여러 번 읽어 본 이들도 있을 것이고, 처음 읽어 보는 이들도 있겠지만, 여러분이 이 책을 통해 그녀에게 어떤 식으로 다가가든지간에, 내가 로드를 소개하는 이유는 그녀의 뒤를 따르기 위해서다. 로드는 내 스스로 나에 대해 말하는 것이 얼마나 중요한지를 가르쳐 준 사람이다. 즉 나는 무엇인지 스스로에게 이름을 부여하고, 어떤 사람인지 직접 이야기하며, 내 관심사와 중요하게 생각하는 것이 무엇인지 내 입으로 밝혀야 한다는 것이다. 당신이 무언가에 대해 쓰거나 이야기한다는 건 세상에 자신을 내놓고 공유하겠다는 뜻이다. 로드도 세상에 자신을 내

* Sara Ahmed, "Introduction" Audre Lorde, *Your Silence Will Not Protect You*(Silver Press, 2017).

놓고 우리와 공유하려 한 것이다. 작가이자 활동가, 시인이자 어머니, 전사이자 레즈비언, 흑인이자 여성, 페미니스트이자 사회주의자, 교사이자 사서였던 오드리 로드. 이 책을 읽는 당신은 로드에 대한 이 모든 것들을 그녀로부터 직접 듣고 배우게 될 것이다. 이 책에 모아 놓은 글들에서 그녀는 자신이 누구인지, 그리고 자신이 그렇게 되기까지 해야만 했던 일들이 무엇이었는지 이야기해 주고 있기 때문이다. 로드는 항상 위험을 감수하며 스스로에게 그런 이름들을 부여했고, 그녀의 존재를 어렵게 만드는 세상에 자신의 존재를 알렸다.

오드리 로드는 소개가 필요없는 사람이지만 소개받아 마땅한 사람이기도 하다. 그녀는 1934년 2월 18일, 뉴욕에서 태어났다. 어머니와 아버지는 그레나다와 바베이도스 출신 이민자였다. 자전적 신화집 『자미』*Zami*에서 그녀는 어릴 적 이야기를 들려주며 처음부터 자신은 말썽꾼이었고, 이후에도 마찬가지였다고 말한다. 그녀의 글은 짓궂은 흑인 여성의 기운으로 파닥거린다. 로드는 작가이자 시인이었다. 그녀가 처음 출간한 작품은 서른네 살때 나온 시집 『최초의 도시들』*The First Cities*(1968)이었다. 그녀는 또한 교사이기도 했다―존 제이 칼리지와 헌터 칼리지에서 학생들을 가르쳤고 수많은 세미나와 시 워크숍을 열었다. 이와 같은 교사로서의 경험은 이 책에 수록된 에세이들에도 잘 나타나 있다. 그리고 로드는 활동가였다. 남아공의 '서로를 지지하는 자매들'Sisterhood in Support of Sisters의 창립 멤버였을 뿐만 아니라 다국적 페미니스트들의 연대에도 열정을 쏟았다. 이는 그녀가 어디를 찾아다녔고, 누구를 상대로 이야기했는지를 보면 잘 알 수 있다. 가는 곳마다 그녀는 가부장제·인종차별주의·식민주의에서 살아남기 위해 분투해야만 했던 유색인 여성들, 원주민 여성들, 이주 여성들을 찾아 다녔다.

로드는 모든 것에 의문을 제기하며, 자신의 삶을 끝까지 밀어붙였다. 「시는 사치가 아니다」에서 스스로 묘사하고 있듯이, 그녀에게 삶이란 그것을 "성찰하는 일에 친숙해지"는[39] 것이었다. 그녀는 삶을 자신이 이용할 수 있는 자원들을 가지고 공들여 빚어낸 정치적 예술로 만들었다. 한 인터뷰에서 그녀는 권력 구조에 맞서 싸우기 위해서는 흑인학이나 여성학 같은 것들도 있어야겠지만, "삶의 매 순간, 그러니까 꿈을 꾸고, 일어나 양치질을 하고, 강의실로 들어갈 때까지 우리 삶의 구석구석에서"[161] 우리가 하는 일들도 그와 같은 싸움의 일환이라고 지적한다. 그녀는 금방이라도 끊어질 것만 같은 삶의 끈을 부여잡고 글을 썼다. "나는 흑인 레즈비언 시인으로서 지금 이 자리에 섰습니다. 이것은 내가 아직 살아 있지만 그러지 못할 수도 있었다는 것을 의미합니다"[46]. 로드는 1978년 유방암에 걸렸고, 1992년 암이 간으로 전이되어 생을 마감했다. 그녀는 죽음에 직면해 이렇게 썼다. "나는 단지 피해자인 것만은 아니다. 나는 전사다." 나는 로드가 죽음에 직면해 썼던 이 말로 자꾸 돌아가게 된다.

그리고 지금, 그녀가 직면했던 것을 여전히 우리도 직면하고 있다는 점에서 우리에겐 로드의 언어가 필요하다. 그녀는 자신이 직면했던 것들—인종차별, 성차별, 계급 차별, 나이 차별, 그리고 동성애 차별의 비인간적이고 파괴적인 구조—에 대해 쓰고 말했다. 나는 여기에 덧붙여, 그녀가 킴벌리 크렌쇼 이전에 이미 (구조들 간의) 교차점을 이야기한 사람이라 말하고 싶다. 그녀는 킴벌리 크렌쇼가 "교차성"intersectionality이라는 중요한 말을 처음 사용하기 이전에 이미 이에 대해 이야기했다. 교차점들에 대한 관심은 흑인 페미니즘 학계와 활동가들의 중요한 공헌 가운데 하나였다. 오드리 로드는 흑인 레즈비언 여성으로서 자신이 직면했던 것들에 대한 글을 쓰면서 너무나 많은 언어들을 우리에게 남겨 주었다. 우리에게 동아줄을 던져 준 것이다. 우리는 이 점에 대해 그녀에게 감사해야 할 것이다.

로드에게는 언어를 다루는 자기만의 방식이 있었다. 그녀는 언어를 이끌어 함께 발맞추어 나아갈 줄 알았고, 그것을 무기 삼아, 말을 통해 행동하는 법을 알고 있었다. 나는 로드의 글은 모두, 시로 보이지 않는 글까지도, 흑인 페미니스트 시라고 생각한다. 그녀의 시를 보면 그녀가 언어로 어떻게 지식을 엮어 내는지 느낄 수 있다. 그녀의 글은 "우리가 미처 표현하지 못한 감정, 혹은 미처 인식하지 못한 감정의 힘에 굳게 뿌리 내리고 있다"[69]. 로드에게는 누구나 잘 알아들을 수 있도록 하는 말재주가 있었다. 그녀가 처음 출간한 산문들이 주로 연설문이었던 것은 우연이 아니다. 사실 그녀의 산문은 거의가 살아 숨 쉬는 사람들 곁에서 들려주는 연설speech 같다. '연설'이라는 말은 단어들이 흩뿌려져 있다는 뜻을 가진 'strew'라는 말과 어원이 같은데, 나는 로드가 이처럼 자신의 말들을 우리가 직접 주워 담을 수 있도록 흩뿌려 놓은 걸로 생각하고 싶다. 그녀의 글은 정치적 연설일 뿐만 아니라 개인적 증언이기도 하다. 우리는 이런 로드의 말하기speaking가 가진 중요성을 다음과 같은 형식 ─ 누군가로서 말하기speaking as, 공개적으로 말하기speaking out, 토해 내는 말하기speaking from, 누구의 편에 선 말하기speaking with, 그리고 누군가에게 말하기speaking to ─ 에 따라 생각해 볼 수 있다.

우선 로드는 어떤 자격으로 말을 하느냐speaking as ─ 흑인 여성으로서 말하기 ─ 가 얼마나 중요한 출발점이 될 수 있는지를 보여 준다. 여기서 '자격'as이란 제약처럼 보일 수도 있지만 우리는 무엇이든 될 수 있으며, 로드는 그것이 어떻게 제약이 아니라 열림이 될 수 있는지 보여 준다. 즉, 그녀는 우리가 다른 방식으로 살아갈 수 있음을 자각함으로써, 그리고 지금의 우리를 있게 한 과거 역사에 기초함으로써, 다른 방향으로 나아가는 방법을 보여 준다. 흑인 여성으로서 이야기한다는 것은 백인 남성이 (그녀의 중요한 표현을 빌려 보면) "신화적 규범"으로 되어 있는 이 세상에서 매우 중요한 일이다. 타자로 만들어진 주체로서, 즉 백인이 아닌, 남자가 아닌, 이성애자가 아닌, 인간이 아닌 주체로서 말한다는 것은 그런 규범에 도전하는 일이다. 로드는 백인 페미니즘이 백인 여성의 경험을 일반화함으로써 백인됨whiteness의 신화적 규범을 영속화하는 방식에 대해 강력히 비판했다. 유명한 백인 페미니스트 메리 데일리에게 보낸 편지와 「분노의 활용」에서 백인 여성들이 그녀에게 보낸 편지들을 인용하면서 그녀는 인종차별 메커니즘에 대해 가르쳐 준다. 백인 페미니즘이 단지 백인 여성들에 의해 만들어진 페미니즘인 것만은 아니다. 페미니즘이 젠더를 가장 지배적인 모순으로 가정할 때, 그리고 인종과 같은 다른 차이들을 '단결'을 방해하는 요소로 볼 때, 그것은 백인들의 것이 된다. 그녀는 페미니즘에서 흑인 여성들이 받아들여지는 방식 — 기존의 주장을 옹호하는 데 쓸 수 없다면 흑인 페미니스트의 저작은 절대 읽지 않는다든지, 인종차별에 대한 분노를 조화를 막는 장애물로 본다든지, 분열에 대해 이야기하는 것을 분열을 만들어 내는 일로 여긴다든지 하는 등의 — 에 대한 분석을 통해 페미니즘이 얼마나 백인 중심적인지 보여 준다.

"당신의 침묵은 당신을 지켜 주지 않는다." 오드리 로드의 글귀 가운데 가장 많이 인용되는 이 경구는 여전히 우리에게 많은 가르침을 전해 준다. 공개적 말하기speaking out의 필요성을 탐험하고 있다고도 볼 수 있는 이 책의 글들에서 그녀는 인종차별주의와 성차별주의를 인식하고, 이런 형태의 폭력을 절대 간과하지 않도록 하는 것이 중요하다고 말한다. 그녀에 따르면, 아무리 그 결과가 두려워도, 아무리 그로 인해 대가를 치러야 한다 해도, 공개적으로 말하는 것이 더 낫다. 말하는 것으로 인한 대가가 무엇이든 간에 말하지 않았을 때 치러야 할 대가가 항상 훨씬 더 크기 때문이다. 로드가 상기시켜 주듯이, 인종차별주의와 성차별주의는 우리 삶을 앗아 간다. 나는 이 지점에서 그녀가 우리의 분노를 활용하라면서 했던 이야기, "정보와 에너지"로 무장하라는 이야기를 다시금 떠올리게 된다[218]. 「서로의 눈동자를 바라보며」에서 그녀가 어릴 적 지하철에서 경험한 인종차별, 마주할 수밖에 없었던 본능적인 혐오, 흑인 아이였던 그녀를 향해 백인 여성이 드러낸 공포로 가득한 얼굴에 대한 묘사는 [인종차별주의의] 폭력을 우리가 더 잘 이해할 수 있도록 가시화함으로써, 분노가 어떻게 통찰력을 만들어 내는지 잘 보여 준다. 물론, 그녀가 인종차별에 대해 이야기할 때 사람들이 그녀에게 보였던 반응을 보면 말하기speech가 분노로만 들릴 경우 어떤 식으로 사람들의 귀를 막는지 알 수 있다. 하지만 그녀가 제안하는 것은, 분노를 드러내지 말라는 것이 아니다. 그것이 우리가 정당하게 할 수 있는 일이 되도록 하되, 우리가 하는 일의 전부가 되어서는 안 된다는 것이다. 감정은 우리 삶의 자원일 뿐만 아니라 우리의 정치적 자원이기도 하다. 그녀는 우리에게 이렇게 말한다. "감정은 나를 지키는 수단이었다"[119]. 백인 아버지들이 "나는 생각한다, 그러므로 존재한다"라고 이야기한다면 흑인 어머니들은 이렇게 속삭인다. "나는 느낀다, 그러므로 자유롭다"[43].

로드에게 공개적 말하기speaking out는 동시에 토해 내는 말하기speaking from이기도 하다. 분노에서 나온 말하기, 존재의 깊숙한 곳에 위치한 다른 곳에서 나온 말하기 말이다. 그녀는 「에이드리언 리치와의 대화」에서 흑인 아이를 살해한 백인 경찰에 대한 무죄 선고 소식을 듣고 얼마나 "분노로 속이 역겨"웠는지[168] 묘사한다. 차를 타고 가다가 그 소식을 들은 그녀는 차를 멈춘다. 그러고는 〈권력〉Power이라는 시를 쓴다. 그 시를 토해 낸 것이다. 분노에서 나온 말하기라는 건, 뭔가를 이렇게 존재로 이끄는 것이다. 감정은 시를 통해 잡을 수 있는 것, 실재하는 것이 된다. 로드는 시란 것이 얼마나 중요한지에 대해서도 썼다. 때때로 우리는 폭력이란 걸 밖으로 토해 내기 위해 잠시 하던 일을 멈출 필요가 있다. 멈춰서 이것이 정말 시급한 일, 지금 당장 해야 할 일이라고 말하는 것이다. 그녀의 언어들은 지금도 무장하지 않은 흑인 여성과 남성들에게 폭력을 행사하는 경찰들에 맞선 싸움에서 중요한 도구로 활용되고 있다.

토해 내는 말하기는 또한 우리가 마주하고 있는 것, 우리가 고개를 들고 바라보고 있는 것과도 관련되어 있다. 나는 앞에서도 로드가 얼마나 죽음을 직시하며 글을 썼는지에 대해 언급한 바 있다. 『암일지』*The Cancer Journals*나 『빛의 폭발』*A Burst of Light* 같은 그녀의 책들은 그녀가 유방암을 앓으며 쓴 글들로, 자기만의 생존 방식에 대한 설명이자 어떻게 그런 상황 속에서도 삶을 계속 이어나갔는지에 대한 설명이다. 여기 모인 에세이들을 다시 읽으며 나는 로드가 사실 처음부터 여러 죽음들을 직시하며 글을 쓰고 있었다는 것을 깨달았다. 그녀는 흑인 아이, 흑인 여성, 흑인 남성 들의 죽음을 직시하며 글을 썼다. 그녀는 그 모든 빼앗긴 삶들, 지금도 빼앗기고 있는 삶들을 직시하며 쓰고 또 썼던 것이다. 로드에게 흑인 페미니즘은 죽음을 직시하는 행위에서 생성된다. 로드와 지금의 운동들 — #흑인의목숨도소중하다Black Lives Matter, #그녀의이름을말하자Say Her Name 등* — 은 지금도 계속되고 있는, 끝나지 않은 노예제와 식민주의 역사에 대한 분노와 직접 연결되어 있다.

역사에서 누군가는 살아남는 게 중요한 일이 될 수도 있다. 로드는 생존을 위해 필요한 것들에 대해 이야기한다. 그녀는 시가 사

* #흑인의목숨도소중하다 운동은 2012년 미국에서 십대 흑인 소년을 죽인 백인 자경단이 이듬해 정당방위로 무죄 선고를 받고 풀려나면서 시작된 흑인 민권운동이다. 2014년과 2016년, 흑인을 향한 백인 경찰의 총격 사건이 잇따르면서 점점 확산됐다.
#그녀의이름을말하자 운동은 #흑인의목숨도소중하다 운동에서 흑인 여성이 당하는 폭력이 비가시화되어 온 문제를 비판하며 2015년에 시작된 운동으로 인종차별적 폭력을 당한 피해 여성들의 죽음을 가시화했다.

치품이 아니라 필수품, 빵과 같은 필수품이라 이야기한다. 가능성도 필요하다. 그녀는 자신의 시 〈생존을 위한 호칭기도〉A Litany for Survival에서 이렇게 지적한다. 우리들 중에는 결코 "살아남지 못하리라 여겨진" 이들이 있다. 존재한다는 것, 우리의 존재 그 자체가 일종의 정치적 노동이 되는 것이다. 노동은 우리가 타인들과 함께 하는 일이다. 우리는 타인들을 통해through 그리고 타인들 옆에서 함께alongside 노동한다. 공개적으로 말할 때나 누군가로서 말할 때 우리는 동시에 더불어 말하는 것speaking with이기도 하다. 로드에게 "더불어"란 흑인, 레즈비언, 페미니스트와의 연결을 가리키는 희망에 찬 기표다. 시를 쓴다는 것은 사랑을 나누는 것과 같고, 우리가 서로 사랑한다는 것은 우리 중 일부가 사랑받을 만한 존재가 아니라고 판단하는 세계를 거부하는 것이며, 이 세상에서 살아남는 방법이다.

오드리 로드의 글들 가운데 많이 인용되는 「주인의 도구로는 결코 주인의 집을 무너뜨릴 수 없다」는 페미니즘이, [기존의 질서를] 무너뜨리는 기획일 뿐만 아니라 [새로운 것을] 건축하는 기획이기도 하다는 것을 상기시켜 준다. 우리는 그 집을 무너뜨리기 위해 우리만의 도구를 만들어 내야 한다. 주인의 도구를 쓰지 않는다는 것, 우리 손으로 집을 짓는다는 것은, 어떻게 지배mastery를, 그리고 백인 남성들을 지식의 창조자로 만드는 구닥다리 문헌들을, 재생산하지 않도록 할 수 있느냐의 문제다. 로드에게 백인 우월주의와 이성애적 가부장제 구조를 무너뜨리는 파괴적 기획은 동시에 창조적 기획이기도 하다. 그녀는 자신이 글쓰기를 시작하게 된 이유가 존재하는 않는 것을 창조해 내고 싶어서였다고 이야기한 바 있다. 영화 〈생존을 위한 호칭기도〉A Litany for Survival의 인터뷰 가운데 그녀는 이렇게 말한다. "내가 남기고 가는 것들도 각기 자기만의 생명을 갖고 있겠죠." 로드에게 글쓰기는 굽힘 없는 낙관적 제스처였다. 신화적 규범을 체현하고 있지 못한 사람들에게 생존이란 얼마나 어려운 일인지에 대한 깨달음에서 나온 낙관주의 말이다(그런 깨달음을 버려서 나오는 낙관주의가 아니다). 쓴다는 것은 자기만의 생명을 가지게 될 그 무언가를 창조하는 일이다. 사후의 삶afterlife으로서의 글쓰기. 그녀는 또한 일종의 흑인 페미니스트적 낙관론이라 볼 수 있는 모성에 대해 이야기하기도 했다. "인종차별적이고 성차별적인, 그리하여 자멸로 치닫고 있는 이 괴물의 입속에서"[106] 흑인 아이들을 키운다는 것, 그들의 꿈이 "우리들의 죽음에 가로막히지 않을 것"이라는 희망을 가지고 아이들을 키운다는 것 말이다. 이 책에 수록된 글들은 생존을 위한 로드의 투쟁에서 나온 낙관으로 가득 차 있다. 아마 그 투쟁은 우리가 좀 더 정의로운 세상을 건설하기 위해 필요한 자원을 공급해 줄 것이다. 이런 자원들에는 기꺼이 문제를 일으켜 보겠다는 어떤 의지가 포함돼 있을 것이다. 끝까지 우리는 스스로의, 그리고 서로의 성장을 도와야 한다.

오드리 로드는 시가 혁명적일 수 있다고 주장했다. 왜냐하면 그것은 우리의 마음을 움직일 수 있기 때문이다. 그녀는 혁명은 "일회성 이벤트가 아니라"[248] 과정이라고도 했다. 우리는 우리가 할 수 있는 일을, 할 수 있을 때, 할 수 있는 곳에서 해내면 된다. 이것이 바로 "변화를 일으킬 수 있는 아주 작은 기회조차 놓치지 않기 위해 언제나 경계를 늦추지 않는 노력"[248]이다. 그녀는 우리에게 이렇게 말하고 있다. 당신이 할 수 있는 것을, 당신이 할 수 있을 때, 당신이 할 수 있는 곳에서 하라. 그녀는 이 책에서 당신에게 이렇게 말하고 있는 것이다. 말을 한다는 건 다른 사람의 말을 듣겠다는 뜻이기도 하다. 오드리 로드가 당신에게 말하고 있다면 당신도 그녀에게 말해야 한다. 나는 여러분이 이 책을 읽고 오드리 로드에게 말을 걸어 보면 좋겠다. 그녀의 작품을 읽는다는 건 또한 말하는 법을 터득하는 것이기도 하니까.

사라 아메드
2017년 8월
케임브리지서에서
(옮긴이: 이진실)

· 추천의 글 ·

역설적 제목을 단, 오드리 로드의 가장 영향력 있는 산문집『시스터 아웃사이더』는 첫 출간 후 23년이 지난 지금 우리에게 더 뼈아프게 와닿는다. 시인인 로드가 쓴 시의 명성까지 능가한 이 책이 쌓은 업적은 결코 사소하다 할 수 없다. [1992년 세상을 떠난] 로드가 기니 해안 어딘가를 떠도는 대신 지금 여기 우리와 함께 이 소란스런 미국에 있다면, 여전히 "아웃사이더"이길 원할 것이고 또 그럴 수밖에 없을 것이다. [흑인 페미니스트 비평가] 애커샤 글로리아 헐이 오래전 언급한 대로, 그녀의 시와 마찬가지로 이 산문집의 에세이들은 로드(와 우리)를 경계 내부의 안락함을 거부하고 "경계선 위에" 서도록 안내한다. 이번 이라크전이나 허리케인 카트리나 참사 때 미국 정부가 생존자들을 방기한 일처럼, 제국주의적이고 비정상적인 일들이 일어날 때면 나는 항상 이 책을 다시 펼쳐 본다. "흑인으로서 …… 우리는 외부에서 우리의 인간성을 말살하는 세력들뿐만 아니라 강제적으로 내면화된 우리 안의 억압적 가치에 대해서도 맞서 싸워야 하기 때문이다"(238). 로드의 이런 조언을 거부한다 해도『시스터 아웃사이더』는 내 자매이다. "주인의 도구로는 결코 주인의 집을 무너뜨릴 수 없다." 특별할 것 없어 보이는 이런 경구들을 읽으며 분노가 끓어오른 다 해도 『시스터 아웃사이더』는 내 자매이다. "왜 흑인 여성들은 유독 서로에 대해서 분노와 실망의 목소리를 담아 두고 있는 걸까? 죽일 듯이 서로를 공격할 때 우리는 대체 누구를 파괴하려고 그러는 걸까?"(308) 이렇게 지금까지도 내게 어려운 질문을 던지며 날 괴롭힌 다 해도 『시스터 아웃사이더』는 내 자매이다.

『흑인 여성 선집』*The Black Woman: An Anthology*, 『상황들 5호: 흑인 여성의 쟁점』*Conditions: Five, The Black Women's Issue*, 『레즈비언 픽션』 *Lesbian Fiction*, 『탑 랭킹』*Top Ranking* 같이 내 마음을 풍요롭게 해주는 다른 두툼한 책들과 더불어 『시스터 아웃사이더』는 내가 늘 곁에 두는 책이다. 내게는 이 책이 집에도 있고 직장에도 있고 베개맡 에도 있는데, 중요하다고 접어 둔 곳, 밑줄 그은 곳, 커피 얼룩으로 손때가 잔뜩 묻어 있다. 이 책은 내 안경만큼 필수적인, 내게 천리안을 제공해 주는 책이다.

여성학을 가르치는 가을 학기마다 페미니즘 운동을 이론화 한 로드의 글(「나이, 인종, 계급, 성」, 「메리 데일리에게 보내는 공개서한」, 「분노의 활용」) 중 한 편은 꼭 읽기 목록에 넣어 둔다. 로드는 한 문단 안에서도 계몽주의 도구를 이용하는 동시에 계몽주의 전체 기획을 폭파해 버린다.

1990년 나는 보스턴의 페미니스트 신문 『소저너』*Sojourner: The Women's Forum*에 「위험을 알면서도 어쨌든 나아가는 것」Knowing the

Danger and Going There Anyway이라는 로드에 대한 글을 기고한 적이 있는데, 여기서 자매 비유를 조금 바꿔 인용해 보려 한다. "오드리 로드의 글은 '나와 성장기를 함께한 이웃, 솔직한 대화를 나누며 기댈 수 있는 이웃, 집 열쇠를 깜박했을 때 나를 구해 준 이웃, 세입자 모임, 마을 축제에 같이 갔던 이웃'이다."[1] 1990년에도 로드는 여전히 우리와 함께 걷고 있었다. 『시스터 아웃사이더』는 우리에게 계속 그런 좋은 이웃이었다. 다음 세대에게도 이 책은 우리의 좋은 이웃이자 자매가 될 것이다. 『시스터 아웃사이더』의 오랜 이웃인 우리가 모쪼록 어둠 속에서 빛을 발하는 로드의 글에서 계속 영감을 얻을 수 있다면, 그리고 이 책의 새로운 이웃이 될 이들 역시 새로운 영감을 얻게 된다면 좋겠다.

2007년

셰릴 클락

오드리 로드와 내가 이 책의 편집을 시작했을 때는 이 책을 구상하고, 출판 계약서에 서명을 하고, 새 글을 추가해 쓰고도 오랜 시간이 흐른 후였다. 어느 날 오후 함께 작업을 하던 중 로드는 내게 자신은 이론 글을 쓰지 않는다고 알려 주었다. "저는 시인이에요." 로드가 말했다.

시인으로서 로드의 위상은 그 누구도 부인할 수 없을 것이다. 그렇지만 이 흑인 레즈비언 페미니스트가 지난 8년간[1976~83] 쓴 산문에서 추려 낸 에세이와 강연, 연설문을 이 책에 모아 놓고 보니, 오드리 로드의 목소리가 우리 시대 페미니즘 이론의 발전에 핵심적인 역할을 했다는 점이 더욱 분명해진다.

이 책에 실린 글들은(몇 편은 이 책을 위해 처음 쓴 글도 있다) 반드시 읽어야 하는 것들이다. 지금은 모두에게 잘 알려진 「성애의 활용」은 '성애'에 우리 삶의 모든 측면에서 발휘할 수 있는 잠재적 힘이 내포되어 있음을 가르쳐 준다.

내가 말하는 성애는 여성의 생명력 ─ 우리의 언어, 역사, 춤, 사랑,

일과 삶 속에서 우리가 지금 복구하고 있는 창조적 에너지 ― 을 행사하는 것이다(73).

최근에 쓴 「서로의 눈동자를 바라보며」는 흑인 여성들 사이의 적대감 속에 깊숙이 자리한 인종차별의 뿌리를 철저히 파헤친다.

우리는 검고 여성적인 것이라면 무엇이든 혐오하고 경멸하는 사회에 태어난 흑인 여성들이다. 우리는 강하고 질긴 존재들이다. 또 우리에겐 깊은 상처가 있다(294).

이 책에 실린 어느 글을 읽든, 로드의 글은 페미니즘이 무엇일 수 있는가에 대한 기존의 모든 이해를 확장하고 심화하고 풍성하게 한다.

그런데 시와 이론 사이, 즉 서로 분리되어 양립 불가능해 보이는 두 영역 사이의 "갈등"은 어떻게 다뤄질까? 시는 우리가 느끼는 것을 표현하고, 이론은 우리가 아는 것을 진술한다고들 한다. 또 시인은 순간의 열기로 창작을 하는 반면, 이론가는 기필코 냉철하고 논리 정연한 방식을 사용한다고들 한다. 시는 예술이므로 "주관적으로" 경험되며, 이론은 학문이므로 "객관적인" 관념 세계에서 설명의 책임을 진다고들 한다. 시는 영혼이고, 이론은 정신이며, 우리는 이 둘 중 하나를 선택해야 한다고들 한다.

백인 중심의 서구 가부장제가 제시하는 사물의 질서는 우리로 하여금 느끼는 것과 생각하는 것, 즉 시와 이론이 본질적으로 갈등 관계에 있다고 믿게 만든다. 자아의 한 부분을 다른 부분과 분리하고 그리하여 균형이 깨지고 파편화될 때 우리는 더 쉽게 통제된다. 하지만 사물의 질서를 다르게 파악하고 배치하는 방식, 세상을 다르게 경험하는 방식이 있다. 이 방식이 무엇인지 분명히 이름 붙이기는 어렵지만, 우리는 그것을 느낄 수 있고 어떻게 표현하면 좋을지 궁리해 볼 수 있을 것이다. 그런 것들을 서로 연결하고 불필요한 분열을 치유하는 것이 바로 페미니즘이 하는 일이라는 점에서 『시스터 아웃사이더』는 희망을 준다.

•

오드리 로드의 글은 온전한 삶을 향한 자극제다. 로드가 말하는 내용과 방식은 감정적으로뿐만 아니라 지적으로도 우리를 사로잡는다. 로드는 자신의 존재를 이루는 독특성들에 기초해 글을 쓴다. 즉, 그녀의 글은 흑인 여성, 레즈비언, 페미니스트, 두 아이의 엄마, 그레나다 이주민의 딸, 교육자, 암 투병 생존자, 활동가의 경험에서 나온 것이다. 로드는 자신의 일상적 삶에서 우러난 글을 쓰기 때문에 우리는 그녀의 글을 이용해 우리 자신의 삶에 의미와 형태를 부여할 수 있다. 로드가 우리에게 가르쳐 주는 차이의 중요성은 온전한 삶을 살려는 욕망에서, 즉 자기 자신을 이루는 모든 부분을 하나도 빠짐없이 포함시키고 자신의 모든 부분을 거론하려는 욕구에서 나온 것이다. 차이는 "우리가 각자의 힘을 벼려 낼 수 있는 강력한 연결점이자 원료"이기에 중요하다(177).

몇 년 전에 유대계 백인 레즈비언이자 한 아들의 엄마인 내가 「남자아이」를 처음 읽을 즈음, 나는 무척 애를 먹고 있었다. 그때 나는 아들이 아직은 사춘기 이전의 어린애지만 언젠가는 남자로 성장할 것이라는 불가피한 사실을 받아들이려 몸부림치던 중이었다. 내 아들도 육체적으로뿐만 아니라 행동거지까지 여느 남자와 똑같아지겠지. 이런 깨달음은 차차 위기의식으로 변했다. 그때는 내가 알고 지내던 거의 모든 레즈비언 엄마들이 (그러고 보니 모두 백인이었다) 자신들의 "양성적"androgynous 아들은 변치 않을 것이고 따라서 성차별주의적이고 여성 혐오적인 남자가 되지는 않을 것이라고 생각하거나 아니면 레즈비언 공동체의 분리주의와 자기 아들 중 하나만 선택하도록 압력을 받던 상황이었다. 나는 편협하기 짝이 없는 이런 선택지의 덫에 빠진 것 같았다.

하지만 로드는 더 폭넓은 비전을 갖고 있었다. 로드는 아들에게 성인 남자가 되는 시기가 올 것이라는 현실에서 시작해 ["우리 아들들이 자라서 여자가 되지는 않을 것이다"(105)] 아들이 어떤 남자가 될지를 질문했다. 로드는 아들을 격하게 사랑하면서도 아들이 자기 삶을 살도록 보내 줄 수 있음을 분명히 알았다. 사실, 로드는 서로의 생존을 위해서 아들을 보내 주는 것, 엄마인 자신이 "아들의 감정을 처리해 주기 위해 존재하는 사람이 아니라는 것"[107]을 아들에게 가르치는 것 말고는 선택지가 없었던 것이다.

로드와 나는 둘 다 레즈비언 엄마들로 아들에게 자기감정은 스스로 돌봐야 한다고 가르쳐야 했다. 하지만 로드의 아들 조너선은 흑인이고 내 아들 조슈아는 백인이다. 그들이 남자라는 공통점에도 불구하고 이 점은 인종차별적 사회에서 사소한 차이가 아니다. 다른 글에서 로드는 이렇게 말한다.

여성으로서 우리는 어떤 문제는 공통적으로 공유하지만 어떤 문제는 그렇지 않다. 백인인 여러분은 자신의 아이가 자라나 가부장제에 합류해 여러분에게 불리한 증언을 하지는 않을까 두렵겠지만, 우리는 우리 아이들이 차에서 끌려 나와 거리에서 총을 맞고 죽을까 봐 두렵고 여러분이 우리 아이들이 죽어 가는 이유를 외면할까 봐 두렵다(202).

나는 「남자아이」를 읽었다. 로드의 이 글을 읽고 내 마음속에서는 뭔가 중요한 변화가 일어났다.

이 글을 통해 내가 깨닫게 된 것은, 아들을 기르는 것에 대해서 전문가의 조언을 받은 나보다 로드가 더 많이 알고 있다는 것만은 아니다. 나는 로드의 앎이 그녀가 지닌 차이와 직결되어 있

음을 깨달았다. 흑인이자 레즈비언이라는 현실은 로드를 사회 지
배 집단의 외부에 위치시켰다. 삶의 대부분을 중산층 이성애자들
사이에서 살았던 백인 여성인 나로서는 알 수 없었던 정보가 로드
에게는 있었고, 그리하여 내가 활용할 수 있는 정보를, 나에게 필
요한 정보를 나누어 준 것이었다.

> 지극히 미국적인 억압에 시달리고 있는 우리들은 살아남기 위해 언
> 제나 주변을 경계하며 살아야 했고……(194)

나는 내 자신의 오만함 때문에 부끄러웠고 무지가 드러날까
두려웠다. 그러나 내게도 그런 가능성들이 열리게 된다는 생각에
신이 났다. 이런 가능성은 차이에서 나온 것이었음을 나도 깨달았
던 것이다. 나는 이런 가능성을 열어 준 이들이 내는 목소리를 경
청하고 이로 인해 나에게도 열린 가능성들이 주는 목소리를 내보
리라 결심했다. 나는 이 목소리들이 나에게 말해야만 했던 것을
더 듣고 싶어졌다.
　물론, 이런 목소리들의 반향은 계속된다.
　몇 년 후 「남자아이」를 다시 읽었다. 이 몇 년 동안 나는 유대
인 정체성을 되찾고자 많은 작업을 했다. 로드의 이 글을 다시 읽
으며 나는 백인 기독교 사회에서 유대계 백인 남성인 아들이 지닌
복잡성에 대해 생각했다. 로드의 글을 처음 읽을 때는 보지 못한

문제였다. 이 글에서 그때 내가 왜 그것을 보지 못했는지를 자세히 되짚어 보기는 어렵다.

우리가 우리 스스로를 정의할 때나 제가 제 자신을 정의할 때나, 저는 당신과 같은 곳에 서있을 수도 있고 그렇지 않을 수도 있어요. 하지만 어떻든 제가 당신을 우리와는 함께할 수 없다고 배제하는 일은 없을 거예요. 저는 함께할 수 있는 우리들의 지평을 점점 더 넓혀 가는 중이에요.[1]

로드가 겪은 내면의 과정을 알면 알수록 감정feeling과 [합리적] 사고thinking의 거리는 훨씬 더 가까워진다. 이 책을 읽으면서 우리가 관찰하는 대로 로드는 "뒤엉켜 있는 지식 …… 우리 각자의 내면에 위치한 우리의 비전이 자라나는 저 어둡고 진실한 곳"(156, 96)으로부터, "우리의 꿈이 나타내는 이단적인 행동"(43)으로 나아간다. 이해할 때, 즉 전체를 파악하고 조각들을 한데 모아 볼 때, 다른 사람들의 위치로 옮겨가 생각해 볼 때 연결점이 생긴다.

이해가 있기 때문에 우리는 앎을 활용 가능하게 만들 수 있고, 거기에 위급함과 힘을 부여할 수 있죠(173).

다른 사람의 입장에서 생각해 보는 움직임이란 의도적인 일이며 삶을 지속시키는 일이다.

이런 움직임의 의도성을 가장 명확히 표현한 글은 「침묵을 언어와 행동으로 바꾼다는 것」이다. 이 글에서 로드는 자신이 암 진단을 받을지도 모른다는 생각에 고심한다. "내 삶이 전과 같지 않으리라는 느낌이 있었어요. 육감 같은 거였죠"(172). 로드는 7백 명의 여성들이 참석한 한 학술 모임에서 공개적으로 이 문제를 다룬다. 그녀 자신도 두렵지만 침묵은 우리를 지켜 주지 않을 거라고 말한다.

> 이런 성장 과정에서 우리는 언제나 두려움이라는 난관을 마주하게 됩니다. 가시화에 대한 두려움, 가혹한 시선과 비판에 대한 두려움, 고통이나 죽음에 대한 두려움 말입니다. 하지만 정작 우리는 죽음을 제외한 이 모든 두려움들을 이미 침묵하며 지나 왔습니다. 나는 요즘 항상 내가 말 못하는 사람으로 태어났거나, 아니면 일신의 안전을 위해 일평생 침묵의 맹세를 지킨다 하더라도, 여전히 고통과 죽음을 피해 갈 수 없을 거라는 사실을 되새기곤 합니다. 이런 생각은 관점을 확립하는 데 큰 도움이 되지요(52).

최상의 것을 자유롭게 경험하기 위해 최악의 것을 마주하겠다는 로드의 신념은 확고부동하다. 『시스터 아웃사이더』는 거의 10년에 걸쳐 쓴 글들을 모은 책이지만, 이 책에 실린 글 중 「성애의 활용」부터

「분노의 활용」까지는 로드가 [1977년] 암을 발견한 후 2년 동안 쓴 것이다. 로드는 본인의 성장 과정을 통해, 즉 그녀가 배운 것을 매듭 짓고 활용하는 과정을 보여 주면서 생존을 위한 우리 각자의 투쟁 과정이 아무리 "최악"이라 해도 거기서 우리가 간직할 만한 것이 있음을 보여 준다.

우리가 죽음을 직접 마주하고 아직 살아 있음을 기꺼이 받아들이고 난 후 우리는 더 무엇을 두려워하게 될까? 일단 내가 죽어 감이 삶의 일부로 존재한다는 점을 받아들인다면, 누가 나에게 다시 힘을 휘두를 수 있을까?[2]

오드리 로드가 우리에게 요청하는 것은 본인이 스스로에게 다짐했던 것 그 이상도 이하도 아니다. 우리가 불신하도록 배운 그 목소리들에 귀를 기울이고, 이 목소리들이 우리에게 가르쳐 주는 것들을 분명하게 표현해 보고, 우리가 알고 있는 것들을 실천에 옮기라는 것이다. 로드가 자신의 내면에서 나온 목소리들을 삶, 시, 글의 주제로 발전시키고 오랜 시간 공들여 다시 쓰고 작업하며 이론을 만들어 낸 것과 마찬가지로, 우리 역시 우리 삶을 이루는 것들을 온전하게 통합해 낼 수 있다.

흑인 여성, 레즈비언, 페미니스트, 두 아이의 엄마, 그레나다 이주민의 딸, 교육자, 암 투병 생존자, 활동가. 『시스터 아웃사이

더』의 글들은 "개인적인 것이 정치적인 것"이라는 페미니즘의 기본이지만 동시에 너무 오용되고 있기도 한 이 구호에 새로운 울림을 준다. 오드리 로드의 이 책으로 우리 모두는 한층 더 큰 목소리를 낼 수 있을 것이다.

지금 이대로의 내 모습, 내가 하는 일, 그리고 내 안에서 당신을 발견하듯 당신도 당신 안에서 내 모습을 환기할 수 있도록 당신에게 내 모습을 새겨 넣는 조각칼이 바로 나이다(284).

낸시 베리노
1983년 12월

• 시는 사치가 아니다 • [1]

우리 삶을 성찰할 때 우리가 어떤 빛을 비추느냐에 따라, 우리가 빚어낼 삶의 형태와 그 삶을 통해 이룰 수 있는 변화가 결정된다. 우리가 마법 같은 일들을 생각해 내고 그것을 실현할 아이디어를 떠올리는 것은 바로 이런 빛 속에서다. 시는 바로 그런 빛을 밝혀 주는 역할을 한다. 우리는 시를 통해 ― 그 시가 있기 전까지는 ― 이름도 형식도 없이, 미처 태어나지 못한 채 느낌으로만 존재하던 아이디어에 이름을 부여할 수 있다. 꿈이 개념을, 감정이 아이디어를, 앎이 (선행해) 이해를 낳듯이, 경험을 정제해 나온 진실된 시는 우리의 사유를 가능케 한다.

우리가 우리 삶을 성찰하는 일에 친숙해지고 그것을 통해 성장하는 법을 터득할 때, 또한 이 같은 성찰을 통해 나온 결과를 활용해 힘을 기르는 법을 터득할 때, 우리 삶을 지배하며 우리를 침묵하게 했던 두려움은 그 힘을 잃기 시작한다.

우리 여성들에게는 각자 자기만의 어두운 공간이 존재한다. 바로 그 공간에 무기력과 "나약함이라는 너와 나의(y)our 악몽에 맞설 수 있는 아름답고 견고한 밤나무 기둥 같은"[2] 우리의 진실한 영혼이 숨어 자라고 있다.

우리 안에 자리한 이 가능성의 공간들은 아주 오랫동안 감춰져 있었기 때문에 어둡다. 이 공간들은 그런 어둠을 통해 살아남았고 더욱 강해졌다. 깊숙이 자리한 이런 공간들 안에는, 이제껏 탐구되거나 기록된 바 없는 감정과 느낌, 놀라운 창의력과 힘이 비축돼 있다. 우리 여성들이 각기 간직하고 있는 힘의 공간은 겉으로 드러나지도 밝지도white 않다. 그 공간은 어둡고 아주 오래된, 저 깊은 곳에 있다.

우리가 유럽인들처럼 삶을 풀어야 할 문제로만 바라본다면, 어떻게 하면 자유로워질 수 있을까만 생각하게 될 것이다. 백인 아버지들이 소중하다고 가르쳐 준 것이 바로 그것이다.

하지만 우리가 삶을 오랜 역사를 지닌 비유럽적인 우리만의 방식으로 바라본다면, 그리하여 삶이 서로 소통하고 경험하는 것임을 점점 더 자각하게 된다면, 우리는 우리가 느끼는 감정을 소중히 여기고, 우리에게 숨겨진 힘의 원천을 존중하는 법을 점점 더 깨닫게 될 것이다. 참된 앎과 지속적인 행동은 바로 거기서부터 나오는 것이다.

나는 현재 여성들이 살아남기 위해서 꼭 필요한 이 두 가지 삶의 방식을 결합해 낼 수 있는 가능성을 자기 안에 간직하고 있으며, 시 속에서 이런 결합에 가장 가깝게 다가갈 수 있다고 믿는다. 백인 아버지들은 아무런 통찰도 없이 상상력만을 갈구하는 부질없는 소망을 감추기 위해 너무나 자주 시라는 말의 의미를 왜곡해 왔지만, 여기서 내가 말하는 시는 그들의 그런 불모의 말장난이 아니라 새로운 것들을 일깨워 주는 경험의 정수이다.

그런 이유로 우리 여성들에게 시는 사치가 아니다. 시는 우리가 존재하는 데 없어서는 안 될, 우리의 생명줄이다. 시가 만들어 내는 그 빛으로, 우리는 생존과 변화에 대한 우리의 꿈과 희망을 확인하고, 무엇보다 그것을 언어로, 아이디어로, 그리하여 좀 더 구체적인 행동으로 이어지게 만들 수 있다. 시는 이름 없는 것들에 이름을 부여함으로써 우리가 그것을 사유할 수 있도록 한다. 일상에서 우리가 겪는 경험이라는 원석을 깎고 다듬어 나온 우리의 시는, 희망과 두려움이 뒤섞인 저 까마득히 보이는 지평선으로 나아갈 수 있는 길을 놓아 준다.

우리가 시를 알면 알수록 그리고 그것을 받아들이면 받아들일수록 우리의 감정(과 그것에 대한 정직한 탐색)은 가장 급진적이고 대담한 아이디어들을 낳는 성소이자 산란장이 될 것이다. 시를 통해 우리는 우리의 감정을 (변화를 일으키는 데 꼭 필요한) 차이가 몸담을 수 있는 아지트로 만들 수 있고, 유의미한 행동을 개념화할 수 있다. 지금 당장 나는 꿈과 시를 통해 내게 오지 않았더라면 도저히 받아들이거나 이해할 수 없었고 두렵기까지 했던 아이디어를 열 개라도 댈 수 있다. 시를 알기 위해서는 나태하게 환상을 품는 것이 아니라 스스로가 "그래 이거야"라고 느끼는 것의 진정한 의미에 주의를 기울이는 훈련이 필요하다. 우리는 스스로 훈련을 통해 자신의 감정을 존중하는 법, 그리고 그것을 다른 사람과 공유할 수 있도록 언어로 옮기는 법을 익힐 수 있다. 또 언어가 아직 존재하지 않을 때에도 새로운 언어를 만들어 낼 수 있게 하는 것이 바로 우리의 시다. 시는 단순히 꿈이나 환영이 아니라, 우리 삶을 뼈대로 해서 만들어진 구조물이다. 그것은 미래의 변화를 위한 토대이자, 이전까지는 결코 존재하지 않았던 것에 대한 우리의 두려움을 건널 수 있도록 해주는 다리다.

가능성은 영원하지도 않고 즉각적이지도 않다. 가능성이 효과를 발휘하리라는 믿음을 유지하는 건 쉽지 않은 일이다. 때로는 오랜 시간 동안 각고의 노력 끝에 세운 저항의 교두보 하나가, 우리가 두려워하도록 사회화된 유언비어들 때문에, 또는 안전을 이유로 우리의 저항에 대한 지지가 철회되면서, 공격받거나 위협 받을 수도 있다. 여자들은 철이 없다거나, 보편적이지 않다거나, 변덕이 심하다거나, 감각적이라는 둥 짐짓 점잔 빼며 던지는 비난으로 인해 맥이 빠지거나 주눅이 들기도 한다. 그러면 우리는 이렇게 자문해 봐야 한다. 나는 과연 상대의 기운과 아이디어, 꿈에 변화를 일으키고 있는가? 아니면 단순히 일시적인 반작용만 끌어내고 있는 것은 아닌가? 비록 일시적인 반작용을 끌어내는 일도 결코 사소한 일은 아니지만, 우리는 이를 우리 삶의 토대에 진정한 변화를 일으켜야 한다는 맥락에서 바라봐야 한다.

Poetry Is Not a Luxury

백인 아버지들은 우리에게 이렇게 말한다. 나는 생각한다, 그러므로 나는 존재한다. 우리 안의 흑인 어머니 ― 시인 ― 는 우리의 꿈속에서 이렇게 속삭인다. 나는 느낀다, 그러므로 나는 자유롭다. 시는 이 같은 혁명적 요구, 즉 그와 같은 꿈의 실행을 표현하고 선언할 수 있는 새로운 언어를 만들어 낸다.

그렇지만 우리는 경험을 통해 지금 이 순간 행동하는 것 또한 항상 필요한 일이라는 걸 배웠다. 우리 아이들이 살지 못한다면 꿈을 꿀 수 없고, 밥을 먹지 못한다면 살 수 없을 텐데, 우리 말고 누가 우리 아이들에게 우리와 다른 꿈을 꾸게 할 수 있는 진정한 양식을 공급해 줄 것인가? 아이들은 이렇게 외치고 있다. "우리가 언젠가 세상을 바꾸기를 원하신다면 적어도 성인이 될 때까지는 살아야 하지 않겠습니까!"

때때로 우리는 무언가 새로운 아이디어를 꿈꾸며 스스로를 기만하기도 한다. 생각만으로도 구원받을 수 있다. 머리만으로 자유로워질 수 있으리라. 하지만 우리 여성들, 우리 인간들을 구원해 줄 새로운 아이디어가 가만히 서서 기다리고 있지는 않다. 있는 거라곤 우리 안에 존재하는 오래된, 그동안 잊고 있던 아이디어들, 새로운 조합들, 추론과 깨달음뿐이다. 또 그것들을 새롭게 시도해 보겠다는 용기도 있다. 따라서 우리는 우리의 꿈이 나타내는 이단적인 행동들을 시도해 보라고 계속해서 스스로에게 그리고 서로에게 용기를 줘야 한다. 변화를 향한 우리의 움직임의 최전선에서 가능성을 현실화할 길을 암시해 주는 것은 시뿐이다. 시는 우리 안에 함축되어 있는 것들, 즉 우리가 마음속 깊이 느끼는 것, 감히 현실화하려는 것(혹은 행동으로 옮기려는 것), 우리의 두려움, 희망, 가장 큰 공포를 표현해 줄 수 있다.

끝없는 영리 추구와 위계적 권력, 제도적 비인간화로 점철된 삶의 구조 속에서 우리의 감정은 살아남을 수 없는 운명이었다. 감정은 그저 피할 수 없는 부속물이나 기분 좋은 오락거리로 치부되면서, 여성인 우리가 남성에게 그러하듯, 사유에 무릎 꿇어야 하는 것으로 여겨졌다. 그러나 여성들은 살아남았다. 시인으로서. 이제 우리에게 새로운 고통이란 없다. 우리는 이미 모든 고통을 다 겪었다. 우리는 우리의 힘을 숨긴 바로 그곳에 이 사실을 숨겨 왔다. 우리의 감정은 우리의 꿈속에서 드러나며, 자유를 향해 가는 길을 가리켜 주는 것은 바로 우리의 꿈이다. 이 꿈은 우리에게 보고, 느끼고, 말하고, 감히 시도해 볼 힘과 용기를 주는 시를 통해 실현가능한 것이 된다.

만약 우리가 꿈꾸는 것을 사치라고 폄하한다면, 그것은 우리 힘의 핵심 ─ 원천 ─ 인 여성됨을 포기하라는 것이나 다름없다. 그리고 그것은 온 세상의 미래를 포기하는 것이다.

새로운 아이디어란 존재하지 않는다. 그것을 느끼는 새로운 방식이 있을 뿐이다. 일요일 아침 7시에 살아 있다는 건 어떤 느낌인지, 격렬한 사랑을 나누는 동안은 어떤 느낌인지, 전쟁을 한다는 건 어떤 느낌인지, 애를 낳는다는 건 어떤 느낌인지, 죽은 이들을 애도한다는 건 어떤 느낌인지를 성찰하는 새로운 방식이 있을 뿐이다. 그러면서 우리는 오래된 갈망에 고통스러워하고, 해묵은 경고, 침묵, 무기력, 외로움의 공포와 씨름하게 되겠지만, 또 한편으로는 새로운 가능성과 힘을 맛보게 될 것이다.

시는 사치가 아니다

나는 내게 가장 중요한 것들을 말로 표현해 다른 사람들과 나눠야만 한다고 다시금 믿게 되었습니다. 설사 입 밖에 낸 말로 상처 받거나 오해를 살 위험이 있다 해도, 말하는 행위 그 자체만으로도 다른 어떤 결과보다 내게 도움이 된다는 것을요. 나는 지금 이 자리에 흑인 레즈비언 시인으로서 섰습니다. 이것은 내가 아직 살아 있지만, 그러지 못할 수도 있었다는 것을 의미합니다. 두 달 전쯤, 나는 의사로부터 내가 유방 절제 수술을 받아야 하며, 종양이 악성일 확률이 60~80퍼센트라는 말을 들었습니다. 그 소식을 들은 날부터 수술 당일까지 3주간 나는 내 의지와 상관없이 삶을 온전히 다시 정리해야 하는 괴로운 작업을 마주했습니다. 수술은 잘 마무리되었고, 종양은 양성이었죠.

하지만 그 3주 동안 나는 나 자신과 내 삶을 가혹할 정도로 선명하게 살펴볼 수밖에 없었습니다. 그 과정은 나를 온통 흔들어 놓았지만 그 과정에서 나는 훨씬 더 강해졌습니다. 많은 여성이 이런 상황을 겪습니다. 여기 계신 분들 중에도 이런 일을 경험하신 분들이 있을 겁니다. 이 시간을 통과하며 침묵을 언어와 행동으로 바꾸는 일에 대해 내가 품어 왔던 생각들 가운데 많은 부분이 더욱 명료해졌습니다.

내 삶의 유한성에 대해, 그리고 이 삶에서 내가 원하고 바랐던 것들에 대해 근본적으로 의식할 수밖에 없게 되면서, 비록 짧은 삶이었지만, 내가 가장 중시했던 것 혹은 가장 소홀히 한 것이 무엇이었는지 무자비할 정도로 역력히 드러나게 되었습니다. 그리고 이제껏 내가 가장 후회하는 부분이 바로 내가 침묵했던 순간들이었다는 점을 깨달았습니다. 대체 무엇이 그토록 두려웠던 걸까요? 문제를 제기하거나 내가 믿는 대로 말을 했다면, 그 대가는 고통이나 죽음이었을지도 모릅니다. 하지만 우리는 언제나 다양한 방식으로 상처를 입습니다. 또한 고통은 결국 바뀌거나 사라지기 마련입니다. 반면 죽음이란 최종적 침묵을 의미합니다. 게다가 죽음은 내가 꼭 해야 할 말을 했든 못했든 상관없이, 언젠가는 말해야지, 다른 사람이 말하겠지 하며 침묵 속에서 스스로를 기만하기만 했든 상관없이, 언제라도, 지금 당장이라도 느닷없이 찾아올 수 있습니다. 이런 사실에서 나는 두려워하지 않는 것이 가장 바람직하겠지만 그럴 수 없다면 그 두려움을 똑바로 바라보는 법을 배우는 데서 내가 힘을 얻을 수 있다는 걸 깨닫게 되었습니다.

지금 당장은 아닐지언정 언제라도 죽음은 찾아올 것입니다. 내가 해야 할 말을 했든 못했든 상관없이 말입니다. 내 침묵은 나를 지켜 준 적이 없습니다. 당신의 침묵도 당신을 지켜 주지 않을

침묵을 언어와 행동으로 바꾼다는 것

것입니다. 내 진심을 이야기할 때마다, 지금도 여전히 찾고 있는 그 진실들을 이야기하려 할 때마다, 나는 다른 여성들을 만나게 되었습니다. 그러면서 우리는 차이들 사이에 다리를 놓고 우리가 믿는 세상에 맞는 언어는 무엇일까 탐색해 볼 수 있었지요. 이 여성들 모두의 배려와 보살핌 덕분에 나는 내 삶의 본질들을 성찰할 수 있는 힘을 얻었습니다.

이 시간 동안 나를 지탱해 주었던 여성들 중에는 흑인도 있었고 백인도 있었습니다. 젊은이도 있었고 노인도 있었습니다. 레즈비언, 양성애자, 그리고 이성애자도 있었습니다. 모두가 단결해 침묵의 횡포에 맞서 전쟁을 치렀지요. 그들 모두가 나를 배려해 주었고 힘이 되어 주었습니다. 그들이 없었다면 나는 온전히 살아남지 못했을 겁니다. 극심한 공포 속에서 그 몇 주를 보내며 나는 알게 되었습니다. 나는 상처를 입은 피해자일 뿐만 아니라 전사戰士이기도 하다는 걸 말입니다. 의식적으로든 부지불식간에든, 치열하든 그렇지 못하든 간에, 우리는 모두 전쟁에서 죽음의 힘에 맞서 싸우고 있는 것입니다.

당신이 아직 하지 못한 말은 무엇입니까? 당신이 해야 할 말은 무엇이죠? 당신이 그것 때문에 하루하루 병들고 죽어 가고 있는데도 죽는 그날까지 계속 침묵하며 감내해야 하는 횡포는 무엇인가요? 아마도 여기 계신 어떤 분들에게는, 당신이 두려워하는 얼굴이 바로 나일지도 모릅니다. 나는 여성이자, 흑인, 레즈비언으로서, 나 자신의 모습 그대로 이 자리에 섰으며, 흑인 여성 시인 전사로서 내가 해야 할 일을 하고 있습니다. 여러분께 묻습니다. 여러분은 여러분이 해야 할 일을 하고 있나요?

•

물론 나도 두렵습니다. 침묵을 언어와 행동으로 바꾼다는 것은 자신을 드러내는 일이며, 언제나 아주 위험한 일이기 때문입니다. 하지만 내가 이 문제를 이야기하며 사람들에게 어떻게 말해야 좋을지 모르겠다고 하자 딸아이가 이러더군요. "침묵한다면 결코 온전한 인간이 될 수 없다고 말해 주세요. 누구나 꼭 말하고 싶은 게 하나쯤은 있잖아요. 그런데 그걸 계속 무시하고 침묵하다 보면, 점점 더 곪고 썩다가 언젠가는 입 밖으로 터져 나올 거예요."

우리 모두 각자의 두려움 때문에 침묵하지요. 누가 무시하지 않을까 하는 두려움, 남들이 비난하지 않을까 하는 두려움, 인정받을 수 있을까 하는 두려움, 도전하는 것에 대한 두려움, 이걸로 완전히 끝나 버리는 건 아닐까 하는 두려움 말입니다. 하지만 우리가 가장 두려워하는 것은 무엇보다도 우리 자신을 가시화하는 일입니다. 그러지 않고서는 온전한 삶을 살 수 없음에도 말이지요. 인종 간의 차이가 암암리에 끊임없이 우리의 시각을 왜곡하는 이 나라에서, 흑인 여성들은 한편으로는 언제나 매우 가시적인 존재였지만, 다른 한편으로는 인종차별주의로 인한 탈인격화로 말미암아 비가시화되어 있었습니다. 심지어 우리는 여성운동 내에서조차 우리를 가장 취약한 존재로 만드는 그 흑인됨Blackness을 가시화하기 위해 투쟁해야 했고, 지금도 여전히 그것을 위해 싸우고 있습니다. 미국이라 불리는 이 괴물의 입속에서 살아남기 위해, 우리는 가장 중요한 교훈을 터득해야 했습니다. 바로 우리가 인간으로서 살아가는 것은 결코 그들의 계획 속에는 없는 일이라는 교훈입니다. 흑인이든 아니든, 이는 여기 계신 거의 대부분의 사람들에게 해당되는 말이기도 합니다. 우리를 그토록 취약하게 만드는 그 가시성은 우리가 지닌 가장 큰 힘의 원천이기도 합니다. 왜냐하면 우리가 말을 하든 침묵하든 상관없이, 이 기계는 우리를 계속해서 철저히 파괴하려 들 것이기 때문입니다. 우리 자매들과 내 자신이 쓰레기처럼 버려지는 동안에도, 또 우리 아이들이 고통으로 일그러진 채 파괴되고 지구가 독성 물질로 가득 차는 동안에도, 우리는 구석에 처박혀 영원히 침묵할 수도 있을 겁니다. 그러나 여전히 두려움은 가시지 않겠지요.

올해 우리 가족은 크리스마스 다음날 시작해 일주일간 이어지는 아프리카계 미국인들의 추수감사축제 크완자Kwanza를 집에서 지내고 있습니다. 크완자에는 7일간 지켜야 할 원칙이 일곱 가지 있습니다. 첫 번째 원칙은 우모자Umoja, 단결입니다. 자기 자신과 공동체의 단결을 추구하고 유지하겠다는 뜻이지요. 두 번째 날인 어제의 원칙은 쿠지차굴리아Kujichagulia, 자결이었습니다. 타인이 자신을 규정하거나 대변하도록 내버려 두지 않고 스스로 정의하고 명명하고 대변하겠다는 결심이지요. 크완자의 세 번째 날인 오늘의 원칙은 우지마Ujima, 협동과 책임성입니다. 우리 스스로 공동체를 함께 일구고, 유지하고, 다 함께 문제를 인식하고 해결하겠다는 결심이지요.

우리가 지금 이곳[미국현대어문학협회]에 이렇게 모인 이유는 어떤 식으로든 언어와 언어의 힘, 그리고 그간 우리를 억압해 온 언어를 우리 것으로 만드는 일에 대한 책무를 공유하고 있기 때문입니다. 침묵을 언어와 행동으로 바꾸는 과정에서 정말 필수적인 일은, 우리 각자가 어떤 역할을 할 수 있는지 검토하고, 우리 역할이 이 같은 변화를 일구는 데 결정적이라는 사실을 깨닫는 것입니다.

우리처럼 글을 쓰는 사람들은 우리가 말하는 내용의 진실성뿐만 아니라, 우리가 사용하는 언어의 진실성도 찬찬히 뜯어봐야 합니다. 또 다른 사람들이 그런 말들을 공유하고 널리 퍼뜨리는 것 역시 중요한 일입니다. 하지만 우리 모두에게 무엇보다 꼭 필요한 것은, 단순히 이해하기만 하는 것을 넘어서 우리가 마음속 깊이 믿고 알고 있는 진실을 실제 삶에서 실천하고 말함으로써, 그와 같은 진실을 사람들에게 알리는 것입니다. 우리는 바로 이런 방법을 통해서만 생존할 수 있기 때문입니다. 창조적인 삶의 과정에 참여하고 그런 삶을 지속함으로써 우리는 성장할 수 있습니다.

이런 성장 과정에서 우리는 언제나 두려움이라는 난관을 마주하게 됩니다. 가시화에 대한 두려움, 가혹한 시선과 비판에 대한 두려움, 고통이나 죽음에 대한 두려움 말입니다. 하지만 정작 우리는 죽음을 제외한 이 모든 두려움들을 이미 침묵하며 지나 왔습니다. 나는 요즘 항상 내가 말 못하는 사람으로 태어났거나, 아니면 일신의 안전을 위해 일평생 침묵의 맹세를 지킨다 하더라도, 여전히 고통과 죽음을 피해 갈 수 없을 거라는 사실을 되새기곤 합니다. 이런 생각은 관점을 확립하는 데 큰 도움이 되지요.

여성들이 내 말 좀 들어 달라고 울부짖는 곳에서, 우리는 이들의 언어를 적극적으로 찾아내 함께 읽고 서로 나누며, 그 말이 우리 삶과 어떤 관련이 있는지 살펴야 할 책임이 있습니다. 분열을 조장하는 엉터리 말 뒤에 숨어서는 안 됩니다. 여태껏 우리를 이용해 온 그런 말들을 우리 스스로 내면화하고 있는 경우가 너무 많습니다. 예컨대, "흑인 여성의 글은 내 경험과 너무 다르기 때문에 제가 가르칠 수가 없어요"라고 말하는 사람이 있습니다. 하지만 그 오랜 세월 동안 플라톤과 셰익스피어, 프루스트는 어떻게 가르친 걸까요? 어떤 이들은 또 이런 얘기를 합니다. "저 사람은 백인 여성인데 나한테 무슨 할 말이 있겠어?" "저 사람은 레즈비언인데, 가까이 지내다간 우리 남편이나 학과장이 뭐라고 하겠어?" "저 여자는 아들에 대해 이야기하는데 난 아이가 없잖아." 이렇게 우리는 스스로에게, 또 서로에게 배울 기회를 한없이 박탈하곤 하지요.

피곤에 지쳐 녹초가 된 상황에서도 할 일을 하고 말하는 법을 배웠던 것과 마찬가지로, 우리는 두려움이 엄습해 오더라도 각자가 할 일을 하고 할 말을 하는 법을 배워야 합니다. 우리는 우리 자신에게 필요한 언어와 그것의 의미를 중시하기보다 두려움을 더 중시하도록 사회화되어 왔지만, 두려움이 완전히 사라진 사치스러운 최종적 순간만을 기다리며 침묵한다면, 그 침묵의 무게는 우리를 질식시킬 것이기 때문입니다.

우리가 여기 모여 있다는 것, 그리고 제가 이런 말을 하고 있다는 것 자체가 바로 그 침묵을 깨고 우리의 차이 사이에 다리를 놓으려는 시도라 할 수 있습니다. 우리의 손발을 묶고 있는 것은 차이가 아니라 침묵입니다. 그리고 깨져야 할 침묵은 너무도 많습니다.

· 표면에 흠집 내기 ·

여성과 사랑을 가로막는 장벽에 대한 단상들[1]*

인종차별주의 한 인종이 다른 인종보다 본래 우월하기에 지배할 권리
를 가진다는 믿음

성차별주의   한 성이 다른 성보다 본래 우월하기에 지배할 권리를 가
진다는 믿음

이성애 중심주의 특정 사랑의 방식이 다른 방식보다 본래 우월하기에 지
배할 권리를 가진다는 믿음

＊ 이 글과 「성차별주의」는 1970년대 말 흑인 페미니스트들이 제기
한 미국 흑인 공동체 내의 성차별 문제를 둘러싼 논쟁을 배경으로 한
다. 흑인학 학술지『흑인 학자』(1978년 9권 7-8호 및 1979년 호들)에
실린 논쟁에서 흑인 남성 지식인들은 성차별주의에 대한 문제 제기를
흑인의 남성다움을 공격하는 것으로 받아들이고 흑인 페미니스트들
을 맹렬히 비난했다. 로드를 비롯해 이 논쟁에 참여한 앤젤라 데이비
스, 호텐스 스필러스 등의 페미니스트들은 흑인 여성이 흑인 해방 투
쟁의 주체임을 강조하고, 성차별주의 종식이 모든 해방 투쟁의 근간이
며, 인종 억압이 여성 억압과 맞물려 작동하는 방식에 주목해야 한다
고 주장한다. 로드는 여기서 한 발 더 나아가, 레즈비언 낙인이 여성을
지배하는 도구로 사용되는 방식을 분석하면서 이성애 중심주의와 동
성애 혐오를 성차별적 권력 구조로 보는 교차성 관점을 제시한다.

동성애 혐오   동성 집단에 속한 사람을 사랑하는 것에 대한 공포로 인

해 다른 사람들이 이런 감정을 가지는 것에 대한 혐오

인간이 가진 이 같은 형태의 맹목성은 모두 동일한 뿌리를 지
니고 있다. 즉, 차이를 인간의 역동적 힘으로 인식하지 못하는 무
능력에서 비롯되는 것이다. 차이로부터 나오는 역동적 힘은, 우리
가 공동의 목적을 가졌을 때, 자아에 대한 각자의 정의를 위협하
는 게 아니라 더욱 풍요롭게 한다.

흑인 공동체는 말로는, 과거 1960년대에 통용되던 남녀 관계,
즉 "여자는 자고로 남자보다 두 걸음 뒤에 있어야지" 같은 사고방
식에서 대체로 벗어났다고들 한다. 당시는 흑인 가모장이 흑인 공
동체를 해치는 사회적 질병이라는 인종차별적 신화가 우리를 기만
하고 흑인을 억압하는 진정한 원인을 은폐하던 시기였다.*

흑인 남성뿐만 아니라 흑인 여성들에게도 다음과 같은 사실
은 자명하다. 우리가 우리 스스로를 정의하지 않는다면, 다른 사
람들이 제멋대로, 자신들에게는 유리하지만 우리에게는 해가 되

---

* 미국에서는 실제로 흑인 여성 혼자 아이를 기르는 가정이 많았
다. 이는 인종차별 등의 결과였지만, 당시 보수적 사회학자들은 여성
이 생계를 책임지는 가모장 가족 형태 때문에 빈곤을 비롯한 흑인 문
제가 나타난다고 주장했다. 남성이 가장이 아닌 가족 형태를 비정상
으로 규정한 이 같은 주장은 인종차별적 관점과 성차별적 관점이 결
합돼 나온 것이었다.

는 방식으로 우리를 정의하리라는 것이다. 자기 스스로를 정의할 줄 알며, 우리 공동체 안에서 우리의 힘과 이해관계를 기꺼이 탐구하고 추구할 준비가 되어 있는 흑인 여성들은 흑인 해방 투쟁에 필수 불가결한 구성원이다. 한 팔에 아이를 안고 다른 손에 총을 쥔 앙골라 여성의 이미지는 낭만적인 것도 공상적인 것도 아니다. 이 나라의 흑인 여성들이 함께 모여 우리가 지닌 힘의 원천을 탐구하고 우리에게 공통적인 사회적·문화적·감정적·정치적 이해관계를 깨달을 때, 이것은 흑인 공동체 전체의 힘으로 이어질 수 있다. 우리의 투쟁이 흑인 공동체의 힘을 약화시킨다는 건 있을 수 없는 일이다. 여성이든 남성이든, 자아를 실현한 개인들이 결집할 때 진정한 진전이 이루어질 수 있기 때문이다. 불평등한 존재 사이의 지배와 복종 모델에 입각한 낡은 성적 권력관계들은, 개개인에게도 우리 공동체에도 도움이 되지 않았다.

흑인 여성들이 기존의 성적 관계의 틀을 넘어 스스로 자기 자신과 자신의 목표를 정의하게 된다면, 사력을 다해 자신이 세운 목표를 실현하는 데 집중할 것이고 결국 힘을 기른 온전한 개인으로 성장할 것이다. 흑인 여성과 남성이 각자의 힘과 이해관계를 발전시킨다고 해도 그것이 상대의 힘을 약화시키는 것이 아님을 깨닫는다면, 서로 주도권을 놓고 싸우며 에너지를 낭비할 필요는 없을 것이다. 그래야 우리는 우리와 우리 아이들을 착취하고 우리 세계를 갈라놓는, 이 사회의 심장부에 위치한 실질적인 경제적·정치적·사회적 권력에 대항하는 데 집중할 수 있을 것이다.

최근 흑인 여성들은 흑인 남성을 억압하는 방식과는 다른 방식으로 흑인 여성을 억압하는 우리 사회의 징후들을 포착하고 변화시키기 위해, 갖가지 저항에도 불구하고, 점점 더 서로 연대하고 있다. 이는 결코 흑인 남성들에게 위협이 되는 일이 아니다. 이를 위협으로 생각하는 이들은 똑같이 여성 억압을 몸소 실천하겠다는 흑인 남성들뿐이다. 예를 들어 보자. 흑인 남성에게 원치 않는 아이를 낳으라고, 기를 수 없는 아이를 기르라고 강요하는 경우는 없다. 강제 불임 시술과 사실상 박탈당한 임신 중지권은, 강간과 마찬가지로, 흑인 여성들에게만 가해지는 억압의 도구이다. 스스로를 정의할 줄 모르는 흑인 남성들에게나 자아를 실현하고 자기 보호를 위해 결속하는 흑인 여성들이 위협적으로 보일 것이다.

•

요즘 흑인 공동체 내에서는 레즈비언을 제물로 삼아 인종차별주의와 성차별주의의 진상을 은폐하려는 시도들이 나타나고 있다. 정치적으로 혹은 감정적으로 서로 *끈끈한* 관계를 맺고 있는 흑인 여성들이 흑인 남성의 적은 아니다. 그러나 흑인 남성들은 적이 아니라 동지인 이 흑인 여성들을 공포로 지배하려 드는 경우가 너무 많다. 그들의 전술은 협박조로 감정적 거부감을 드러내는 것이다. 예를 들면 이런 식이다. "쟤들 시는 나쁘지 않은데, 그 많은 레즈[비언]들은 정말 못 참겠더라고." 이런 말을 하는 흑인 남성은 남성과의 관계에 관심이 있는 흑인 여성들에게(흑인 여성 대부분이 이에 해당한다) 다음과 같은 모종의 경고를 하고 있는 것이다. 첫째, 자기 작품이 높이 평가받길 원한다면, 그를 제외한 그 어떤 이들에게도 한눈을 팔아서는 안 된다. 둘째, 그에게서 우정과 지원을 받고자 한다면 여성 문제에 관심을 가져 스스로를 "더럽히지" 않는 게 좋다.

이런 낙인, 험담, 감정적 고립 등으로 협박해도 흑인 여성들이 고분고분 제자리로 돌아가지 않거나, 서로를 정치적으로나 감정적으로 외면하도록 구슬리지 못한다면, 공포에 의한 지배는 신체적 폭력으로 표출될 수 있다. 1970년대 말 뉴욕 주립대 캠퍼스에서 흑인 여성들이 여성의 이름으로 함께 모였을 때 일어난 사건처럼 말이다. 다른 인종의 여성들과 페미니즘적 연대 가능성을 모색하던 흑인 여성들은 폭행 협박 전화를 받았다. 이런 협박과 흑인 남성들의 지지 철회에 겁을 먹은 여성들 중에는 실제로 자매들에게 등을 돌리는 이들도 있었다. 이런 협박들이 페미니스트들의 연대를 막지는 못했지만, 히스테리 상태에 빠진 캠퍼스에서 흑인 여성들은 두들겨 맞고 강간당했다. 흑인 남성들의 협박이 이런 폭력 사태의 직접적 원인이었든, 아니면 단순히 폭력이 일어나기 쉬운 적대적 환경을 조성했을 뿐이든 간에, 결과적으로 여성들이 공격당했다는 사실에는 변함이 없다.

전쟁터에서, 감옥에서, 그리고 "거리"에서 결혼 적령기에 있는 수많은 흑인 남성들이 떼죽음을 당하고 있다. 많은 이성애자 흑인 여성이 흑인 남성과 연애하는 백인 여성에 대해 분개하는 까닭은 바로 이런 흑인 공동체의 성비 불균형 때문이다. 이미 어긋난 성비를 더 악화시키는 행동은 무엇이든 깊고 뚜렷한 적개심을 불러일으키는 것이다. 하지만 이 같은 적개심은 수평적으로만 확장하기에 본질적으로 건설적이지 못하다. 적개심으로는 이 문제에 대해 단 한 발자국도 앞으로 나아가지 못할 것이다. 수직적 권력이나 권위에 대해서는, 그리고 여성들 사이의 이런 경쟁 관계를 당연시하는 성차별주의적 가정에 대해서는 아무런 문제도 제기하지 못하기 때문이다. 게다가 백인 여성들의 인종차별주의는 그들 자신이 겪고 있는 성적 억압으로 말미암아, 이 문제가 좀 더 명료하게 드러나는 곳에서 더 잘 다뤄 볼 수 있을 것이다. 이런 상황에서, [인종차별주의에 맞선 투쟁의 진전에] 결정권을 쥔 쪽은 백인 여성이 아니라 흑인 남성이다. 왜냐하면 이들은 [같은 인종적 억압을 겪고 있는] 흑인 자매들을 외면하며 (백인 남자들에게서 빌려온 공포를 수단으로) 그녀들이 지닌 힘을 자원이 아니라 도전으로 보고 있기 때문이다.

흑인 여성은 흑인 남성으로부터 이런 말을 귀에 못이 박히도록 듣는다. "너한테는 나 같은 남자도 아깝지. 나 같은 남자 없어. 그리고 명심해 둬. 난 언제든 딴 여자에게 갈 수 있어. 그러니 내

옆에 있고 싶으면 제자리 잘 지켜. 여자들끼리 몰려다니지 말라고. 안 그러면 내 입에서 '레즈비언' 소리 나올 줄 알아. 그리고 그걸로 너랑 나랑은 끝이야." 흑인 여성들은 우리가 공유하는 공통의 이해관계를 인식하고 이에 따라 행동하기보다는, 이렇게 남자들의 시선에 따라 자신을 평가하고 남성의 주목을 받으려고 서로 경쟁하도록 사회화되어 있다.

수평적인 적대감을 부추겨 더 절박한 억압의 문제를 은폐하는 전술은 하나도 새로울 게 없는 전략으로, 여성들 사이에만 국한되어 활용되는 전술이 아니다. 흑인 여성과 흑인 남성 사이의 분열을 부추기는 데도 똑같은 전술이 사용된다. 대학에서 흑인 교수진의 임용과 해고를 둘러싼 논의가 있을 때면 으레 흑인 여성이 흑인 남성보다 교수 되기가 더 쉽다는 이야기가 들려온다. 이런 이유로, 흑인 여성들이 임용과 승진 과정에서 겪는 문제들은 중요한 문제로 여겨지지 않는다. 그녀들은 그저 "흑인 남성의 자리를 빼앗은" 것일 뿐이기 때문이다. 이 경우에도 우리는 서로 힘을 합쳐 흑인 교수진의 비율을 좀 더 실질적으로 늘리는 투쟁을 하기보다는, 우리에게 허락된 애처로울 정도로 작은 빵부스러기를 놓고 서로 싸우면서 에너지를 낭비한다. 힘을 합쳐 흑인 교수진을 늘리는 투쟁을 한다면 그것은 학계의 인종차별 정책에 맞선 수직적 싸움, 실질적인 권력의 변화를 이끌어 내는 싸움이 될 것이다. 변화가 없기를 바라는 사람들, 이런 끝없는 집안싸움에서 이익을 보는 사람들은 바로 고위 기득권층뿐이다.

•

오늘날 흑인 공동체 내에서는 우리에게 실질적으로 필요한 것들에
관심을 집중하지 못한 채, 반레즈비언적 히스테리로 인해 막대한 에
너지가 소진되는 일이 벌어지고 있다. 하지만 여성으로 정체화한 여
성들women-identified women,* 즉 남자들의 도움 없이도 스스로의 운명
을 개척하고 실행하는 여성들은 우리 사회 곳곳에 오랫동안 존재해
왔다. 요크 대학의 이본 플라워스Yvonne Flowers가 최근 논의에서 지적
했듯이, 자기 집을 가족 구성원들이 언제나 가서 쉴 수 있는 안식처
로 제공해 주었던 결혼하지 않은(아이가 있든 없든) 이모의 모습은 우
리 어릴 때를 생각해 봐도 낯설지 않은 광경이다. 현재 우리 흑인 공

* 1970년대 초 급진 페미니즘의 발흥과 더불어 레즈비언 페미니스
트들이 남성 중심주의에서 모든 사람이 남성에 동일시하게 되는 점
에 저항하며 여성 스스로 정체화할 필요성을 강조하기 위해 주창한
용어다. 여성은 오랫동안 오로지 남성의 성적 대상으로서, 그리고 남
성과의 관계에 따라 딸, 아내, 어머니 역할로만 정의되었다. 하지만
"여성으로 정체화한 여성"은 남성 지배의 사회구조를 참조하지 않
고(즉 남성과의 관계에 따라서가 아니라), 여성 스스로의 내적 자아
감에 따라, 그리고 자신이 선택한 여성 공동체와의 관계에 따라 스스
로를 정의한다. 또한 이 용어에는 당시 레즈비언 낙인의 정치적 위력
을 피하면서 자매애를 강조하려는 의도도 있었다.

동체 가정에서도, 박탈감과 역겨운 좌절감으로 흑인 여자아이들을 때리고 강간하는 건 흑인 레즈비언이 아니다.

흑인 레즈비언들이 흑인 남성과 이성애자 흑인 여성으로부터 받는 공격은 점점 더 심해지고 있다. 자신을 스스로 정의할 줄 아는 흑인 남성에게 자신을 스스로 정의할 줄 아는 흑인 여성이 아무런 위협이 되지 않듯이, 다른 흑인 여성에게 친밀성과 사랑을 느끼는 게 문제라고 생각하는 흑인 여성들만이 흑인 레즈비언에게서 위협을 느낀다. 너무나 오랫동안 우리는, 서로를 영원한 경쟁자로 간주하며 의심의 눈초리를 보내거나, 서로의 얼굴에 비친 자기 모습을 스스로 거부해 왔다.

하지만 전통적으로 흑인 여성들은, 아무리 어렵다 해도, 그리고 그녀들을 속박하고 있는 그 어떤 관계에도 불구하고, 서로를 격려하며 함께 뭉쳐 온 오랜 역사가 있다. 우리는 지혜와 힘을 나누고 서로를 격려하며 단결해 왔고, 심지어 일부다처제 상황에서도 그러했다. 예를 들어, 아프리카에서 일부다처제하의 아내들co-wives은 복잡하게 뒤얽힌 관계 속에서도 친밀한 관계를 유지했고, 왕의 호위 무사로 용맹을 떨쳤던 고대 다호메이 왕국의 여전사 Amazon warriors들도 그랬다.* 정권을 좌지우지할 정도로 힘을 지녔

* 1600년부터 1904년까지 존재한 아프리카의 다호메이 왕국에는 여성으로만 이루어진 군대, 아마존이 있었다. 처녀들만 입대할 수 있었으며 입대 후에는 순결 서약을 지키며 고된 훈련을 거쳐야 했는데,

고 지금도 그 힘을 유지하고 있는 서아프리카 여성상인회Market Women Association 역시 마찬가지다.

나이지리아의 92세 여성 에픽-이비비오는 자신의 삶을 회상하면서 다른 여성을 향한 사랑을 이렇게 이야기한다.

내겐 모든 비밀을 나누던 여자 친구가 있었어요. 그녀는 항상 비밀을 잘 지켰죠. 우리는 하는 행동도 꼭 부부 같았어요. 항상 붙어 다녔고, 양쪽 남편들도 우리 관계를 알고 있었죠. 마을 사람들은 우리를 쌍둥이 자매라고 불렀어요. 내가 남편과 삐걱거리면, 그 친구가 화해를 주선하곤 했죠. 그녀의 호의를 갚고자 내 아이들을 그 집에 일손으로 보내기도 했어요. 내 남편은 그 남편보다 땅을 좀 더 가진 부자였는데, 그 친구가 나와 공동 아내가 아니었음에도 그녀에게 땅을 나눠 줬죠.[2]

다호메이의 폰족은 아프리카 웨스트코스트에서 지금도 열두 가지나 되는 결혼 양식을 지키며 살고 있다. 그중 하나는 "염소goat는 사슴buck에게"라는 것인데, 이는 독립적 재산을 가진 여성이 다

그럼에도 불구하고 자원자들이 많았던 것은 가난의 고통과 집안일에서 해방돼 출세가 가능했기 때문이었다. 다호메이가 1975년 베냉공화국으로 이름을 바꾼 이후에도 군인들 가운데 3분의 1은 여성이었다.

른 여성과 결혼하는 경우를 가리킨다. 이 여성들은 아이를 낳을 수도 낳지 않을 수도 있지만, 태어난 아이들은 모두 [재산이 있는] 첫 번째 여성의 혈통을 따르도록 했다. 이런 종류의 결혼은 재산이 있기는 하지만 "자유로운" 상태를 원하는 여성들에게 상속자를 만들어 주기 위한 것인데, 이들 중에는 레즈비언 관계도 있다. 이와 같은 결혼 풍습은 아프리카 곳곳의 다양한 민족에게서 나타난다.[3] 관례대로 이 여성들은 그들 공동체의 일원으로 받아들여지며, 섹슈얼리티로 재단되는 것이 아니라 공동체 안에서 각자가 갖는 지위에 따라 평가받는다.

우리 흑인 여성들 각자의 내면에는 다른 곳[아프리카]에서의 오래된 삶의 방식들을 ─ 우리가 자매애 속에서 함께 일하고 놀며 힘을 나눴던 즐거운 삶을 ─ 기억하는 부분도 있고, 그러지 못하고 서로를 의심의 눈초리로 바라보는 부분도 있다. 우리의 분열을 바라는 이들 사이에서 흑인 여성들은 서로를 항상 의심의 눈초리로 바라보거나, 희소한 남성을 두고 경쟁하는 비정한 존재, 오직 그 상賞[남성]을 통해서만 우리의 실존이 정당화되는 그런 존재로 스스로를 바라보도록 배웠다. 이와 같은 비인간적 자기 부인은 이것과 매우 긴밀하게 관련된 인종차별주의의 비인간적 효과만큼이나 치명적이다.

만약 흑인 공동체에서 최근 벌어진 레즈비언을 향한 공격이 전적으로 동성 간 성적 접촉(이런 접촉은 아프리카 대륙 곳곳의 대부분의 여성 공동체들에서 오랫동안 존속해 온 일이다)에 대한 반감에 기반을 둔 것이라면, 왜 흑인 남성 간의 성적 접촉은 훨씬 더 쉽게 용인되거나 별 신경을 쓰지 않는 걸까? 그건 (설사 애 아버지라 할지라도) 남자에게 목매지 않기 때문에, 저 가혹한 신의 징벌조차 두려워하지 않고 그것을 달게 받지도 않을, 자율적이고 독립적인 흑인 여성의 존재에 대한 상상된 공포일까? 흑인 공동체에서 가모장 가구가 처음부터 지배적이었던 것은 아니다.

"너는 나랑 생각이 다르니 없애 버려야겠어"라고 말하는 왜곡된 관계는 우리 흑인들이 공동의 투쟁에 임하지 못하고 근본적으로 소모적인 싸움에만 몰두하게 만들어 결국은 패배하게 한다. 이런 어긋난 심리는 타인이 스스로를 긍정하거나 자기 존재를 내세우는 것이 내 존재에 대한 공격이며, 내가 스스로를 정의하는 것이 타인의 자기 정의를 막거나 방해할 것이라는 잘못된 논리에 근거하고 있다. 한 성이 존재하기 위해 다른 성의 묵종을 필요로 한다는 잘못된 가정은 자신을 주체적으로 정의하는 사람들이 공동의 목표를 향해 함께 나아가지 못하게 한다.

•

이런 종류의 행동은 억압받는 사람들 사이에서 흔히 발견되는 오류이다. 이는 우리끼리 나눠 가져야 하는 자유의 양이 한정되어 있고,

자유의 가장 크고 달콤한 부분은 더 강한 자와 승리한 자에게 돌아가야 할 전리품이라고 생각하는 그릇된 통념에 입각해 있다. 그래서 서로 힘을 합쳐 더 많은 것을 요구하는 싸움을 하는 대신, 파이 하나를 두고 더 큰 조각을 차지하기 위해 우리끼리 서로 다투고 있는 것이다. 흑인 여성들은, 자기 존재에 대해 탐구하고 우리의 힘을 지속적인 변화를 만들어 내는 데 사용하기는커녕, 남성을 두고 서로 싸우고만 있다. 흑인 여성과 남성은 현재 서로의 투쟁이, 흑인 공동체 전체의 투쟁에서 각기 중요한 부분이자 공동의 목표를 달성하는 데 필수적인 일이라는 점을 보지 못한 채, 누가 더 많은 자유를 누릴 권리를 지녔는지를 놓고 서로 싸우고 있다. 흑인 여성과 백인 여성도 공동의 대의에 대해서는 눈 감은 채, 누가 더 억압받는지를 두고 서로 싸우고 있다(물론 여성들 간의 이런 분열은 백인 여성들이 자신들 안에 완고하게 자리 잡은 인종차별주의의 문제를 다루는 데 거의 항상 실패하거나 아예 그럴 의지가 없기 때문에 더욱 악화된다).

최근 한 흑인문학 학술대회에서 한 이성애자 흑인 여성이, 레즈비어니즘을 용인하는 것은 우리 인종의 종말을 용인하는 것과 같다고 발언했다. 이런 입장은 차이에 엉뚱한 힘을 부여하는 잘못된 논리나 극심한 공포심에 기인한다. 인종차별주의자가 흑인의 힘을 너무 과대평가해서 단 한 명의 흑인이 전체 혈통을 오염시킨다고 생각하는 것과 마찬가지로, 이성애주의자의 눈에는 레즈비언의 존재가 너무나 강력해서 단 한 명의 레즈비언만 있어도 모든 여성이 오염될 수 있다고 보는 것이다. 마치 우리가 흑인 공동체에서 레즈비언을 없애지 않는다면 모든 흑인 여성이 레즈비언이 되기라도 할 것처럼 말이다. 또한 이 발언은 레즈비언에게 아이가 없다고 가정한다. 이 두 가지 가정 모두 명백히 틀린 것이다.

우리 흑인 여성들은 이성애자든 동성애자든 우리를 위험에 처하게 하는 우리 삶의 현실을 다루어야 한다. 1978년 디트로이트에서 젊은[스무 살] 흑인 여성 배우 패트리샤 코원은 연극 〈망치〉의 오디션을 보러 갔다가 [자칭] 극작가라고 하는 흑인 남성에게 망치로 맞아 죽고 말았다.* 패트리샤 코원은 흑인이라고 죽임을 당한 것이 아니다. 그녀가 죽은 이유는 흑인 여성이었기 때문이고, 이 죽음은 우리 흑인 여성 모두의 문제이다. 역사는 그녀가 레즈비언이었는지 아니었는지 기록하지 않는다. 다만 네 살짜리 아이가 있었다는 것을 기록할 뿐이다.

흑인 여성과 백인 여성, 흑인 남성과 백인 남성, 이 네 집단 중 임금이 가장 낮은 집단은 흑인 여성이다. 이 문제는 우리가 누구

---

* 당시 기사에 따르면, 살인 동기에 대해서는 "어떤 느낌일지 궁금해 벌인 살인"이었다는 것 말고는 밝혀진 게 없다. 그는 그 자리에 있던 코원의 아들도 때려 큰 부상을 입히고 엄마의 시체와 함께 유기했다. 그럼에도 불구하고 스테이플스 같은 흑인 남성 지식인들은 이런 흑인 남성의 폭력을 두둔하면서, 차별받는 흑인 남성을 "연민"으로 이해해야 한다고 우겼다. 이에 대한 로드의 비판은 이 책의 「성차별주의」 참조.

랑 잠을 자는지와 상관없이 우리 모두에게 중요한 일이다.

흑인 여성인 우리는 스스로를 정의하며 공동의 목표 속에서 우리와 연대할 집단을 찾아 나설 권리와 책임이 있다. 흑인 남성과는 인종차별주의에 대항해 연대하고, 다른 흑인 여성이나 백인 여성과는 성차별주의에 대항해 연대할 수 있다. 하지만 무엇보다도 우리는 흑인 여성으로서, 서로를 공포심 없이 받아들이고 인정하며 자유롭게 누구를 사랑할지 선택할 수 있는 권리와 책임이 있다. 우리 흑인 여성들에게는 레즈비언이든 이성애자든 모두 함께 유대하며 힘을 발휘해 온 오랜 역사가 있으며, 성정체성이나 우리 사이의 여러 다른 차이로 인해 이 역사에 등을 돌려서는 안 된다.

• 성애의 활용 •

성애의 힘에 대하여[1]

세상에는 다양한 종류의 힘이 있다. 그중에는 활용되는 힘이 있는가
하면 활용되지 못하는 힘이 있고, 그 가치를 인정받는 힘이 있는가
하면 그렇지 못한 힘이 있다. 성애는 우리 안의 깊숙한 곳, 여성적이
고 영적인 차원에 위치한 자원으로, 우리가 미처 표현하지 못한 감
정, 혹은 미처 인식하지 못한 감정의 힘에 굳게 뿌리 내리고 있다. 억
압을 지속하려면, 억압받는 자들의 문화 내에 존재하는 (변화의 에너
지를 공급해 줄) 다양한 힘의 원천들을 타락시키거나 왜곡해야만 한
다. 여성에게 이것은 바로 우리 삶의 힘과 앎의 원천인 성애의 억압
을 의미한다.

서구 사회는 이런 성애라는 자원을 의심하고 비난하고 오용
하고 그 가치를 비하하도록 가르쳤다. 한편으로 천박하게 해석된
성애가 여성의 열등성을 나타내는 기호로 조장되었고, 다른 한편
으로 여성은 성애적인 존재로 경멸과 의심의 대상이 되어 고통 받
았다.

여성들이 삶과 의식에서 성애를 억눌러야만 강해질 수 있다

는 그릇된 믿음 역시 이런 맥락에서 비롯되었다. 하지만 그런 강함은 남성적 권력 모델 안에서만 작동하는 환상일 뿐이다.

우리 여성들은 우리 안의 가장 깊숙한 곳에서 흘러나오는 그런 힘과 비합리적인 앎을 신뢰하지 않게 되었다. 남성 세계는 우리에게 일생 동안 성애의 힘을 믿지 말라고 경고해 왔는데, 이는 여성이 이런 깊은 감정적 힘을 남성을 위해서만 쓰도록 하기 위함이며, 또 여성들이 스스로 내면에서 보다 큰 가능성을 찾게 될까 봐 두렵기 때문이다. 그래서 여성은, 마치 주인 개미에게 양식을 공급하는 진딧물들처럼, 가슴으로 젖이나 공급하는 열등한 지위에 머물도록 한 것이다.

하지만 성애는 그것이 주는 계시를 두려워하지 않는 여성들에게, 또 그저 감각적 만족sensation만으로 충분하다는 믿음에 굴복하지 않는 여성들에게 에너지를 재충전해 주는 도발적 힘의 원천이다.

남성들은 종종 성애를 이상한 이름으로 부르며 여성들을 공격하는 데 이용해 왔다. 그것은 혼란스럽고, 사소하며, 정신병적이고, 부자연스러운 감각이라고 폄하되었다. 이런 이유로 우리는 성애를 힘과 앎의 원천으로 여기고 탐구하는 대신, 그와 정반대인 포르노그래피 같은 것으로 착각하곤 한다. 하지만 포르노그래피는 성애의 힘을 정면으로 거부하는 것이다. 그것은 진실한 감정을 억누르기 때문이다. 포르노그래피는 감정 없는 감각만을 강조한다.

성애는 우리 자아감의 출발점과 우리가 느끼는 강렬한 감정의 혼돈 사이에 위치한다. 그것은 내적인 만족감으로 한번 경험해 보고 나면 그것을 열망할 수 있음을 알게 된다. 이 깊은 감정이 주는 충만함을 경험하고, 그 힘을 깨닫고 나면, 우리는 경외감과 자기존중 속에서 이보다 부족한 그 어떤 것에도 만족할 수 없게 된다.

스스로에게, 그리고 자신의 삶과 일에서 가장 최선의 것을 끌어낸다는 것은 결코 쉬운 일이 아니다. 이는 우리 사회가 조장하는 능력주의의 수준을 넘어선 탁월함excellence을 추구하는 것이기 때문이다. 자신의 운명을 개척하는 데 관심이 없고 최선을 추구할 뜻이 없는 사람들만이 진실한 감정을 두려워하고 적당히 능력에 맞게 일하는 데 만족할 뿐이다.

우리가 성애로부터 습득한, 탁월함을 향한 이런 내적 요구는 우리 스스로나 타인에게 불가능한 것을 요구하는 것으로 오해해서는 안 된다. 그런 요구는 모든 사람을 무력하게 만들 뿐이다. 성애란, 우리가 무슨 일을 하느냐의 문제만이 아니라 그 일을 하는 과정에서 우리가 얼마나 강렬하고 충만한 느낌을 가질 수 있는지의 문제이기도 하다. 어느 정도까지 그런 만족감과 성취감을 느낄 수 있는지 알게 되면, 우리가 살면서 시도하는 다양한 것들 가운데 무엇이 우리를 그 충만한 느낌에 가장 가깝게 데려가 주는지 알 수 있게 될 것이다.

우리가 하는 일들의 목적은 우리의 삶과 우리 아이들의 삶을 더욱 풍요롭게 하고, 보다 많은 가능성을 개척하는 데 있다. 우리가 매사에 이런 성애적인 만족감을 추구한다면, 내가 하는 일이라는 것도 의식적인 결정이 될 것이다. 마치 간절히 기다리던 침대로 감사한 마음으로 들어가 새로운 힘을 충전해 일어날 수 있는 것처럼 말이다.

●

물론 [이 사회에서] 그와 같은 힘을 기른 여성들은 위험하다. 이런 이유로 우리는 성애적 요구를 섹스에만 한정시키고, 삶의 다른 중요한 영역과 분리하도록 배웠다. 우리에게는 우리 일의 성애적 뿌리와 그것이 줄 수 있는 만족감에 대한 관심이 부족하다. 이는 우리가 스스로 하는 일들의 상당 부분에 대해 좀처럼 애정을 갖지 못하는 데서 잘 알 수 있다. 예컨대, 우리가 아무리 힘들어도 자기 일을 진정으로 사랑하는 순간은 얼마나 되는가?

　인간의 필요가 아니라 이윤으로만 재화를 정의하는 체계, 또 인간의 필요를 정의할 때 심리적·감정적 요소를 배제하는 체계에서 가장 공포스러운 것 중 하나는 우리 일에서 성애적 가치, 성애적 힘, 그리고 삶의 활력과 성취감을 빼앗아 간다는 점이다. 이런 체계에서 노동은, 그저 빵을 얻기 위한 의무, 우리 자신과 우리가 사랑하는 사람들에 대한 망각으로 축소된다. 하지만 이것은 마치 화가에게 눈을 가린 채 그림을 더 잘 그려 보라고, 그림 그리는 걸 즐겨 보라고 강요하는 것이나 다름없는 불가능한 동시에 지독히 잔인한 요구이다.

여성으로서 우리는 이 세계가 진정으로 달라질 수 있는 방법을 탐구할 필요가 있다. 즉, 우리 삶과 일을 구성하는 모든 측면, 그리고 우리가 그것을 돌파해 나가는 방식을 살펴봐야 한다는 것이다.

성애라는 말은 그리스어 에로스에서 온 말로, 에로스는 카오스[혼돈]Chaos로부터 태어나 창조력과 조화 등 사랑의 다양한 측면들을 의인화한 모습을 하고 있다. 따라서 내가 말하는 성애는 여성의 생명력—우리의 언어, 역사, 춤, 사랑, 일과 삶 속에서 우리가 지금 복구하고 있는 창조적 에너지—을 행사하는 것이다.

에로티시즘과 포르노는 성적인 것the sexual을 활용하는 전혀 다른 방식이지만 사람들은 자꾸만 이 둘을 등치시키려 한다. 이 때문에 영적인 것(심리적·감정적인 것)을 정치적인 것으로부터 분리하고, 그 둘을 서로 모순되고 상반되는 것으로 여기는 풍조도 생겨났다. 시적인 혁명가, 명상하는 투사는 마치 말이 되지 않는 것처럼 생각하는 것이다. 마찬가지로 사람들은 영적인 것과 성애를 분리해, 영적인 것을 밋밋한 정서의 세계로, 무욕의 경지를 추구하는 금욕주의자의 세계로 축소해 버린다. 이것이야말로 진실에서 가장 동떨어진 것이다. 금욕이란 공포심과 부동성이 최고조에 이른 상태일 뿐이다. 금욕가가 욕망을 혹독하게 절제하는 것은 집착의 한 방식에 불과하다. 자기 절제가 아닌 자기부정의 한 방식이다.

영적인 것과 정치적인 것의 이분법 역시 우리가 가진 성애적 앎에 충분히 주의를 기울이지 않기 때문에 생긴 허구이다. 영적인 것과 정치적인 것을 이어 주는 다리는 바로 성애로 구축되기 때문이다. 즉 우리 안의 가장 깊고 강력하고 풍요로운 것을 신체적·감정적·심리적으로 표현하고 다른 사람과 나누는 것, 즉 가장 깊은 의미에서의 사랑을 향한 열정이 바로 성애이다.

피상적인 수준을 넘어 깊은 숙고로부터 나온 표현, 즉 "내 느낌이 맞아"라는 표현은 성애의 힘을 진정한 앎으로 인정하는 것이다. 그 느낌이야말로 우리가 진정한 이해에 도달할 수 있게 해주는 가장 강력한 등대 역할을 하기 때문이다. 나아가 우리는, 저 힘에 대한 이해를 통해, 우리 안의 저 깊숙한 곳에서 태어난 앎을 기다릴 수 있고, 분명하게 말할 수 있다.

•

내게 성애의 역할은 여러 가지가 있는데, 그중 첫째는 다른 사람과 어떤 일을 깊이 나눌 수 있게 해줌으로써 힘을 준다는 것이다. 신체적인 기쁨이든, 감정적인 기쁨이든, 심리적인 기쁨이든, 지적인 기뺨이든 간에 그 기쁨을 우리가 서로 나눌 때, 그 나눔의 행위는 서로를 잇는 다리를 형성한다. 그리고 이를 통해 우리는 서로 공유하고 있지 않은 것에 대한 이해를 넓힐 수 있고, 그 차이를 위협으로 느끼지 않을 수 있다.

성애의 또 다른 중요한 역할은 내가 기쁨을 두려움 없이 솔직하게 향유할 능력을 열어 주는 것이다. 음악에 맞추어 내 몸이 반응할 때, 강렬한 리듬에 귀 기울일 때, 그리하여 내가 춤을 출 때건, 책장을 조립할 때건, 시를 쓰거나 아이디어를 떠올릴 때건, 감각을 느끼는 모든 층위에서 성애적으로 만족스러운 경험이 가능하다.

자기 자신과 온전히 연결되는 경험을 나누는 것은 내가 느낄 수 있음을 깨닫게 된 기쁨을 표현하고, 내가 느낄 수 있는 능력이 살아 있음을 되새겨 준다. 내가 기뻐할 수 있음을 깊이 깨달을 때, 나는 이런 만족감을, 결혼이나 신이나 내세 같은 것을 통하지 않고서도, 내 삶의 모든 측면에서 체험할 수 있다는 사실 역시 깨닫는다.

바로 이런 까닭에 성애는 공포의 대상이 되고, 가끔 그 존재를 인정받을 때조차 침실로만 영역이 한정되는 경우가 대부분이다. 일단 우리가 우리 삶의 모든 측면을 깊이 느낄 수 있게 되면, 우리 자신과 우리 일에서도 우리가 가능하다고 알게 된 그 기쁨과 같은 것을 느낄 수 있어야 한다고 요구하게 될 것이기 때문이다.

우리의 성애적 앎은 우리에게 힘을 주고, 우리 존재의 모든 측면을 성찰할 수 있게 해주는 렌즈가 되어, 그것들이 우리의 삶 전체와 관련해 상대적으로 어떤 의미를 지니는지 정직하게 평가해 볼 수 있도록 해준다. 또한 이는 우리 각자의 내면에서 깊은 책임감을 불러일으키며 우리가 그저 편리하거나 관습적으로 기대되는 것, 그저 위험하지 않을 뿐인 것들에 안주하지 않도록 해준다.

제2차 세계대전 당시, 우리는 투명한 비닐로 포장된, 하얀 마가린을 사곤 했다. 투명한 포장지 안쪽으로 보이는 마가린에는 노오란 알갱이들이 촘촘히 박혀 있었다. 우리는 마가린이 말랑말랑해질 때까지 기다렸다가 그 작은 알갱이들을 손가락으로 조심스레 터뜨려 그 선명한 노란색이 부드럽고 하얀 마가린 전체에 스며들게 했다.

성애란 이처럼 내 안에 숨어 있는 핵심적인 알갱이다. 단단한 껍질을 뚫고 나오기만 한다면, 그것은 내 모든 경험을 고양시키고, 더욱 섬세하게 자각하도록 해주며, 활기찬 에너지로 내 삶을 선명히 물들일 것이다.

●

우리는 우리 안의 가장 깊숙한 곳에 존재하는 열망, 그것에 대한 긍정을 두려워하도록 교육받았다. 하지만 일단 그것을 깨닫게 되면,

우리의 미래를 가로막고 있는 것들은 그 힘을 잃고 변화할 수 있다. 우리 자신의 욕망에 대한 두려움은 그런 내면의 욕망들을 의심하게 했고, 또 한편으로는 그 욕망이 무분별하게 강력해지도록 만들었다. 왜냐하면 진실을 억압한다는 건 진실에 도저히 억누를 수 없는 힘을 부여하는 것이기도 하기 때문이다. 이 사회가 왜곡한 우리의 모습을 뛰어넘어 우리가 성장할 수 없을 것이라는 두려움으로 말미암아 우리는 온순하고 충직하고 순종적인 모습으로 외부의 인정을 구하며 여성으로서 겪는 억압의 수많은 양상을 받아들이게 된다.

　　우리가 우리 밖에서 삶의 방향을 찾으려 할 때, 즉 우리 내면의 앎과 필요에 따르지 않고 외부에서 주어진 명령만을 따를 때, 그래서 우리 내면에서 들려오는 성애의 안내를 따르지 못할 때, 우리 삶은 외부의 낯선 형태들이 부과하는 제약을 받게 되며, 우리의 개인적 필요는 말할 것도 없고 인간적 필요조차 고려하지 않는 구조의 필요에 순응하고 만다. 하지만 우리가 솔직하게 우리 내면에서 우러나오는 목소리를 따라 삶을 꾸려 가고 우리 안에 존재하는 성애의 힘과 접속하여 그 힘으로 우리 주변 세상에 영향을 미친다면, 비로소 우리는 가장 깊은 의미에서 우리 자신을 책임지기 시작하는 것이다. 왜냐하면 우리 내면 깊숙이 존재하는 감정들을 인식하게 되면, 고통과 자기부정, 그리고 우리 사회에서 그런 것들의 유일한 대안으로 보이는 무감각 상태에 더 이상 만족할 수 없기 때문이다. 억압에 대항하는 우리의 행동은, 이렇게 내면에서 힘을 얻은 자아와 뗄 수 없는 관계에 있다.

성애와 깊이 연결될 때, 나는 무력감이나, 체념, 절망, 자기 비하, 우울, 자기부정처럼, 내 것이 아니라 외부에서 내게 부과한 상태를 더 이상 받아들이지 않게 된다.

물론 성애에도 여러 층위가 있다. 뒷마당의 울타리에 페인트 칠을 하는 것과 시를 쓰는 것은 다른 일이지만, 그 차이는 단순히 양적일 뿐이다. 나에게 좋은 시를 쓰는 것과, 내가 사랑하는 여성의 몸에 쏟아지는 햇살 속으로 걸어 들어가 함께하는 것은 아무 차이가 없다.

바로 이 점이 성애에 대한 고찰의 마지막 측면이다. 서로의 감정에서 나오는 힘을 공유하는 것은 다른 사람의 감정을 일회용 휴지조각처럼 소비하는 것과는 다르다. 자신의 경험을 외면하는 것은, 그것이 성애적 경험이든 아니든, 그 경험을 함께 공유했던 타인의 감정을 이용하는 것이다. 그리고 이에 대한 상대방의 동의가 없었다면 이는 악용이다.

성애적 감정을 제대로 활용하기 위해서는 우선 그것을 인식해야 한다. 인간에게는 누구나 깊은 감정을 공유하고자 하는 욕구가 있다. 그러나 서구 전통에서 이 같은 욕구는 특정 방식의 금지된 성애적 합일을 통해 충족돼 왔다. 이는, 신부-수녀 놀이를 하든 집단 폭행을 흉내 내든, 의사-환자놀이를 하든, 거의 항상 서로의 눈길을 피하고, 서로를 뭔가 다른 이름으로 부르며 위장하는 특징이 있다. 그리고 이렇게 욕구와 행동을 잘못된 이름으로 부르다 보면, 포르노그래피나 외설물 속에서 발생하는 왜곡, 즉 감정의 악용이 있을 수밖에 없다.

우리가 스스로의 힘을 계발하고 유지하기 위해 필요한 성애의 중요성을 외면한다면, 또는 우리가 성애적 필요를 타인들과 충족시키면서 스스로를 외면한다면, 그것은 서로를 만족의 대상으로만 소비하는 것이다. 그래서는 성애적 필요를 충족시키는 과정에서 나오는 기쁨을 제대로 공유할 수 없고, 서로의 동일성과 차이를 연결시킬 수도 없다. 우리가 스스로가 느끼는 감정에 언제나 충실하지 못하다면, 그게 아무리 우리를 편안하게 할지언정, 이는 우리가 겪는 경험의 상당 부분을 부정하는 짓이자, 스스로를 포르노화하고 학대하며 우스꽝스럽게 만드는 일이다.

성애는 간접적으로 느낄 수 있는 것이 아니다. 흑인 레즈비언 페미니스트로서 나는 내가 이제껏 함께 춤추고 즐기고 싸웠던 자매들에 대해 특별한 감정과 앎, 관심을 갖고 있다. 우리가 이전에는 상상조차 할 수 없었던 공동 행동을 가능하게 하기 위해서는 바로 이 같은 깊은 경험을 나누는 선행 작업이 필요하다.

하지만 지금도 여전히 서구의 남성 중심적 전통 속에서 살아가는 여성들과는 이런 성애적 에너지를 쉽게 나눌 수가 없다. 나역시 그런 방식의 삶과 감각 경험에 내 의식을 끼워 맞추려 할 때에는 이 에너지를 느낄 수 없었다.

지금에 와서야 나는 점점 더 많은 여성들이 여성으로 정체화하고 용기를 내어 서로를 마주하며 성애의 강렬한 에너지를 나누고, 그 나눔에서 오는 강력하고 창조적인 힘을 온전히 활용하는 것을 본다. 우리가 살면서 성애의 힘을 인식하는 것은, 지루하기 짝이 없는 드라마에서처럼 단순히 등장인물이 바뀌는 선에서 만족하고 마는 것이 아니라, 우리가 살아가는 세계 속에 진정한 변화를 가져올 수 있는 에너지를 끌어오는 것이다.

이를 통해 우리는 우리의 가장 심오한 창조적 원천에 가닿을 수 있을 뿐만 아니라 인종차별적이고 가부장적이며 성애를 부정하는 사회에 맞서 스스로를 긍정하는 여성적 힘을 키울 수 있을 것이다.

· 성차별주의 ·

흑인 가면을 쓴 미국의 병폐[1]*

흑인 페미니즘은 흑인 가면을 쓴 백인 페미니즘이 아니다. 흑인 여성에게는 흑인 여성만의 독특하고 정당한 이슈가 있고, 이 이슈를 다룬다고 해서 우리의 흑인다움이 줄어드는 것은 아니다. 흑인 여성과 흑인 남성 사이에 대화의 장을 열겠다고 하면서 흑인 페미니스트를 공격하는 것처럼 근시안적이고 자기 패배적인 짓도 없을 것이다. 그런데 흑인 사회학자 로버트 스테이플스Robert Staples가 『흑인 학자』 *The Black Scholar*에 쓴 글이 바로 이러하다.

　　최근 경제적으로 조금 나아지긴 했지만, 흑인 여성은 여전히 이 나라에서 성별과 인종으로 말미암아 가장 낮은 임금을 받는 집단이다. 여기서 우리는 불평등에 대한 몇 가지 아이디어를 얻을 수 있는데, 여기서부터 시작해 보자. 스테이플스 자신의 말을 그대로 가져오자면, 1979년 현재 흑인 여성들은 교육, 직업, 소득 면에서 "흑인 남성들을 **위협**"(강조는 인용자)하고 있는데, "다음 세

　　＊　이 글을 둘러싼 맥락에 대해서는 이 책 54쪽 옮긴이 주 참조.

기"쯤 되면 흑인 남성들을 "앞지르게" 될 것이다. 이 말인즉슨 흑인 여성이 현재 불평등한 위치에 있는 것은 너무나 당연하다는 것이다.

흑인 페미니스트가 여성으로서 이야기하는 이유는 우리가 여성이고, 다른 사람들이 우리를 대변해 줄 필요는 없기 때문이다. 흑인 남성의 남자다움이 위협받고 있기 때문에 흑인 여성들에게 분노를 표출하는 게 당연하다는 주장이 왜, 어떻게 가능한 것인지 설명해 줘야 하는 건 바로 흑인 남성이다. 도대체 우리가 살고 있는 이 자본주의라는 괴물에 대한 어떤 올바른 분석이 흑인 남성이 흑인 여성을 강간하는 것을 정당화해 줄 수 있단 말인가?

적어도 흑인 페미니스트들과 다른 흑인 여성들은, 서로의 말이 아무리 쓰라리게 들릴지언정, 지금 이 시점에 너무나 필요한 대화를 시작했다. 적어도 우리는 우리 흑인 남성 형제들을 길에서 공격하거나 망치로 때려죽이지는 않는다. 아직은 말이다. 우리는 분리주의적 해법의 오류를 잘 알고 있다.

스테이플스는 자본주의가 흑인 남성들에게 성취감을 느낄 수 있도록 남겨 준 것이라고는 자신이 달고 있는 그 물건과 "알 수 없는 분노"밖에 없기 때문이라고 항변한다.* 이 분노는 흑인 여

---

* 스테이플스는 백인 자본가 남성들과 백인 페미니스트들이 흑인 남성과 흑인 전체를 공격하고 있다면서 흑인 공동체에서 일어나는 여성에 대한 폭력 문제를 제기하는 페미니스트들을 비난한다. 젠더

성의 분노보다 더 정당한 것인가? 왜 흑인 여성은 이런 남성의 분노를 그저 조용히 받아들여야 하는가? 왜 남성의 분노는 그의 성취를 가로막는 힘, 즉 자본주의를 향하지 않는 걸까? 스테이플스는 엔토자케 샹게Ntozake Shange의 희곡 『무지개를 보며 자살을 꿈꾸는 유색 여성들을 위해』*For Colored Girls Who Have Considered Suicide When the Rainbow Is Enuf*를 "흑인 남성의 피를 갈구하는 집단적 욕구"라고 비난한다. 하지만 내 주위를 둘러보면 피 흘린 채 누워 있는 이들은, 우리 형제들의 욕구의 피해자인 흑인 자매와 아이들뿐이다.

　스테이플스는 패트리샤 코원에 대해 어떤 이론적 분석을 들이댈 것인가? 디트로이트에서 그녀는 〈망치〉라는 연극에서 흑인 여배우를 찾는다는 광고를 보고 오디션을 보러 갔다. 그리고 그녀는 [자칭 극작가라고 하는 사람의 집 차고에서] 네 살배기 아들과 극작가의 친구가 보는 앞에서 말싸움 장면을 연기하던 중 흑인 남성

문제는 백인들 사이에 벌어지는 일로 흑인 공동체에서 성차별은 존재하지 않으며, 따라서 흑인 페미니스트들이 백인 자본가 남성들에 맞선 백인 페미니스트들을 위해 대리전을 벌이고 있다는 것이었다. 또 그는 흑인 공동체에서 일어나는 폭력이 흑인 남성들이 당하는 인종차별과 계급 차별 때문에 나타나는 일이므로 흑인 여성들이 이를 "연민"으로 이해해 줘야 한다고 주장한다.

＊ 1977년에 발표된 샹게의 첫 희곡으로 7명의 흑인 여성들이 흑인 사회에서 경험한 성폭력, 아동 학대, 살인 등을 이야기하며 서로의 아픔을 치유하는 내용의 무용 시극이다. 스테이플스는 샹게의 이 작품과 미셸 월러스의 『흑인 마초와 슈퍼우먼 신화』(1978)를 흑인 남성을 공격한 책이라며 맹비난했다.

극작가가 내리친 대형 망치에 맞아 죽었다. 스테이플스의 "엇나간 흑인 남성에 대한 연민"은 이 [스무 살] 앳된 엄마를 다시 살려낼 수 있는 걸까, 아니면 그녀의 이 말도 안 되는 죽음을 좀 더 말이 되게 할 수 있는 걸까?

물론 흑인 남성이 느끼는 무력감, 절망감, 상처받는 것에 대한 두려움도 반드시 이야기해 봐야 할 문제지만, "알 수 없는 분노"로 말미암아 흑인 여성의 목숨이 희생되고 있는 작금의 상황에서 우리가 그런 이야기를 해야만 하는 것은 아니다.

만약 이 사회가 흑인 남성들에게 애초에 성취 불가능한 역할을 부여한 것이라면, 변화가 필요한 건, 그것을 위해 자신의 삶을 희생해야만 했던 흑인 여성들인가 아니면 이 사회인가? 그리고 왜 흑인 남성들은 이런 역할을 당연한 것으로 받아들이는가? 왜 이들은 이런 상황이 자신들에게 부과되는 여타의 억압을 당연한 것으로 받아들이도록 만드는 마약일 뿐이라는 걸 모르는가?

그 위대하다는 미국인들 사이에서 흔히 나타나는 이중사고의 도구 가운데 하나는 바로 피해를 당한 걸 피해자 탓으로 돌리는 것이다. 흑인들은 제 분수를 모르고 설치다 매를 번다거나, 흑인 여성들은 고분고분하지 않아서 또는 너무 색기가 넘쳐서 강간이나 살인, 학대를 당한다는 식이다.

스테이플스는 흑인 여성들이 아이를 낳음으로써 성취감을 느끼는 게 "사실"이라고 말한다. 이는 흑인 남자들이 그것도 뚫린

입이라고 하는 말일 뿐이다. 이 나라에서 그 어떤 흑인도, 심지어 "풀어야 할 억눌린 좌절감이라곤 전혀 없는"(!) "결혼 생활이 행복한" 여자조차, 미치거나 바보이지 않은 이상 그렇게 말할 리 없다. 이는 "여자가 나대지 않게 하려면" "좋은 남자" 하나면 족하다 같은 성차별적인 구닥다리 헛소리의 변주일 뿐이다. "나랑 친한 친구 중에도 그런 사람이 있는데 말이지" 같은 화법과 비슷한 것이다.

스테이플스는 이 시점에 그토록 필요한, 흑인 남성과 흑인 여성 사이에 대화의 장을 여는 대신, 마치 1960년대 흑인의 자긍심과 자기주장을 백인 정체성과 존재 자체에 대한 위협으로 받아들였던 백인 자유주의자들을 연상케 하는 방어적 입장으로 후퇴하고 있다. 흑인 여성들에게 스스로를 사랑하라고 말하는 게(그 누구도 스스로만 사랑하라고 말한 적은 없다) 흑인 남성으로서 자신의 정체성을 부인하거나 위협하는 것으로 믿는(혹은 적어도 그렇게 이야기하는) 흑인 남성 지식인이 존재하는 것이다!

이 나라에서 흑인 여성들은 전통적으로 자신들을 제외한 모든 사람들에게 연민을 보여 왔다. 우리는 돈을 벌기 위해, 또는 살아남기 위해, 백인들을 보살폈다. 우리는 아이들과 아버지, 남자 형제들, 애인들도 보살폈다. 역사나 대중문화를 들여다보면, 그리고 우리네 개인사를 돌아보면, "엇나간 흑인 남성에게 연민"을 가졌던 흑인 여성들의 이야기가 차고 넘친다. 상처받고 다치고 두드려 맞다 죽어 간 우리 딸들과 자매들이 바로 이 같은 현실을 소리 없이 증언하고 있다. 이제 우리는 우리 자신도 보살피고 측은하게 여기는 법을 배워야 한다.

흑인 여성이 우리 아이들과 우리 흑인 남성을 위해 무엇을 기꺼이 희생했는지를 보면, 설사 백인 언론이 이를 아무리 부당하게 이용해 먹는다 할지라도, 이제는 우리 자신을 돌보자는 호소야말로 너무나도 절실히 필요한 것이다. 흑인 여성에게 스스로의 가치를 존중하고 사랑하라는 말은 나르시시즘과 전혀 다르다. 스테이플스가 깨달아야 할 것은 바로 이 점이다. 나르시시즘은 자기애에서 나오는 것이 아니라 자기부정에서 나오는 것이다.

흑인 남성들이 이 문제에 대해 합리적이고 명료한 관점을 제시하지 못하는 것은 흑인 여성의 책임이 아니다. 우리는 온갖 인간들의 비위를 맞춰 주라는 이야기를 귀에 못이 박히도록 들어 왔다. 사람들은 우리에게 모든 사람의 입장을 대변하라고 이야기한다. 우리 자신의 입장만 빼고 말이다. 흑인 남성들은 흑인 여성이 그들을 대변해 줘야 할 정도로 수동적이지 않다. 이는 열네 살 내 아들도 다 아는 사실이다. 흑인 남성들은 스스로 자신의 욕망과 입장을 탐구하고 언어화해야 하며, 거기서 나온 결론에 따라 행동해야 한다. 흑인 남성 지식인이 흑인 여성들의 글에서 흑인 남성 지식인의 관점이 보이지 않는다고 징징대기만 하는 것은 아무 도움도 되지 않는다. 언제나 억압자들은 정작 자신에겐 없는 이해심을 억압받는 자들에게 발휘해 달라고 요구한다.

예컨대, 스테이플스는 흑인 남성들에게 흑인 가정의 여성 결정권에 대한 남성의 저항의 일환으로 가족을 떠나라고 했는데, 이것은 그가 이전에 「흑인 가모장 신화」[2]에서 펼쳤던 주장과도 정면으로 모순되는 것이다.

아직도 흑인 남성들 중에는 백인 여성이 이 나라가 좋아하는 "여성성" 모델에 더 부합한다는 이유로 백인 여성과 결혼하는 이들이 있다. 그러나 스테이플스가 이런 일이 벌어지는 이유를 가지고 그 행동을 정당화하고, 이런 행동이 흑인 여성들 때문이라고 비난하는 것은, 논리적 오류일 뿐만 아니라, 죽을 걸 뻔히 알면서도 절벽 위의 자기 무리를 따르는 나그네쥐 같은 행동을 정당화하는 격이다. 그런 일이 일어난다고 해서 그 일이 꼭 일어나야만 하는 것은 아니며, 또 그것이 개인이나 집단의 안녕에 도움이 되는 것도 아니다.

백인의 실수를 반복하는 것이 흑인의 운명은 아니다. 그러나 우리가 이 병든 사회에서 나타나는 과시적인 성공의 외양을 삶의 유의미한 기호로 오인한다면 똑같은 실수를 반복하게 될 것이다. 흑인 남성들이 자신들의 욕망도 스스로 정의하지 못하면서 계속해서 "여성성"에 대해 이러쿵저러쿵, 그것도 낡은 유럽인들의 관점에서 정의하려 드는 한, 우리 사이는 점점 더 멀어질 뿐이다. 흑인의 자유와 미래를 위한다는 게, 지배자 백인 남성의 성차별주의라는 병폐를 고스란히 답습한다는 뜻은 아니다.

흑인 여성과 남성으로서 우리가 대화를 시작하려면 남성들이 누리는 특권의 억압적 본질을 부정해서는 안 된다. 만약 흑인 남성이 무슨 이유에서든 그와 같은 남성으로서의 특권을 계속해서 누리겠다고 한다면, 이는 결국 우리 흑인 공동체 내에서 흑인 남성들이 벌이는 억압적 행위들 — 즉 흑인 여성에 대한 강간과 학대, 살인 등 — 을 간과하는 것으로, 우리를 파괴하려는 자들에게 이바지할 뿐이다. 자신이 억압받는다고 다른 이를 억압하는 것이 정당화될 수는 없다.

사람들은 흑인 남성에게도 그 지배욕을 충족시켜 줄 여성을 선택할 권리가 있으며 이를 부정해서는 안 된다고 이야기한다.* 그렇다면 흑인 여성의 선택권 역시 부정해서는 안 된다. [다행히] 흑인 여성들은 점점 더 자기주장이 강하고 여성 지향적인 선택을 하고 있다.

여기서 가장 분명한 점은, 우리가 억압받는 사람들로서 다 같이 힘을 모아야 한다는 것이다. 백인 남성의 특권이 지배하는 사회에서, 이 글에서 언급한 상황들에 대해 흑인 남성 탓만 하고 있는 것도 근시안적인 생각이다. 하지만 흑인 남성 역시 성차별주의

* 당대 흑인 남성 지식인들은 남성은 여성을 지배할 권리가 있으며 흑인 남성에게 여성 지배는 인종 억압과 계급 차별에 대한 심리적 보상이라고 주장했다.

와 여성 혐오는 결국 흑인 남성의 해방에 해가 된다는 사실을 깨달을 필요가 있다. 왜냐하면 이는 인종차별주의와 동성애 혐오를 발생시킨 것과 동일한 권력 배치에서 나오는 것이기 때문이다. 이와 같은 의식의 변화가 이루어지기 전까지는, 성차별주의와 흑인 여성에 대한 폭력을 흑인 해방과 관계없는 것으로 보는 흑인 남성들의 생각도 그대로일 것이다. 하지만 흑인 해방에서 이 문제는 핵심적인 것이다. 성차별과 성폭력이 지속되는 한 흑인 여성은 결코 흑인 남성과 대화를 시작할 수 없을 것이다. 하지만 이는 우리 흑인 전체의 생존에 너무도 필수적인 일이다. 우리가 서로 이런 문제를 계속해서 무시한다면, 이는 이 억압 체계를 강화하는 데 이바지할 뿐이다.

남자들은 여자들이 너무 "감정에 휘둘린다"며 우리 말을 들으려 하지 않는다. 하지만 흑인 여성 혐오의 뿌리를 [이성적으로] 파헤쳐 보려고 아무리 애써 본들 패트리샤 코원이 살아 돌아오거나 유가족의 상실감을 덜어 주지는 못할 것이다. 고통이란 감정적으로 느껴지는 것이며, 상처받은 사람들에게는 특히 그렇다. 시인 메리 맥애널리Mary McAnally가 말했던 것처럼, "우리에게 빌어먹을 불구덩이에서 당장 손을 빼라고 가르쳐 주는 것은 바로 고통"이다.[3]

만약 흑인 여성의 문제가 자본과 노동이라는 더 큰 모순에서 파생된 부차적인 문제에 지나지 않는다면, 이는 인종차별주의 또한 마찬가지이며, 따라서 둘 다 우리 모두가 나서 싸워야 할 문제이다. 자본주의 체제는 머리가 여럿 달린 괴물이다. 내가 가본 그 어떤 사회주의국가에서도 인종차별주의나 성차별주의가 사라진 곳은 없었다. 이 두 가지 병폐를 모두 없애기 위해서는 자본주의 제도의 철폐 그 이상이 필요하다.

분별 있는 흑인 남성이라면 흑인 남성이 흑인 여성을 강간하고 살인하는 짓을 자본주의적 억압에 대한 합당한 반응이라고 용납할 리 없을 것이다. 게다가 흑인 남성이 흑인 여성을 파괴하는 짓은 분명 계급을 막론하고 일어나는 일이다.

(스테이플스가 말한) 흑인 공동체에서 성차별주의를 지탱하는 "구조적 기반"이 무엇이든 간에, 이 성차별주의의 가장 큰 피해자는 분명 흑인 여성들이며, 따라서 그것을 폐지하는 것이 우리에게 최선이다. 우리는 흑인 형제들도 이에 동참해 주었으면 좋겠다. 성차별주의를 없애는 일은 그들에게도 최선이기 때문이다. 성차별주의는 흑인 남성들이 흑인 여성들과 유의미한 관계를 맺지 못하게 하고 공동의 투쟁에 함께할 기회를 박탈한다는 점에서, 흑인 남성들 역시 힘을 잃게 만든다. 하지만 학대를 당하는 쪽은 흑인 여성이며 피를 흘리는 쪽 역시 우리이기에, 흑인 공동체에서 성차별주의가 병적인 수준인지 아닌지 결정할 수 있는 주체 역시 바로 흑인 여성이다. 우리에게 이는 이론적으로 접근할 문제가 아니다. 스테이플스가 흑인 공동체에서 "창조적 관계"라고 말한 것들은 ─ 일부다처제는 "창조적"이지만 레즈비언 관계는 그렇지 않다는

식이다─흑인 남녀의 성비 불균형과 수요 공급 상황에 내포된 권력관계로 인해, 거의 항상 흑인 남성에게만 이로운 관계들이다. 이는 주인과 노예 사이의 "창조적 관계"가 언제나 주인에게 이득이 되는 것과 같다.

흑인 공동체에서 여성 혐오는 전체 흑인의 힘을 약화시키는 비극으로 이어질 수 있다. 이런 행동은 이 사회에서 흑인 여성을 체계적으로 폄하하는 구조적 맥락 속에서 봐야 한다. 바로 이런 맥락 속에서 흑인 여성은 흑인 남성이 분노를 퍼부어도 되는 표적이 되는 것이다. 심지어 흑인 남성 사회과학자조차 흑인 여성의 인격을 박탈하는 이 같은 학대를 방조하고 정당화할 정도로 말이다.

흑인 여성들은 연대를 명분으로 하든 흑인 해방을 명분으로 하든 더 이상 이런 학대를 받아들일 수 없다. 흑인 여성과 남성 사이의 대화는 그 끝이 어디든 간에 바로 여기서 시작해야 한다.

· 메리 데일리에게 보내는 공개서한 ·

이 편지는 1979년 5월 6일, 『여성/생태학』 *Gyn/Ecology*[1]의 저자인 메리 데일리에게 썼던 것이다.* 네 달이 지나도록 답장이 없기에 나는 여기 여성들에게 이를 공개한다.

메리에게,

피로 얼룩진 이 황량한 봄날** 잠시 짬을 내어, 당신을 위해

>   * 메리 데일리(Mary Daly, 1928-2010)는 급진주의 레즈비언 페미니스트이자 신학자이다. 『여성/생태학』(1978)에서 데일리는 신화를 통해 가부장제가 지속되는 방식을 분석한다. "여성/생태학"이라는 제목은 데일리가 부인과의학gynecology이라는 말을 해체해 급진 페미니즘 철학에 붙인 이름이다.
>
> ** 1979년 1월 28일부터, 5월 30일 사이, 보스턴 남부 록스베리 인근 지역에서 12명의 흑인 여성들이 살해당한 사건을 말한다. 살해 방법은 다양했고, 강간을 당한 이들도 있었다. 당시 록스베리 지역은

맘속에 간직해 둔 말을 꺼내 보려 합니다. 우연이라도 마주치게 된다면 이야기해 볼 수 있겠지 했는데 그런 우연은 일어나지 않더 군요.

먼저, 보스턴 칼리지의 억압적 처사에 맞선 당신의 싸움을 응원하며 승리를 기원합니다.* 그토록 많은 여성들이 자유발언 자리에 동참해 주었다니 내가 다 기쁘네요. 이런 연대의 움직임으로 당신의 운신의 폭이 대내외적으로 더 넓어지면 좋겠습니다.

또 보내 준 책『여성/생태학』도 고맙게 잘 받았습니다. 너무나 중요하고 유용하면서도 새로운 영감을 주는 도발적인 내용이 가득하더군요. 당신의 이전 책『하나님 아버지를 넘어서』*Beyond God the Father*가 그랬듯, 당신의 분석은 내게 큰 힘이 되었습니다. 내가 지금 이렇게 당신에게 편지를 쓰는 이유도 바로 이 때문입니다. 당신이 제게 유용한 통찰을 나누어 준 것처럼 저도 당신과 제 통찰을 나누고 싶습니다.

당신에게 연락을 할까 말까 심히 망설이느라 편지가 많이 늦

1974년 공립학교의 인종 분리 정책 폐지 이후 격심한 갈등을 겪고 있었다.

* 데일리는 1966년, (예수회가 운영하는) 보스턴 칼리지 신학 교수로 임용되었으나 첫 저서『교회와 제2의 성』(1968) 출간 직후 해직된다. 이에 학생들이 그녀를 재임용하라는 탄원서를 내며 저항했고, 데일리는 이에 힘입어 복직했다. 하지만 그녀는 이후에도 여러 차례 학교와 갈등을 빚으며 정교수 승진을 거부당했다.

어졌습니다. 여기서 우리가 곱씹어 보았으면 하는 문제가 쉽지도 단순하지도 않은 문제이기 때문입니다. 백인 여성이 흑인 여성의 말을 듣지 못하거나, 서로 대화를 이어 가지 못했던 역사는 오래된 일이고 이는 우리를 정말 낙담케 했습니다. 하지만 이런 생각이 들더군요. 당신이 내 이야기를 듣지 않을 거라고 재단해 버리는 것 역시 바로 그런 역사와 구습을 반복하는 것이 아닐까 하고요. 저는 정말이지 미래를 함께 만들어 나가는 우리 여성들이 방어적이고 아무런 역할도 하지 못하는 그런 관계 맺기 방식을 산산조각 내고 넘어서면 좋겠습니다.

나는 모든 여성을 향한 당신의 선의를 믿습니다. 우리 모두가 함께 풍요롭게 살 수 있는 미래에 대한 당신의 비전을 믿습니다. 그리고 그 변화를 가져오기 위해 당신이 힘겹고 때로는 고통스러운 일에 헌신해 왔다는 것도 믿습니다. 내가 당신에게 흑인 여성과 백인 여성인 우리 사이에 가로 놓인 차이들을 함께 탐구해 보자고 하고 싶은 것도 바로 이런 믿음에서입니다.

『여성/생태학』을 읽기 시작했을 때, 나는 행간에서 비치는 당신의 비전에 무척이나 신이 났습니다. 당신이 「첫 번째 항해」 [1, 2장]에서 신화와 신비화에 대해 이야기할 때는 고개가 절로 끄덕여지더군요. 자연과 여신의 역할에 대한 부분, 그리고 여신의 얼굴이 어떻게 지워졌는지에 대해 이야기하는 부분은 내가 여성의 힘의 진정한 근원을 찾아 아프리카 신화·전설·종교를 탐구하며 발견했던 것과 겹쳐졌습니다.

그러다 나는 이런 의문이 들었습니다. 왜 [아프리카 여신] 아프레케테Afrekete는 예로 들지 않은 걸까? 왜 이 책에 나오는 모든 여신들의 이미지는 백인이며, 서구 유대교와 기독교 전통에서 나온 것일까? 아프레케테, [서아프리카, 브라질, 쿠바의 여신] 예만제, [나이지리아 요루바족의 여신] 오요, [아프리카 다호메이의 여신] 마울리사는 어디에 있을까? 보둔족의 전사 여신들, 다호메이의 아마존, 단족의 여성 전사들은? 나는 그 까닭이 당신이 의식적으로 영역을 좁혀 서구 여성의 생태학에만 초점을 맞추려 했기 때문이라고 생각했습니다.

하지만 「두 번째 항해」의 첫 세 장[3~5장]을 보니, 당신은 분명 비유럽 여성에 대해서도 논의하고 있더군요. 하지만 그 여성들은 오직 피해자이자 서로를 괴롭히는 존재일 뿐이었습니다. 권력을 가지고 있던 내 여성 선조들에 대한 이야기는 아예 없더군요. 나는 내 역사와 내 신화적 배경이 왜곡되고 있다는 생각이 들기 시작했습니다. 물론 아프리카의 음핵 절제에 대한 당신의 이야기는 여성 생태학 논의에서 중요하고 반드시 필요한 부분이었습니다. 이 주제를 논의한 글도 별로 없지요. 하지만 우리가 여성이라는 이유로 모든 여성이 똑같은 억압을 겪는다고 하는 것은 가부장제의 수많은 다양한 도구들을 고려하지 못한 것입니다. 또한 여성들도 그런 도구들을 부지불식간에 서로에게 들이대고 있다는 점을 간과하는 것이지요.

우리 흑인 여성 선조들의 존재를 무시하는 것은 유럽 여성들이 사랑을 배운 곳을 무시하는 것과 다름없습니다. 백인 가부장제에서 살아가는 아프리카계 미국인 여성으로서 나는 내 원형적 경험이 왜곡되고 폄하되는 일에 이미 익숙하지만, 나와 너무나 많은 지식을 공유하고 있는 여성이 내게 그런다고 생각하니 몹시 고통스럽군요.

당신도 알다시피, 내가 말하는 앎이란 저 어둡고 진실한 곳에 존재합니다. 이 앎은 이해를 거쳐 언어를 통해 우리 자신과 타인들에게 전달되는 것입니다. 우리의 비전이 자라나는 곳은 바로 우리 각자의 내면에 있는 이 깊은 곳입니다.

『여성/생태학』은 내가 물려받은 유산과 유럽 외 모든 지역의 여성들이 물려받은 유산을 배제했고, 우리 모두가 가지고 있는 진정한 연결점을 부정했습니다.

이 책을 쓰기 위해 당신은 분명 대단한 노력을 기울였을 것입니다. 하지만 비유럽 여성들의 힘과 상징에 대해 급진적 백인 페미니스트들이 쓴 문헌이 너무 없다는 이유만으로, 당신의 작업에서 이 같은 연결점을 배제하고 언급조차 하지 않는다는 것은 우리의 비전을 풍요롭게 해줄, 비유럽 여성의 힘과 권력의 원천을 부정하는 것입니다. 이런 선택 자체가 바로 당신의 생각을 보여 주는 것이지요.

An Open Letter to Mary Daly

더군다나 책 전체에서 흑인 여성들의 말을 인용한 부분은 아프리카 여성의 음핵 절제에 관한 장이 유일한데, 나는 당신이 왜 그 글을 인용했는지 모르겠습니다. 나로서는 내 말을 사실상 오용했다는 느낌이 들었습니다. 내가 유색 여성이라는 이유만으로 내 말을 인용하면서, 그것도 유색 여성인 나에게 불리한 방식으로 이용했으니까요. 당신이 인용한 구절은 그 장에 어울리지 않더군요. 외려 「시는 사치가 아니다」나 내 다른 시를 『여성/생태학』의 다른 부분에 인용했더라면 좋았을 겁니다.

그러다 보니 마음속에서 이런 질문이 생기더군요. 메리, 당신은 흑인 여성들의 작품을 제대로 읽어 본 적 있나요? 내가 쓴 글은 본 적 있나요? 아니면 해묵은 우리의 왜곡된 관계에 대해 당신이 이미 정해 놓은 결론을 뒷받침해 줄 인용구만 찾고 있는 건 아닌가요? 이건 그냥 수사적으로 하는 말이 아닙니다.

내가 보기에 이것은 유색 여성의 지식, 연대기crone-ology,* 작품이 가부장적이고 유럽 중심적인 문헌들만 다루는 백인 여성들에 의해 게토화되고 있음을 보여 주는 사례입니다. 심지어 『여성/생태학』 49쪽의 이야기 — "자기 스스로를 중심에 두는 여성들이

---

* 데일리는 연대기를 뜻하는 chronology가 남성들의 역사라는 점을 비판하면서 대신 crone-ology라는 말을 사용한다. crone은 여성 조상, 할머니를 뜻한다. 로드는 데일리 자신의 말을 가져와 그녀를 비판하고 있다.

우리의 배경Background*을 찾는 과정에서 발견한 힘은, 우리 자신의 힘이며, 우리는 이 힘을 우리 자신our Selves에게 되돌려 준다"—는 아프리카 여성들 사이의 끈끈한 유대에서 찾을 수 있는 힘과 보살핌의 오랜 전통을 떠올리게 하는데도 말이지요. 이 전통은 자신들이 서로 연결되어 있다는 사실을 드러내기를 두려워하지 않는 모든 여성이 의지할 수 있는 자원입니다.

당신은 뭔가를 배우겠다는 마음으로 내 글이나 다른 흑인 여성의 글을 읽어 본 적 있나요? 아니면 아프리카의 음핵 절제에 대한 자신의 논의를 다른 흑인 여성의 관점을 가져와 정당화할 요량으로 적당한 인용구를 찾아 뒤적거리기만 했던 건가요? 만약 그렇다면, 왜 우리와 관련된 다른 곳에서는 우리 말을 인용하지 않은 건가요? 또 만약 흑인 여성들에게 다가가고자 하는 게 아니었다면, 도대체 어떤 점에서 우리 말이 백인 여성들에게 당신의 관점을 전달하는 데 도움이 된다는 건가요?

메리, 제가 요청하는 건 이런 겁니다. 백인 여성의 역사와 신화만이 권력과 배경을 요구하는 모든 여성들을 대표할 수 있는, 정당성을 갖춘 유일한 여성사herstory라고 보는 가정, 그리고 백인이 아닌 여성들과 그들의 역사는 그저 들러리나 피해 사례로만 가치

---

* 데일리는 남성의 지식과 담론을 전경(foreground), 여성의 지식과 담론을 배경(Background)이라 부른다.

An Open Letter to Mary Daly

가 있다는 가정이 어떤 식으로 여성들 사이의 인종차별과 분열을 조장하는지 깨달아야 합니다. 제가 요청하는 건 이런 겁니다. 이런 식으로 우리 존재와 역사를 묵살하는 것이 흑인 여성들과 다른 유색 여성들의 공동체에 해로운 영향을 미친다는 걸 깨달아야 합니다. 또 그것이 당신 주장의 가치 역시 떨어뜨린다는 점도 깨달았으면 합니다. 이런 묵살은 당신이 살고 있는 도시[보스턴]에서 현재 일어나고 있는 살인 사건들을 비롯해 흑인 여성을 폭력의 먹잇감으로 만드는 가치 폄하와 근본적으로 다르지 않습니다. 가부장제가 우리를 묵살할 때, 그것은 우리를 죽이는 살인자들을 부추깁니다. [당신이 주장하는] 급진 레즈비언 페미니즘 이론이 흑인 여성인 우리를 묵살할 때, 그것은 스스로의 종말을 재촉할 뿐입니다.

우리 사이의 소통을 가로막는 현실적 장벽은 바로 이런 묵살입니다. 이 장벽 때문에 당신의 의도를 깊이 이해하려고 노력하느니 차라리 완전히 외면해 버리는 게 훨씬 더 쉬운 겁니다. 그러면 결국 다음 단계는 우리 사이의 전쟁이나 분열이 되겠지요? 서구 여성사에 우리가 동화될 수는 없는 노릇이니까요.

메리, 나는 요청합니다. 당신 안에 존재하는, 당신이 말할 수 있게 해주는, 어둡고 오래된 저 신성한 그 무언가를 다시 떠올려 re-member 보세요. 아웃사이더인 우리는 서로를 필요로 합니다. 경계 위에서 살아가는 우리는 서로 지지하고 소통해야 합니다. 그러나 우리가 함께하기 위해서는 먼저 서로를 온전히 알아야 합니다.

그런데 당신이 나를 이토록 완벽히 모르고 있었다니 나 역시 당신에 대해 잘못 알고 있었던 것 같습니다. 내가 더 이상 당신을 안다고 할 수 있을지 자신이 없네요.

내 생각에 당신은 백인 여성들 사이의 차이는 오해나 분열의 원인이 아니라, 변화를 만들어 내는 창조적 힘이라고 찬양하고 있는 것 같더군요. 하지만 여성들이 그런 차이에 따라 겪게 되는 가부장적 억압은 그 형태나 정도 면에서 모두 제각각이며, 이 가운데는 우리 모두가 공유하는 억압도 있지만 그렇지 않은 억압도 있다는 건 모르는 것 같더군요. 예컨대, 잘 아시겠지만, 이 나라에서 백인이 아닌 여성의 경우 유방암으로 인한 사망률은 80퍼센트, 자궁 절제술 및 불임 시술 같은 불필요한 의료 시술의 빈도는 백인 여성의 세 배, 강간·살인·폭행의 피해자가 될 확률 또한 백인 여성보다 세 배 더 높습니다. 이는 우연한 일도 편집증적인 환상도 아니고 통계적 사실입니다.

같은 여성이라 해도 제게는 인종차별이 현실이지만 당신 삶에서는 그렇지 않을 것입니다. 오하이오 길거리에서 KKK단의 복면을 쓴 채 백인 우월주의 전단지를 나누어 주는 백인 여성은 당신 말은 그저 싫다고 하고 말겠지만, 나를 보면 총격을 가할지도 모릅니다. (만약 우리가 앨라배마의 디스멀 굴치에서, 우리에 대해 알려진 거라곤 둘 다 급진 레즈비언 페미니스트라는 것밖엔 없는 여학생 교실에 함께 걸어 들어간다면, 내 말이 무슨 뜻인지 정확히 알 수 있을 겁니다.)

An Open Letter to Mary Daly

민족이나 인종을 막론하고 어디나 여성에 대한 억압이 존재하는 것은 사실이지만, 그렇다고 이런 차이를 막론하고 어디나 그 억압이 동일한 것은 아닙니다. 그렇지만 우리 여성들 안에 존재하는 오랜 역사를 지닌 힘의 근원지에는 이런 경계가 존재하지 않습니다. 그중 하나[백인 여성의 힘의 근원]를 거론하면서 다른 것[흑인 여성의 힘의 근원]에 대해서는 암시조차 하지 않는다면 이는 우리의 차이뿐만 아니라 공통점까지도 왜곡하는 것입니다.

그럴 때 자매애 너머에 여전히 인종차별주의가 존재하는 것이지요.

우리는 "침묵에서 언어와 행동으로의 전환"을 주제로 한 미국현대어문학협회 학술대회에서 처음 만났지요. 이 편지는 그 대회 직전까지만 해도 유지하려 했던 침묵을 깨보려는 시도입니다. 나는 당시 백인 여성한테는 인종차별주의에 대해 두 번 다시 이야기하지 않겠다고 결심했었지요. 백인 여성들이 느끼는 파괴적인 죄책감과 방어적인 태도 때문에 나는 그것이 에너지 낭비 같았고, 백인 여성들끼리 이런 대화를 나누는 편이 말하는 사람이 치러야 할 감정 소모를 줄이고 내용 전달도 더 잘되는 길이라 생각했기 때문입니다. 하지만 나는 당신을 내 마음에서 지우고 싶지 않고, 그럴 필요가 없기를 바랍니다. 그러니 자매sister Hag로서 내가 제시한 생각들에 대해 답변해 주면 좋겠습니다.

마지막으로 메리, 당신이 답장을 해주든 아니든, 당신에게 배운 것들에 대해 다시 한 번 감사의 마음을 전합니다.

이 편지는 그 보답입니다.

아프레케테의 손을 빌어,

오드리 로드*

* 데일리는 로드가 편지를 공개한 지 일주일 만인 1979년 9월 22일, 답장을 보냈다. 답신에서 데일리는 로드가 지적한 바에 대해서 깊이 생각하고 있으며, 자신의 책에서 유색 여성들에 대한 논의가 소홀했던 것은 주로 유대-기독교 신화에 초점을 맞추었기 때문이라고 설명한다.

An Open Letter to Mary Daly

· 남자아이 ·
흑인 레즈비언 페미니스트의 응답[1]

이 글은 레즈비언 엄마와 아들의 관계에 대한 이론적인 논의도 아니고 육아 비법을 설명하는 실용적인 글도 아니다. 나는 아들과 내가 공유한 역사의 일부분을 성찰해 보고 여러분과 공유하고 싶어 이 글을 쓴다. 내겐 아이가 둘 있다.* 열다섯 살 반인 베스는 딸이고 열네 살인 조너선은 아들이다. 이 글은 나와 조너선이 살아온 삶에 대한 이야기이며, 이론적인 이야기는 다음 기회로 미뤄 두거나 다른 사람 몫으로 남겨 두려 한다. 이 글은 한 여성의 이야기일 뿐이다.

아들은 이렇게 키워야 한다고 레즈비언 엄마들에게 전해 줄 대단한 메시지가 있는 건 아니다. 여러분이 가졌던 의문들을 완전히 다른 각도에서 바라볼 수 있게 해줄 비법이 있는 것도 아니다. 그저 나는 그 의문들에 대해 그리고 우리가 함께 나눌 필요가 있는 삶의 여러 조각들에 대해 모두가 함께 터놓고 말할 수 있게 되

---

* 로드는 1962년, 백인 게이 남성과 결혼해 딸과 아들을 낳았고 이혼 후 1968년부터 백인 여성 프랜시스 클레이튼과 레즈비언 커플로 살면서 두 아이를 길렀다.

기를 바라는 마음에서, 나만의 방식으로 그 똑같은 의문들을 언어화할 뿐이다. 우리는 지면을 넘어 자신의 내면을 들여다볼 줄 알고, 상대방과 조우할 줄 알며, 나의 앎과 다른 이의 앎을 활용할 줄 아는 여자들이니까.

가장 진실된 교훈은 우리 내면으로부터 나온다. 자신의 내면을 기꺼이 들여다보고, 거기서 발견한 것들을 아이들과 솔직하게 나눌 때가 우리 아이들에게 가장 큰 힘이 될 수 있다. 이때 아이들에게 제 나이보다 성숙한 반응을 기대해서는 안 된다. 이런 방식으로 아이들은 자신의 두려움 너머를 바라보는 법을 터득하기 시작한다.

우리 아이들은 모두 아직 불확실한 퀸덤queendom을 향한 여정에서 우리보다 앞서 나가며 우리를 안내하는 존재다.

요즘 조너선과 나의 가장 큰 화두는 사춘기에 접어든 그의 섹슈얼리티 문제다. 이 글에서 내가 조너선의 섹슈얼리티를 논하는 것은 주제넘은 일이 될 테니 그것은 차치하고 다음과 같은 내 믿음에 대해서만 이야기하고자 한다. 아들이 누구와 이 영역을 탐구하기로 하든 간에, 그의 선택은 억압적이지 않고, 즐거우며, 내면 깊숙한 곳에서 우러난 것이어야 하고, 또 성장의 기회가 되어야 한다는 점 말이다.

올 여름 이 글을 쓰기 어려웠던 이유 중 하나는, 그때가 조너선이 신체적으로 소년에서 남자가 되는 시기였기 때문이다. 우리

아들들은 이미 태어났거나 아직 태어나지 않은 우리 딸들이 기꺼이 함께 삶을 꾸려 가고 싶은 그런 남자가 되어야 한다. 우리 아들들이 자라서 여자가 되지는 않을 것이다. 이 점에서 이들이 걸어가는 길은 우리 딸들보다 험난할 것이다. 왜냐하면 이들은 우리로부터 멀어져 우리 없이 살아가야 할 것이기 때문이다. 우리는 다만 우리 아들들이 우리한테 배운 것을 소중히 간직해 주기를, 그리고 그것을 자기만의 것으로 벼려 나가기를 바랄 뿐이다.

우리 딸들에게는 우리가 있다. 즉, 우리를 기준으로 삼든, 반항의 대상으로 여기든, 본받거나 꿈꿀 상대로 여기든 어쨌든 우리를 참고할 수 있다. 하지만 레즈비언의 아들들은 남자로서의 자아를 스스로 정립해야 한다. 이는 강점이자 약점이 될 수 있다. 장점은 우리에게서 살아남는 법을 배운다는 것이다. 그것은 일종의 청사진처럼 남는다. 하지만 그들은 우리가 알고 있는 것을 취해서 자신만의 남자됨maleness으로 전환시켜야 한다. 여신의 은총이 내 아들 조너선과 함께하기를.

최근에 나는 젊은 흑인 남성들을 만나 담소를 나눌 기회가 있었다. 현재의 관심사로 보나, 그들이 그리는 미래로 보나, 품고 있는 전망으로 보나, 나보다는 조너선과 공통분모가 훨씬 많은 이들이었다. 나는 이들과 우리의 생존 전략과 미래 비전에 대해 이야기를 나누었고, 우리가 함께 앉아 소통할 수 있는 이런 공간이 있다는 데 감사했다. 이들 가운데 몇몇은 1979년 10월에 워싱턴에서 열린 '유색인 레즈비언·게이 전국대회'의 1차 연례회의에서 만난 사이였다.* 다른 청년들은 각기 다른 곳에서 만난 터라 이들이 스스로 성적 정체성을 뭐라고 정의하고 있는지는 모른다. 이들 중에는 혼자 애를 키우는 이들도 있었고, 아들을 입양한 이들도 있었다. 이들은 꿈꾸고 행동하며 자기만의 감정과 질문을 지닌 흑인 남성들이었다. 우리 아들들이 앞으로 나아갈 때 혼자가 아닐 거라는 생각에 힘이 났다.

조너선 때문에 화가 많이 날 때면, 나는 늘 "너 때문에 테스토스테론 나온다"라고 이야기하곤 한다. 이 말은 여성인 내가 인정하거나 들여다보고 싶지 않은 나 자신의 어떤 부분을 조너선 때문에 보게 된다는 뜻이다. 예를 들면, "남자답다"라는 건 대체 무슨 뜻일까? 이것은 여성인 나로서는 거부하는 것이지만, 조너선에게는 재정의해야 하는 부분 아닌가?

아들이든 딸이든 흑인 아이들을 인종차별적이고 성차별적인, 그리하여 자멸로 치닫고 있는 이 괴물의 입속에서 키운다는 것은 위험천만한 일이다. 우리 아이들은 사랑할 줄 알아야 하고, 이와 동시에 저항할 줄도 알아야 한다. 그럴 수 없다면 살아남지 못할 것이다. 살아남기 위해 아이들은 내려놓는 법 역시 배워야 한다.

* 이 대회에서 로드는 기조연설을 했다. 연설문은 이 책 「이 무시는 언제 끝날 것인가」 참조.

엄마들이 가르쳐야 하는 것도 바로 이런 것, 즉 사랑과 생존을 위해 스스로를 정의하고 내려놓는 법이다. 여기서 핵심적인 것은 열심히 느끼고 그 감정을 인식하는 능력이다. 즉 사랑을 느끼는 법, 두려움 같은 감정도 회피하지 않고 두려움에 지배당하지도 않는 법, 자기감정을 즐기는 법을 익혀야 하는 것이다.

나는 내 아들을 백인 아버지들이 부패시킨 권력에 의해 파괴되지 않을, 그리고 그 권력에 안주하지도 않을 흑인 남성으로 키우고 싶다. 이 권력의 칼날은 나뿐 아니라 이들에게도 향해 있기 때문이다. 나는 내 아들을, 정당한 적개심의 대상은 여성이 아니라 구조의 파편들이라는 점을 꿰뚫어 볼 줄 아는 흑인 남성으로 키우고 싶다. 바로 이 구조가 여성뿐만 아니라 흑인으로서의 그의 자아에도 두려움과 경멸을 심어 주기 때문이다.

나는 아들에게 내가 아들의 감정을 처리해 주기 위해 존재하는 사람이 아니라는 것을 가르치는 것으로 이 과제를 시작했다.

감정을 느끼는 것을 두려워하는 남성들은 자신들의 감정을 처리해 주는 여성들을 주변에 둬야만 한다. 그러면서도 그들은 감정을 풍부히 느낄 수 있는 능력을 "열등한" 것으로 보고 여성을 무시한다. 하지만 이로 인해 남성들 스스로는 자신의 본질적 인간성humanity을 부정하고 의존성과 두려움에 갇히게 된다.

우리가 살아갈 만한 가치가 있는 미래를 위해 노력하는 흑인 여성으로서, 또 남자가 되어 가는 소년을 사랑하고 키워야 하는 엄마로서, 나는 이토록 파괴적인 체계 내부에서 내가 존재할 수 있는 모든 가능성을 탐색해야만 한다.

내가 연인인 프랜시스를 만났을 때 조너선은 세 살 반이었다. 우리 네 식구가 함께 살기 시작했을 때 조너선은 일곱 살이었다. 처음부터 프랜시스와 나는 우리가 레즈비언이라는 사실을 집안에서 숨기지 않기로 했다. 두 아이 모두 이 때문에 문제를 겪기도 했지만 힘을 얻기도 했다. 우리가 이렇게 행동했던 까닭은 우리 둘 다 두려움으로 말미암아 감춘 것은 언제든 우리 아이들이나 우리 자신을 공격하는 데 쓰일 수 있다는 걸 알고 있었기 때문이다. 정직해야 할, 불완전하지만 유용한 이유였다. 두려움에 대해 알게 되면 자유로워질 수 있다.

[내 아이들은 해골을 가지고 놀고 있다
그리고 기억하라]
전장에서 포위된 이들에겐
집이 될 수 없는 곳도 없고
집이 아닌 곳도 없다[2]

살아남기 위해 미국의 흑인 아이들은 전사로 길러져야만 한다. 살아남기 위해 이들은 수많은 얼굴을 한 적들을 식별할 줄 알아야 한다. 레즈비언 커플의 흑인 아이들은 아주 어릴 적부터 억압이 매우 다양한 형태를 띠고 있으며, 그 어떤 억압도 자신의 탓이 아니라는 사실을 배우게 된다는 점에서 나름 이점이 있다.

나는 스스로 관점의 균형을 찾고 싶을 때면, 몇 년째 그 일을 상기하곤 한다. 학교에서 조너선을 놀리는 애들이 "너네 엄마 레즈비언이지"가 아니라, "너네 엄마 깜둥이지"라고 소리치던 일을 말이다.

조너선이 여덟 살 때 우리는 이사를 했고, 낯선 새 학교에서 조너선은 지옥 같은 시간을 보냈다. 아이는 거친 게임을 즐기지 않았고, 싸우는 것도, 강아지한테 돌을 던지는 것도 좋아하지 않았다. 이 모든 이유로 아이는 만만한 표적이 되었다.

어느 날 오후 조너선이 울면서 집에 왔다. 누나 베스는 내게 대신 싸워 줄 자기가 없으면, 하굣길에 동네 불량배들이 조너선한테 신발을 닦게 한다는 이야기를 해주었다. 게다가 그 불량배 두목은 조너선과 비슷한 덩치의 같은 반 친구라고 했다. 이 이야기를 듣자마자 내 안에서는 흥미롭고도 매우 심란한 반응이 일어났다.

오래전 내 자신이 겪었던 무력감에 대한 분노와 현재 아이의 괴로움에 대한 고통이 겹쳐지며, 나는 내가 이제껏 폭력과 두려움, 그리고 피해자 비난에 대해 알고 있던 것은 전부 잊은 채, 울고 있는 아이에게 소리를 지르기 시작했다. "다음에 또 울면서 오기만 해봐." 나는 순간 스스로에게 기가 막혀서 말을 잇지 못한 채 얼어붙어 버렸다.

바로 이런 식으로 우리는 우리 아들들을 파괴하기 시작한다. 아이를 보호하고 내 자신의 고통을 던다는 명목으로 말이다. 내 아들이 맞고 오자 나는 힘might이 곧 정의라는, 부패한 권력이 우리에게 가장 처음 가르치는 교훈을 아이에게 가르칠 참이었던 것이다. 나는 수세기에 걸쳐 진짜 힘과 용기가 무엇인지를 왜곡해 왔던 그 짓을 내가 반복하려 했다는 것을 깨달았다.

그래 아니지, 싸우기 싫은데 싸울 필요는 없지. 하지만 어쨌든 싸우지 않은 것에 대해 아이 스스로도 그것이 바람직한 행동이라고 생각해야 하지 않은가. 뚱뚱한 아이였던 어린 시절, 깨진 안경을 쓴 채 허겁지겁 도망치던 그때의 공포가 나를 엄습했다.

그즈음 지혜로운 한 여성이 내게 이런 말을 해주었다. "조너선에게 당신도 한때 겁먹은 적이 있다는 이야기를 해준 적이 있나요?"

당시에는 이 말이 뚱딴지같은 이야기처럼 느껴졌지만, 조너선이 또다시 도망치느라 잔뜩 땀에 절어 울면서 돌아왔을 때 나는 아이가 수치심을 느끼고 있다는 걸 알 수 있었다. 자신이 엄마를 실망시킨 것은 아닌지 하는 마음 때문에, 즉 우리가 조너선의 머릿속에 만들어 놓은 엄마/여성에 대한 이미지 때문에, 수치심을 느끼고 있었던 것이다. 레즈비언 엄마 둘과 할 말은 다 하고 사는 누나, 이렇게 센 여자 셋과 한집에 살면서, 오히려 여자는 무엇이든 척척 처리할 수 있는 존재라는 이미지가 강해졌던 것이다. 집에서 조녀선에게 권력은 분명히 여성의 얼굴을 하고 있었다.

우리 사회는 우리에게 이분법적 사고를 강요한다. 죽이지 않으면 죽임을 당하는 것이고, 지배하지 않으면 지배당하는 것이니 밟고 올라서지 않으면 밟히는 존재가 된다고 생각하는 것이다. 나는 그때 이런 식의 사고방식에 깔린 의미를 깨달을 수 있었다. 엄마와 아들 관계의 모델을 보여 주는 두 가지 서구 신화에서처럼, 엄마를 범하는 오이디푸스가 되지 않으면, 엄마를 죽이는 오레스테스처럼 되어야 하는 것이다.

나는 이 모든 것이 연결되어 있음을 느낄 수 있었다.

나는 복도 계단에 앉아 조녀선을 무릎에 앉히고 눈물을 닦아주며 이야기했다. "그 얘기 엄마가 했었나? 네 나이 때 엄마도 무척 겁먹은 적이 있었다는 이야기 말이야."

내가 안경이 부서졌던 이야기, 방과 후 싸웠던 이야기를 해주었을 때, 이 어린 아이의 얼굴에 떠오르던 그 표정을 나는 결코 잊지 못할 것이다. 거기엔 안도감과 불신이 뒤섞여 있었다.

부모로서 우리가 전지전능한 존재가 아니라는 사실을 깨닫기 어렵듯이, 우리 아이들 역시 우리가 그런 존재가 아니라는 사실을 받아들이기 어려워한다. 하지만 그 사실을 아는 것은 권력이 신체적 힘이나 나이, 특권, 혹은 두려움이 없는 상태 같은 게 아니라는 것을 알기 위해 꼭 거쳐야 할 첫 번째 단계이다. 특히 이것은 남자 애들에게 중요한데, 우리 사회가 이들에게 감정을 없애거나 이기는 것을 통해서만 강해질 수 있다는 생각을 주입하며 이들을 파괴하기 때문이다.

일 년 후 베스와 조너선이 열 살과 아홉 살이 되었을 때, 한 인터뷰에서 페미니스트의 자녀로 자라는 것이 어떤 영향을 미쳤는지 질문을 받은 적이 있었는데, 나는 이때 이 모든 걸 다시 생각해 볼 수 있었다.

조너선은, 페미니즘은 소년들과 큰 상관은 없는 것 같지만, 울고 싶을 때 울 수 있고, 원하지 않으면 축구를 하지 않아도 되는 것은 확실히 좋다고 했다. 나는 요즘 그가 갈색띠를 따려고 태권도 연습을 하는 걸 볼 때마다 종종 이 생각을 한다.

내가 아들에게 전해 줄 수 있는 가장 중요한 교훈은 딸에게 전해 준 것과 똑같은 것이다. 즉, 자신이 원하는 사람이 되는 방법을 찾아야 한다는 것이다. 이를 가르칠 수 있는 최선의 방법은 내가 나답게 사는 것이다. 나는 내 아이들 역시 이런 나를 보고 나처럼 되는 법이 아니라(그건 불가능한 일이다), 자기답게 사는 법을 터득하기를 바란다. 이렇게 하려면 그는 세상이 원하는 대로 되라는 시끄럽고 유혹적이며 위협적인 외부의 목소리가 아니라, 내면의 소리를 듣는 법을 익혀야만 한다.

이것은 무척 어려운 일이다.

조너선은 자기 안에서 용기와 힘의 다른 얼굴을 찾는 법을 배우고 있다. 2년 전 조녀선이 열두 살 때, 집에 놀러 온 학교 친구 하나가 프랜시스를 계속 "가정부"라고 불렀다. 조녀선이 그러지 말라고 하자, 이번에는 그녀를 "청소부"라고 했다. 조녀선은 분명히 이렇게 말했다. "프랜시스는 청소부가 아니라, 엄마 애인이야." 흥미롭게도 조녀선의 솔직함에 가장 놀란 것은 학교 선생님들이었다.

프랜시스와 나는 올 여름에 레즈비언/페미니스트 모임에 참석할 계획을 세우던 중, 그 모임에 10세 이상의 남성은 참석할 수 없다는 공지를 받았다. 이것은 우리에게 철학적인 문제일 뿐만 아니라 우리의 참석 여부가 달린 문제이기도 했기에, 우리는 다음과 같은 편지를 주최 측에 보냈다.

우리 자매들에게,

인종이 다른 레즈비언 커플로 십 년을 살아오면서, 우리는 억압의 본질과 해결책에 대해 지나치게 단순화된 방식으로 접근하는 것이 얼마나 위험한 일인지에 대해, 또 불완전한 비전이 얼마나 위험을 내재하고 있는지에 대해 배울 수 있었습니다.

열세 살 우리 아들은 열다섯 살 우리 딸과 마찬가지로 우리 미래의 희망입니다. 우리는 그를 위험천만한 뉴욕 거리에 내팽개친 채, 모두가 살아남아 번창할 수 있는 레즈비언-페미니스트 비전으로 가득 찬 미래를 만들어 보겠다며 길을 떠날 생각은 없습니다. 가까운 시일 내에 이 대화를 이어 갈 수 있기를 바랍니다. 이 문제는 우리의 비전과 생존에 중요한 문제인 것 같으니까요.

분리주의의 문제는 결코 단순하지 않다. 나는 애들 중 하나가 남자애라는 사실에 감사한다. 이 때문에 내가 정직할 수 있기 때문이다. 내가 쓰는 글 한 줄 한 줄이 세상 어디에도 간단한 해법은 없다는 절규다.

나는 대체로 여성적인 환경에서 자라났고, 그 환경이 내가 성장하는 데 얼마나 중요했는지 잘 알고 있다. 나는 여성들만의 공간에 있고 싶은 욕구와 필요를 자주 느낀다. 우리만의 공간이 우리가 자라고 에너지를 재충전하는 데 필수적이라는 사실도 잘 알고 있다.

같은 이유로, 나는 흑인 여성으로서 흑인들끼리만 있고 싶을 때도 가끔 있다. 성장 단계와 소통 수준이 다르기 때문이다. 나는 남자들이나 백인 여성들과 이야기할 때면, 마치 메시지를 보내고 싶을 때마다 매번 연필을 새로 만들어야 하는 것처럼 대화가 어렵고 시간 소모가 크다고 느낄 때가 많다.

하지만 그렇다고 해서 내 아들을 교육시켜야 하는 내 책임이 열 살에서 끝나는 것은 아니다. 이는 내 딸도 마찬가지다. 물론 아이들이 점점 성장하면서 그 책임이 조금씩 가벼워지기는 하겠지만 말이다.

베스와 조너선 모두 서로 나눌 수 있는 것은 무엇이고 나눌 수 없는 것은 무엇인지, 둘 사이가 어떻게 연결되어 있고 또 어떤 부분에서 떨어져 있는지 알 필요가 있다. 그리고 나와 프랜시스는, 점점 힘을 키워 가고 있는 성숙한 여성이자 레즈비언으로서, 차이가 위협적인 요소가 될 필요가 없다는 걸 계속해서 다시 배우고 경험할 필요가 있다.

미래를 구상할 때, 나는 우리 딸들과 아들들이 누렸으면 하는 세상을 생각한다. 우리 인류의 생존, 생명을 생각하는 것이다.

언제나 그렇듯이 거기에는 여성과 함께하는 여성도 있을 것이고, 남성과 같이 사는 여성도 있을 것이며, 남성을 선택하는 남성도 있을 것이다. 나는 여성과 함께하는 여성, 남성과 함께하는 여성, 남성과 함께하는 남성, 이들 모두가 자신의 존재를 인정받기 위해, 또는 먹을 것을 위해, 또는 아름다움을 위해, 또는 사랑을 위해 누군가에게 복종할 필요가 없는 세상에 살게 될 날을 기다리며 일하고 있다. 이런 세상에서 우리는 아이들이 자아를 실현할 수 있는 최선의 방법을 자유롭게 선택할 수 있도록 키울 수 있을 것이다. 우리에겐 아이들을 보살피고 키울 공동의 책임이 있다. 아이를 기르는 일이야말로 인류 전체의 일이기 때문이다.

이 세 가지 관계 맺기/존재의 방식에서, 아이를 기르는 일은 아이들과 함께하기를 선택한 모든 어른들의 공동 책임이 될 것이다. 이들 세 가지 관계에서 자란 아이들은 분명히 각기 다를 것이

고, 이는 어떻게 사는 것이 가장 최선의 삶인가 라는 영원한 질문
에 특별한 자극을 더해 줄 것이다.

프랜시스와 내가 만났을 때 조녀선은 세 살이었다. 그는 이제
열네 살이다. 나는 조녀선이 레즈비언 엄마 둘과 살면서 인간적으
로 더 섬세한 감수성을 갖게 되었다고 믿는다.

조녀선은 '지배하는 자/지배받는 자'라는 우리 사회가 자연
스럽다고 전제하는 관계에서 벗어난, 성차별적이지 않은 관계 속
에서 자라나는 혜택을 경험했다. 이것이 단순히 프랜시스와 내가
레즈비언이었기 때문은 아니다. 안타깝게도 레즈비언 중에도 불
평등한 가부장적 권력관계에 갇혀 있는 사람들이 있기 때문이다.

나와 프랜시스는, 때로 고통을 겪고 실패하면서도, 우리 자신
과 타인의 권력에 대해 우리가 느끼는 감정을 성찰하고 탐구하는
시도를 계속함으로써 사회가 전제하는 권력관계에 의문을 제기
할 수 있었다. 우리는 우리 사이에, 또 우리와 아이들 사이에 권력
이 공공연히 또는 은밀하게 사용되고 표현되는 영역을 주의 깊게
탐구하고 있다. 두 주에 한 번 있는 가족 모임에서 우리는 이 일에
많은 시간을 할애한다.

엄마들로서 프랜시스와 나는 조녀선에게 그가 자신의 비전을
만들어 가는 데 필요한 우리의 사랑과 열린 마음, 그리고 우리의 꿈
을 나누어 주었다. 무엇보다 가장 중요한 것은, 조녀선에겐 레즈비
언 엄마들의 아들로서 (관계 그 자체에 대한 모델뿐만 아니라) 서로를

연결하는 관계 맺기의 방식에 대한 소중한 모델이 있다는 것이다.

조너선은 이제 열네 살이다. 나는 조너선과 이 글에 대해 이야기하며 자기 이야기를 해도 괜찮은지 허락을 구하면서, 레즈비언 가정에서 자란 게 어땠는지, 가장 긍정적인 점과 가장 부정적인 점에 대해 물어보았다.

조너선은 가장 큰 강점으로, 자신이 또래 아이들에 비해 사람들에 대해 더 많이 알게 되었고, 다른 소년들이 가진 남녀에 대한 고정관념이 많이 없는 것을 꼽았다.

조너선이 가장 부정적인 측면으로 꼽은 것은 이성애자 부모가 있는 가정에서 자란 애들로부터 놀림을 받는다는 것이었다.

"친구들 말이니?" 나는 물었다.

"아니요." 그가 바로 대답했다. "내 친구들은 그보다는 똑똑하죠. 다른 애들 말이에요."

• 에이드리언 리치와의 대화 • 1*

1

「시는 사치가 아니다」와 「성애의 활용」이 서로 연결된 작업이라고 하셨
는데, 무슨 뜻인가요?

아직 완성하지 못한 작업의 일부라는 뜻입니다. 남은 작업이
무엇이 될지 잘 모르겠지만, 그 작업들은 제가 처음으로 쓴
산문 작품[「시는 사치가 아니다」]과 연결된 무언가를 탐색하는
과정에 위치한 연쇄 고리들입니다. 제 삶의 한 갈래는 제가

* 1970, 80년대 급진주의 페미니즘을 형성하는 데 크게 기여했던
에이드리언 리치(1929-2012)와 오드리 로드는 평생 깊은 우정을 나
눈 사이였다. 리치 역시 레즈비언 페미니스트 시인으로서 오드리 로
드와 공통분모가 많은 인물이다. 리치는 이성애적 결혼 관계를 유지
하다 1976년부터 카리브해 출신의 흑인 여성 작가 미셸 클리프와 평
생 레즈비언 커플로 살았다. 1974년에는 앨런 긴스버그와 더불어 전
미도서상 시부문 수상자로 선정되었으나 개별 수상을 거부하고 함
께 후보에 올랐던 오드리 로드, 앨리스 워커와 "가부장적 세계에서
목소리를 잃은" 모든 여성의 이름으로 상을 받겠다는 연설을 발표하
며 상금을 흑인 싱글맘 단체에 기부하기도 했다.

깨닫게 된 것들을 온전히 보존하려는 투쟁이에요. 그 깨달음이 유쾌한 것이든, 기분 나쁜 것이든, 고통스러운 것이든 뭐든지요.……

또 그 깨달음을 다른 이들이 아무리 부인한다고 해도 말이지요.

또 그런 깨달음 가운데 어떤 것들은 너무 고통스럽다 해도 말이지요. 생각해 보면 저는 고행을 자처하는 스타일이에요. 그 속으로 그냥 뛰어드는 거죠. "그래, 나한테 이렇게 나올 수밖에 없다면, 나도 이럴 수밖에 없어." 뭐 그런 거죠.

어릴 때 이야기인가요?

살아오면서 늘 그랬어요. 감정은 나를 지키는 수단이었어요. 감정을 헤쳐 나가며 살았죠. 그런 심연의 차원에서 저는 말하는 법을 몰랐어요. 말하기가 항상 목표하는 바를 달성하지 못했기 때문에 정보를 주고받는 다른 방법은 뭐가 있을까, 내가 달리 할 수 있는 일은 뭐가 있을까 이것저것 찾아다녔죠. 주변 사람들은 항상 말이 많았지만, 나나 그 사람들이나 서로 주고받는 말들 가운데 유용한 건 많지 않았어요.

말을 해도, 당신이 말하고자 하는 바를 제대로 들어 주지 않았군요.

지난번에 저더러 어떻게 글을 쓰기 시작했냐고 물었을 때, 제가 아주 어릴 적부터 시는 제게 아주 특별한 것이었다고 그랬 잖아요. 누군가 저한테 "오늘 기분 어때?" "어떻게 생각해?" 하고 물으면, 저는 시로 답하곤 했어요. 그 시 어디엔가 내 감정 이, 내가 전달하고 싶은 핵심이 있었죠. 그건 시구 한 행일 수도 있고 이미지일 수도 있어요. 시가 내 답변이었던 거죠.

언어화하기 전에 이미 알고 있던 걸 시로 번역했다는 얘기군요. 그러니 까 시가 당신의 언어가 된 거군요?

맞아요. 도서관 아동 서가에서 책을 읽던 기억이 납니다. 아 마 2학년, 3학년도 채 안 되었을 때인데, 그때 읽던 책이 기억 나요. 아서 랙햄Arthur Rackham이 삽화를 그렸던 시집이었어요. 오래된 책이었죠. 할렘 도서관에는 형편없는 상태의 오래된 책들이 많았거든요. 월터 드 라 메어Walter de Mare의 〈듣는 자 들〉The Listeners. 결코 잊을 수 없는 시죠.

여행자가 빈 집의 문을 두드린다는 시 말이죠?

맞아요. 여행자가 문을 두드리지만 아무 대답이 없죠. "거기 누구 없나요?" 이렇게 묻잖아요. 제 머릿속엔 그 시가 완전히 각인돼 있어요. 아무튼 그는 계속 문을 두드리는데, 여전히 대답은 없지만, 그 안에 누가 있다는 느낌을 받아요. 하지만 그는 타고 온 말을 돌리며 이렇게 말하죠. "저들에게 전해 주렘. 내가 왔었지만 아무도 대답하지 않았다고. 나는 내 약속을 지켰다고." 저는 이 시를 항상 암송하곤 했어요. 제가 제일 좋아하는 시 가운데 하나예요. 만약 누군가 저한테 그 시가 무슨 뜻인지 묻는다면, 아마 대답하지 못할 거예요. 하지만 이것이 제가 글을 쓰기 시작한 첫 번째 이유예요. 바로 이렇게 내 마음을 대신 표현해 줄 적당한 시를 찾지 못했을 때, 내가 하고 싶은 이야기를 하기 위해서 글을 쓰기 시작한 거지요.

직접 써야만 했던 거군요.

기존의 시들만 가지고는 표현하지 못하는 복잡한 감정들이 너무 많았어요. 내 감정을 표현할 비밀스런 방법을 찾아내야 했죠. 내가 쓴 시를 외워 뒀다 사람들에게 암송해 주곤 했는데, 적어 두지는 않았어요. 이런 시들로 머릿속이 꽉 차있었죠. 고등학교 때는 시를 통해 생각하지 않으려고 노력했어요. 다른 사람들이 어떤 식으로 사고하는지 보니, 무척 신기하더군요. 차근차근 단계를 밟아서 생각하더라고요. 혼돈 속에서 마구 끓어오르는 것을 단어에 단단히 고정시키는 게 아니라요. …… 저는 이걸 엄마한테 배운 것 같아요.

엄마한테 뭘 배웠다는 거죠?

언어보다 깊은 수준에서 이루어지는, 비언어적 의사소통이 얼마나 중요한지 배웠어요. 제 삶은 그런 의사소통 방식을 터득하는 데 달려 있었어요. 그러면서도 엄마가 언어를 사용하는 방식과 거리를 두고 싶기도 했죠. 엄마는 단어 사용 방식이 참 특이했어요. 어떤 단어가 본인한테 잘 안 맞거나 충분하지 못하다고 생각하면, 그냥 다른 말을 만들어 냈고, 우리 집에서는 그 단어를 썼는데, 누구라도 그걸 잊어버리면 큰일이 났죠. 하지만 제가 엄마한테서 받은 또 다른 메시지가 있었어요. …… 사람들 사이엔 비언어적 소통과 접촉으로 이루어진 엄청 강력한 또 하나의 세계가 있다는, 그리고 그걸 해석하고 사용하는 법을 익혀 둬야만 한다는 거요. 성장 과정에서 한 가지 힘들었던 점은 부모님, 특히 엄마가 항상 본인이 말하지 않아도 자신이 느끼는 감정과 자신이 원하는 바를 내가 알아주기를 바랐다는 거예요. 저도 그게 자연스러운 일이라고 생각했어요. 엄마는 말을 하든 안 하든, 제가 알아주기를 기대했죠.……

모른다고 해도 소용이 없잖아요.

맞아요. 무척 혼란스러웠죠. 하지만 그 덕에 말을 통하지 않고도 제 자신을 지키는 데 꼭 필요한 정보와 의미를 터득하는 법을 배웠어요. 엄마는 이렇게 말씀하시곤 했죠. "사람들이 하는 말이라고 멍텅구리처럼 그냥 듣고만 있으면 안 돼." 하지만 또 엄마는 제가 보기엔 잘 맞지 않는 이야기를 이어서 하시곤 했어요. 우리는 언제나 관찰을 통해서 배우잖아요. 사람들이 우리가 알아야 하는 걸 다 말해 주는 것이 아니기 때문에, 비언어적인 방식으로 무언가를 알아내야만 해요. 살아남기 위해, 그게 뭐든 필요한 건 스스로 알아내야 하는 거죠. 그러다 실수를 하면 대가를 치르게 되겠지만, 그게 뭐 대수인가요. 강해지려면, 강해지기 위해 해야만 하는 일을 해야 하는 거니까요. 그러면서 진짜 배우는 거죠. 이렇게 사는 건 무척 어려운 일이지만, 저도 그런 식으로 배웠죠. 그래서 잃은 것도 있지만 얻은 것도 있었어요. 저는 고등학교 다닐 때 사람들이 정말 다양한 방식으로 생각한다는 걸 알게 됐어요. 입말에서 뭔가를 감지하고, 뜻을 헤아려, 정보를 습득하더군요. 저는 그게 너무 힘들었거든요. 저는 공부를 해본 적이 없었어요. 그냥 말 그대로 선생님의 모든 걸 직관으로 받아들였거든요. 그래서 좋아하는 선생님을 만나는 게 아주 중요했어요. 공부를 해본 적도, 무슨 숙제를 읽어 간 적도 없어요. 저는 선생님들이 느끼고 아는 걸 모두 그냥 흡수해 버렸어요. 하지만 저만의 독창적인 것들은 대신 많이 잃어버렸죠.

숙제를 하지 않았다는 거지 책을 전혀 읽지 않았다는 건 아니죠?

숙제로 내준 책을 읽을 때도, 읽으라는 대로 읽지 않았어요.

모든 게 제게는 한 편의 시 같았어요. 저마다 다른 굽이와 높낮이를 지닌 시 말예요. 다른 사람들이 받아들이는 방식과 항상 다르게 사물을 받아들였어요. 저는 다른 사람들처럼 사고하는 방법을 연습하곤 했죠.

다른 사람들은 아마도 이렇겠지 하고 말이죠? 어떤 식이었는지 기억나요?
네, 모퉁이만 돌면 바로 잡을 수 있을 것 같은데 계속 잡히지 않는, 뭐 그런 식이었어요. 그 이미지가 계속 사라지는 거예요. 제가 멕시코에 있을 때[멕시코 국립대를 다닐 때] 그런 적이 있었어요. 쿠에르나바카로 이사를 갔을 때인데요.

그때 몇 살이었나요?
열아홉 살이요. [쿠에르나바카에서 70킬로미터 떨어진] 멕시코시티까지 통학을 했는데, 새벽 여섯 시에 마을 광장에서 고속버스를 타야 했어요. 해가 뜨기도 전에 집을 나섰죠. 아시겠지만 거기 포포카테페틀Popocatepetl, 익스타쿠후아틀IxtacuHuatl이라는 화산이 두 개 있잖아요. 처음에 창밖으로 화산을 봤을 때 저는 그게 구름인 줄 알았어요. 밖은 어두웠고 산 위에는 눈이 쌓여 있고 해가 막 떠오르고 있었죠. 해가 모습을 드러내자 새들이 지저귀기 시작했어요. 하지만 우리는 깊은 골짜기에 있어서 아직 한밤중 같았어요. 그래도 쌓인 눈에서 나오는 빛이 있었죠. 그리고 새소리가 점점 더 크게 들려왔어요. 어느 날 아침, 언덕을 오르는데 초록빛의 촉촉한 향이 올라왔어요. 그리고 이제껏 한 번도 듣지 못했던 것 같은 새소리가 들렸어요. 저는 언덕을 내려가다가 그 자리에 얼어붙어 버렸어요. 너무 아름다웠던 거예요. 멕시코에 있는 동안은 글을 전혀 쓰지 않았어요. 원래 제가 언어를 가지고 하는 건 시 쓰는 것밖에 없었는데, 그게 그렇게 중요했는데 말예요. …… 그 언덕에 서서 처음으로 깨달았어요. 제가 마음속 깊이 느끼는 감정을 언어에 담을 수 있다는 걸요. 내가 글로 쓰는 세상을 [머릿속에서] 창조할 필요가 없구나, 언어로 이 세상을 표현할 수 있구나, 깨달았죠. 감정이 담긴 문장과 같은 세상이 있다는 걸 알게 되었어요. 그전까지는 창작을 할 때, 내가 정말로 필요한 건 내가 만들어 내야 한다고 생각했어요. 내가 만들어 낸 것 안에, 중국 만두처럼, 내게 양분을 줄 덩어리가 있을 거라고 생각하면서요. 그렇지만 그 언덕에 서서 저는 눈앞에 보이는 그대로의 향기와 감정을 만끽했고, 믿기 힘든 아름다움과 마주했죠. …… 내가 이전까지는 상상으로만 보았던 것들을요. 나무와 꿈같은 숲을 상상하곤 했거든요. 네 살 때 안경을 쓰기 전까지 저는 나무가 초록색 구름이라고 생각했어요. 고등학교 때 셰익스피어를 읽었을 때는, 거기 묘사된 정원과 스페인 이끼와 장미, 격자 울타리에 기대 쉬고 있는 아름다운 여자와 붉은 벽돌 위로 쏟아지는 햇살에 가슴이 뛰었어요. 멕시코에서 저는 그런 풍경이 실제로 존재할 수 있다는 걸 알게 된 거죠. 그날 산속에서 언어가 현실에 부합할 수 있고, 현실을 재창조해 낼 수 있다는 걸 알게 됐어요.

멕시코에서 당신이 상상해 왔던 것만큼이나 경이롭고, 선명하고, 감각적인 현실을 마주했다는 거죠?

네, 그래요. 저는 그런 세계는 내가 머릿속에서 만들어 내야 한다고 늘 생각했었어요. 그런데 실제로 존재하거나 존재할 수 있는 것이 아니라면, 상상으로 만들어 낼 수도 없다는 걸 멕시코에서 배우게 됐죠. 처음 어디서 이런 생각이 든 건지는 모르겠어요. 엄마가 서인도제도의 그레나다 이야기를 해줬던 건 기억이 나요. 엄마는 거기서 태어났거든요. …… 하지만 멕시코에서 그날 아침에 제가 깨달은 건, 앞으로 내가 평생 아름다움을 만들어 낼 필요가 없다는 거였어요. 이 깨달음 epiphany을 에우도라*에게 전달하고 싶었는데, 적당한 표현을 찾을 수가 없더라고요. 그러자 그녀가 그러더군요. "시를 써 봐." 그날 아침 느꼈던 것에 대해 시를 쓰려니 막상 잘되지 않았어요. 그저 어쨌든 방법이 있겠지 하고 생각했던 것만 기억

* 멕시코 체류 시절 로드의 멘토이자 연인이었다.

나요. 그게 무척 중요했어요. 멕시코에서 돌아왔을 때 저는 완전히 다른 사람이 되어 있었죠. 에우도라에게 배운 것도 많았지만, 무엇보다도 그 경험 덕분에 제 작품, 제 자신을 발산하고 표출할 수 있었던 것 같아요.

그 후에 뉴욕 로어 이스트사이드로 돌아간 거죠?

네, 돌아와서 친구 루스와 같이 살면서 일을 찾기 시작했어요. 대학을 1년 다녔지만 제가 그 세계와는 맞지 않았어요. 그래서 간호사가 되겠다고 생각했죠. 그리고 무슨 일이든 닥치는 대로 했어요. 정말 힘들었죠. 간호사 자격증만 따면 멕시코로 가야겠다는 생각도 했어요..

기술이 있으니까요.

그런데 그게 불가능했어요. 전 돈이 없었는데, 흑인 여성에게는 간호사 장학금을 주지 않았거든요. 당시에는 그걸 몰랐어요. 제 시력이 나빠서 안 된다고 그랬으니까요. 돌아와서 제일 처음 한 일이 멕시코에 대한 단편을 쓰는 것이었는데, 저는 그 글에 "흐느껴 우는 여인"La Llorona이라는 제목을 붙였어요. 흐느껴 우는 여인은 멕시코 쿠에르나바카 지역에 전해지는 전설이에요. 쿠에르나바카를 아시나요? 엄청난 협곡이 있는 곳 있잖아요? 산에 비가 내리면, 큰 돌들이 골짜기를 따라 굴러떨어져요. 돌들이 굴러떨어지는 소리는 비가 오기 하루나 이틀 전부터 시작되죠. 돌이 산에서 허물어져 내려오는 소리는 메아리가 되고, 물줄기 소리와 합쳐져서 울음소리처럼 들려요. 그 지역에 살던 모데스타라는 여성이 제게 흐느껴 우는 여인에 대한 전설을 들려 줬어요. 이 여인에겐 아들 셋이 있었는데 남편이 다른 여자와 바람을 피우는 걸 발견하곤 자기 애들을 협곡에 빠뜨려 죽여요. 그리스신화의 메데이아와 비슷하죠. 매년 이맘때가 되면 그 여자가 아이들의 죽음을 애도하려고 돌아온다는 거예요. 저는 이 이야기를 제 감정과 결합해 「흐느껴 우는 여인」을 썼어요. 본질적으로 저와 엄마에 대한 이야기였죠. 제가 엄마를 거기 대입한 거죠. 살인을 한 여인이 하나 있어요. 그녀는 원하는 게 있어요. 아이들을 희생시키죠. 원하는 게 너무 많은 여자지만 그건 그녀가 악녀라서가 아니라 자기 삶을 되찾고 싶어서예요. 그런데 이미 삶은 너무 망가져 버린 거죠. …… 이 이야기는 매우 기이하고 끝이 없는 이야기지만, 이야기를 끌어가는 건 ……

당신 인생의 두 조각을 끌어온 것 같군요. 엄마와 멕시코에서 얻은 교훈 말예요.

맞아요. 내 안에 엄마가 얼마나 깊이 자리하고 있는지 몰랐어요. 그런데 그렇더라구요. 또 내가 엄마와 얼마나 얽혀 있는지도 몰랐고요. 하지만 이 이야기는 아름다운 이야기이기도 해요. 그중 어떤 부분은 제 머릿속에서 나왔어요. 제 시가 나오는 곳에서 나왔죠. 그전에는 산문을 써본 적이 없었고, 그 이후에도 아주 최근까지도 쓰지 않았죠. 전 그 이야기를 레이 도미니Ray Domini라는 필명으로 잡지에 냈어요.

왜 필명을 쓴 거죠?

왜냐하면 …… 전 이야기를 지어 내는 사람은 아니니까요. 시를 쓰지. 그래서 다른 이름을 쓰기로 한 거예요.

당신의 다른 면이니까?

맞아요. 제가 유일하게 쓰는 건 시인데, 이런 이야기도 있다, 그런 거죠. 그래서 레이 도미니라는 이름을 사용했어요. 레이 도미니는 오드리 로드를 라틴어로 쓴 거예요.

그 단편을 쓴 이후, 2년 전 「시는 사치가 아니다」를 쓸 때까지 정말로 산문은 전혀 쓰지 않았나요?

산문을 쓸 수가 없었어요. 무슨 이유에서인지, 시를 많이 쓸수록 산문이 나오지 않았지요. 사람들이 서평을 써달라고도 하고, 제가 도서관에서 일할 적에는 책에 대한 요약문 같은 걸 써달라고들 했죠. 물론 제가 산문을 아예 쓸 줄 몰랐던 건 아니에요. 그 무렵에는 이미 문장 쓰는 법을 익힌 상태였죠. 문단을 구성하는 법도 알았고요. 하지만 깊은 감정을 직선으로 이어진 딱딱한 문단 단위로 표현하는 법은 알 수 없는 비밀처럼 느껴졌어요.

하지만 편지는 정말 많이 쓰지 않았나요?

음, 보통 말하는 그런 편지를 쓰진 않았어요. 의식이 흐르는 대로 써내려 갔고, 그걸 이해할 수 있는 절친한 사람들에게만 보냈죠. 친구들이 제가 멕시코에서 보냈던 편지를 돌려줬는데, 신기하게도 그 편지들이 가장 정리된 형태였어요. 산문을 쓸 땐 처음부터 끝까지 충분히 집중하지 못한다고 느꼈어요. 시를 쓸 때는 며칠 동안 흠뻑 빠져 있어도 아무런 문제가 없는데 말이죠.

여전히 뭔가를 분석적으로 사고한다thinking는 게 다른 사람들이나 하는 불가사의한 과정이라고 생각해서인가요? 당신은 연습해야 가능한? 지금까지 해왔던 그런 방식이 아니라서?

그건 제게 정말 불가사의한 과정이었어요. 또 의심도 있었어요. '[분석적] 사고'라는 이름으로 저질러지는 수많은 잘못을 보았고, 그래서 그것을 존중하지 않게 되었죠. 다른 한편으로 저는 [분석적으로] 사고한다는 게 두렵기도 했어요. 왜냐하면 내 감정을 통해 삶에 대해 갖게 된 신념이나 결론이 그런 사고와는 어긋났거든요. 게다가 저는 그 신념을 내려놓을 생각이 없었어요. 포기하고 싶지 않았죠. 제게 너무나 소중한 것이었고, 삶 그 자체였으니까요. 하지만 그걸 이해하거나 분석할 수 없었어요. 적어도 내가 배워 온 방식을 통해서는 말이에요. 내가 알지만 말할 수 없는 것들이 있었고, 이해할 수 없는 것들이 있었어요.

그런 것들을 추출해 분석하고 옹호하는 식으로 말이죠?

…… 네, 산문을 쓰는 방식 말이에요. 맞아요. 나를 알린 시 중 상당수가 고등학교 때 쓴 시들이에요. 시집 『최초의 도시들』[2]에 수록된 시 말이에요. 그 시들에 대해 자세히 설명해 달라고 한다면, 아마 아주 진부한 방식으로밖에는 대답할 수 없을 거예요. 그 당시 제게는 오로지 이 느낌들을 붙들어야 해, 그리고 어떤 식으로든 표현해야 해, 하는 생각밖에 없었으니까요.

하지만 결국 언어화되는 과정에 있던 거잖아요.

맞아요. 뭔가를 쓰면 저는 그걸 크게 소리 내 읽었는데, 그러면 그게 살아나 진짜가 되었어요. 이런 일들이 반복되면서 아 이거구나, 이게 맞구나, 알게 됐어요. 벨이 울리는 것처럼요.

내가 글에 쓴 게 맞구나 하는 울림이 있죠. 이렇게 해서 언어
화한 거예요.

2

당신에게 글쓰기와 가르치는 일은 어떤 관련이 있나요?

제게 가르친다는 건 살아남기 위한 방법이에요. 그렇지만 누
구에게나 그런 것 같아요. 제대로 배울 수 있는 유일한 방법
은 바로 가르치는 거예요. 제가 계속 살아가기 위해 필요한
것들을 배우게 되니까요. 저는 배우는 동시에 성찰하고 가르
치고 있는 거예요. 어찌 보면 저 스스로에게 떠들면서 가르치
는 거라고도 볼 수 있죠. 그 시작은 투갈루 칼리지에서 있었
던 시 창작 워크숍이었어요.

투갈루 칼리지에서 와달라고 했을 때가 아팠을 때지요?

네 맞아요. [심한 독감으로] 거의 죽을 뻔했죠.

무슨 일이 있었던 거죠?

당시가 1967년이었는데, 다이앤 디 프리마Diane di Prima[비트
세대 페미니스트 시인]가 포잇 프레스Poets Press를 시작했어요. 그

녀가 말했죠. "이제 당신이 책을 낼 때가 왔어요." 저는 그랬죠. "이걸 누가 출판해 줄까요?" 당시 저는 그 시들을 어디로든 치워 버리고 싶었어요. 새로 쓰지는 않고 예전에 썼던 시들을 지나칠 정도로 고치고 있었거든요. 그때 저는 시라는 건 찰흙 놀이 세트처럼 계속 고칠 수 있는 게 아니라는 걸 깨달았어요. 시 한 편을 집어 들고 계속해서 고치고 있을 수만은 없는 거예요. 한 편 한 편 나름의 가치가 있는 거고, 어디서 끝내야 할지 알아야죠. 물론 말하고 싶은 게 더 있다면 그래도 괜찮겠죠. 그런데 저는 계속 갈고닦고 광내고 있었던 거예요. 그때 다이앤이 제게 말했어요. "이제 출판해야 해요. 세상에 내보내요." 그렇게 해서 포잇 프레스에서 『최초의 도시들』을 내기로 했어요. 시를 모아 출판을 준비하면서 …… 출판사에서 보내 준 교정본을 받아 들고 다시 다듬다가 불현듯 깨달았어요. "이제 이게 책이 되는구나!" 내 자신을 세상에 내놓는 거죠. 내가 모르는 사람들도 내 시를 읽게 될 거고. 앞으로 무슨 일이 일어나게 될까? 하는 생각이 들었죠.

정말 중요한 일 같았어요. 당시는 경제 사정이 너무 좋지 않아 미친 듯이 일을 하던 상황이었어요. 다시 취직을 했죠. 낮에는 두 아이를 보고 밤에는 도서관에서 일했어요. 아들 조너선은 출근할 때마다 울어 젖히고, 긴 복도를 지나 승강기 앞에 도착할 때까지 아이가 악을 쓰며 우는 소리가 들렸어요. 저는 밤에 일하면서, 스테인드글라스 기술자 견습생 노릇도 하고, 엄마 사무실에서도 일을 하면서, 친구들을 위해 크리스마스 파티를 준비했어요. 그러다가 병이 났어요. 과로했던 거죠. 너무 아파서 일어나지도 못하고 있는데, [남편] 에드가 전화를 받았어요. 시 센터 소장 갤런 윌리엄스 전화였는데, 미시시피에 있는 흑인 대학 투갈루 칼리지에서 초청시인 레지던스 프로그램에 참여할 기회가 있는데 관심 있냐고요. 누가 저를 이 프로그램의 지원금을 받도록 추천한 거예요. 에드는 제가 이걸 꼭 해야 한다고 했어요. 전 당시에 너무 기운이 없어서 어찌해야 할지 판단이 서질 않았어요. 다른 사람들이 저를 시인으로 대한다는 것 자체가 무서웠죠. 책은 아직 나오지도 않은 상태였고요.

그런데 갑자기 낯선 사람들로부터 주목받게 됐던 거네요.

맞아요. 더군다나 공적인 자리에 나서라는 요청을 받게 된 거죠. 단순히 대화 상대가 아니라 시인 자격으로 얘기해 달라고요. 하지만 당시 죽다 살아난 것과 다름없어서, 모든 것에 열려 있었어요. 그래서 '그래, 좋아, 한번 해보자' 생각했죠. 내가 할 수 있겠다고 믿어서가 아니라, 단지 이게 새로운 일이고 뭔가 다를 거라고 생각했던 거예요. 저는 남부로 간다는 게 두려웠어요. 아주 예전에 꿨던 꿈의 잔상이 남아 있었거든요. 그 몇 해 전에 투갈루 칼리지에 가고 싶었던 적이 있었어요. 1961년에 친구 일레인과 함께 캘리포니아를 떠나 뉴욕으로 돌아갈 때였는데, 우리는 미시시피 주 잭슨 시에 들러 프리덤라이드 운동*에 참여할 계획이었죠. 그런데 일레인의 엄마가 샌프란시스코에서 우리 앞에 무릎을 꿇고 제발 그러지 말라고 애원했어요. 그들이 우리를 죽일 거라고요. 결국 우리는 그 계획을 포기했죠. 그래서 미시시피 투갈루 칼리지로 간다는 건 신화적인 데가 있었어요.

예전에 남부에 간다는 건 보다 낭만적인 의미였던 것 같네요. 그런데 6년이 지나 애 둘 딸린 엄마가 되고, 그 사이 남부에서 일어난 일들을 생각해 보면 참 다른 느낌이었겠어요.

무서웠어요. 그래도 가야 한다고 생각했어요. 그 순간이, 매일 밤 울부짖는 어린 애를 두고 집을 나설 때 느꼈던 고통과 분노를 처음 이겨 낸 순간이기도 했죠. 내가 도서관에 일하러 가면서 아이가 우는 소리를 뿌리치며 집을 나설 수 있다면, 내가 정말 원하고 알고 싶은 것을 위해 집을 나설 수 있다고 생각했어요. 그래서 미시시피로 갔죠.

---

* 1961년 5월, 다양한 인종의 대학생들이 남부의 인종 분리 정책에 맞서 남부 일대를 기차나 버스로 여행하며 연좌 농성을 벌인 운동이다. 첫 프리덤 라이드 버스는 인종주의자들의 공격에 불에 타버렸고, 참여한 학생들은 구타를 당했으며, 미시시피 주정부에 의해 300여 명이 구속되기도 했다.

누군가를 가르친다는 것에 대한 두려움도 있었나요? 워크숍을 연 건 처음이었죠?

네, 하지만 이것저것 잘 챙겨 주는 분위기였어요. 사람들과 본격적으로 만나기 전에 2주 정도 미리 가서 적응 기간을 가졌는데, 이미 시를 쓰고 있던 학생들도 여덟 명이나 있었어요. 저는 투갈루에서 …… 용기란 무엇인지, 서로 이야기를 나눈다는 건 무엇인지 처음 배웠어요. 우리는 작은 모임이었고, 그래서 무척이나 서로 가까워졌어요. 저는 사람들 얘기를 들으면서 너무나 많은 것을 배웠어요. 제가 가진 것이라고는 열린 마음과 정직함뿐이었지요. 서로의 이야기를 나누면서, 저는 두렵지만 이 얘기를 꼭 해야 한다고 생각했어요. 제 아이의 아버지가 백인이라는 사실을요. 당시에 젊은 흑인 학생들에게 그 얘기를 솔직하게 한다는 건 쉬운 일이 아니었어요. 적개심을 보이기도 했고, 환상이 깨지기도 했고, 혹은 그걸 넘어서기도 했지요.

당시 이미 결혼 생활에 더 이상 가망이 없다는 걸 알고 있었을 텐데 그래서 더 말하기 어려웠겠어요. 더 이상 지킬 수 없는 것을 방어해야 하는 것처럼요.

지켜야 할 걸 지키고 있던 거였어요. "에드와 계속 함께 살고 싶기 때문에 에드를 지켜야 해" 이런 게 아니라, "우리에겐 우리 관계를 탐구해 볼 그리고 시도해 볼 권리가 있으니까 이 관계를 지켜야 해"라는 거였죠. 그 워크숍은 북부 흑인 시인과 남부 흑인 젊은이들의 만남이었는데, 그들은 "이것 때문에 당신이 필요해요"라고 직접 말하는 게 아니라, 자신들의 존재를 보여 줌으로써 그들이 내게 필요로 하는 것이 무엇인지를 말해 줬죠. 내가 쓴 시 〈흑인학〉Black Studies[3]의 많은 부분은 이때 태동했어요. 투갈루 칼리지에서 그 시의 토대가 만들어졌고, 5년 후에 빛을 보게 된 거죠. 학생들에겐 제 통찰력이 필요했어요. 그런데 그들에게 무엇이 필요한지에 대한 제 통찰은 그들이 말하고 있는 것과는 달랐어요. 학생들은 소리 높여 "강한 흑인이 필요해요"라고 말했지만, 자신들이 강하다고 여기는 것의 기준은 우리를 억압하는 자들로부터 온 것이었고, 자신들의 감정과도 전혀 일치하지 않았죠.

우리는 시를 통해 이런 것들을 정식으로 다루기 시작했어요. 저는 아는 게 전혀 없었어요. 전 정말 시에 대한 책은 단 한 권도 읽어 본 적이 없었어요! 그런데 어느 날인가 칼 샤피로가 쓴 얇고 하얀 책을 우연히 보게 되었죠. 거기서 이런 구절이 마음에 와닿더군요. "시는 캐딜락을 팔지 않는다." 이때 처음으로 글쓰기에 대해 이야기하기 시작했어요. 그전까지 저는 항상 듣기만 했죠. 명료하게 말할 수 없다고, 이해하지 못한다고 생각했고요. 저는 입 밖으로 말을 내놓는 방식으로 사물을 이해하지 않았고, 말하는 것 자체를 두려워했어요. 하지만 투갈루 칼리지에서 우리는 시에 대해 이야기했어요. 그리고 거기 있는 동안 제 첫 책이 출간됐어요.

그전까지 저는 흑인들과 이런 관계를 맺은 적이 없었어요. 한 번도요. 저와 할렘작가동맹Harlem Writers' Guild* 사이의 관계는 항상 불편했어요. 제 존재는 겨우 용인됐지만 한 번도 온전히 받아들여진 적은 없었죠. 사람들은 제가 제정신이 아니라고, 퀴어하다고 생각하면서도 변할 거라 생각했죠. 조니 클락은 저를 자식처럼 대하며 아껴 줬지요. 그는 정말 좋은 사람이었어요. 제게 아프리카에 대해 가르쳐 줬어요. 그는 이렇게 말하곤 했죠. "너는 시인이야. 시인이라고. 나는 네 시를 이해할 수 없지만, 그래도 너는 시인이야." 저는 또 이런 얘기를 듣곤 했어요. "지금 네가 네 소임을 다하고 있지는 못하지만, 그래도 괜찮아. 너는 똑똑하고 빛이 나. 여자들이랑 빌리지나 싸돌아다니고** 백인들이랑 어울리면서 잘못된 길로 들어선 적도 참 많았지만, 아직 젊으니까, 곧 자기 길을 찾게 될 거야." 저를 칭찬하면서도 거부하는 이중적 메시지였죠. 이건 제 가족들도 똑같았어요. 가족들은 항상 이렇게 얘기했어요. "넌

* 1950년 조니 클락 주도로 설립된 흑인 문예단체. 당대 저명한 흑인 작가들이 참여했으며 1960년대 흑인 예술운동을 주도했다.
** 당시 그리니치빌리지는 LGBT 문화와 운동의 요람이었다.

로드 가 사람이야. 그래서 특별한 거고, 보통 사람들보다 뛰어난 거야. 그런데 너는 우리 집 사람 같지가 않아. 언제쯤 정신 차리고 제대로 행동할 거니?"

할렘작가동맹의 작가들 사이에도 그런 불문율 같은 게 있다고 생각했나요? 실수하지 않으려면 이해하고 있어야만 하는 그런 거?
네, 저는 그 모임에서 시를 낭독하곤 했는데, 그럴 때마다 그들이 원하는 게 정말 뭔지 말해 주기를 바랐어요. 하지만 그들 중엔 그럴 수 있는 사람도, 그런 사람도 없었죠.

선배 여성 작가들이 있긴 했나요?
로자 가이라고 저보다 나이가 많긴 했지만, 그래도 젊은 작가가 하나 있었고, 거트루드 맥브라이드라는 여성이 딱 한 명 더 있었는데, 워크숍에 항상 참석하는 게 아니어서 제대로 만날 기회는 없었어요. 주축은 대부분 남자들이었죠. 친구 지니와 제가 있긴 했지만, 우린 고등학생이었기 때문에 위치가 좀 달랐어요.

그래서 투갈루 칼리지에서 다른 흑인 작가들과 같이 작업했던 경험이 그렇게 색다르게 느껴졌던 거군요.
투갈루 칼리지에 처음 도착했을 때는 도대체 그들에게 뭘 줘야 할지, 어디서 뭘 가져와야 할지 도통 모르겠더라고요. 분명한 건, 내가 보통 시 수업 선생님들이 가르치는 건 못 가르친다는 것뿐이었어요. 그러고 싶지도 않았고요. 그런 방식은 제게 한 번도 통한 적이 없었으니까요. 전 다른 국어 선생님들처럼 가르치고 싶지 않았어요. 제가 줄 수 있는 것이라곤 저 자신밖에 없었죠. 저는 그 젊은 친구들과 깊숙이 얽히게 됐어요. 그들을 정말 사랑했지요. 저는 학생들과 면담을 하면서 학생들 개개인의 감정사에 대해서도 잘 알게 됐어요. 개인사와 그들의 시 작업은 분리할 수 있는 게 아니었거든요. 시 합평을 할 때 저는 학생들에게 그들의 삶에 대해 내가 알고 있는 것과 그들의 시를 연관 지어 이야기해 주었고, 우리는 사람들이 흔히 생각하는 것과 반대로, 이 둘이 분리될 수 있는 게 아니라는 것을 알게 됐어요.

투갈루 칼리지를 떠날 즈음, 저는 가르치는 일이 내가 해야 할 일이라는 것을 깨달았어요. 당시 저는 타운 스쿨 수석 사서였는데, 그걸로는 충분치 않았어요. 가르치는 일은 제게 큰 충족감을 줬어요. 그리고 저는 제 작품 활동에서 이전에는 가져 보지 못했던 그런 종류의 지명도를 얻게 됐어요. 하지만 투갈루 칼리지에 가서 워크숍을 시작한 순간부터 저는 알았죠. 난 시인이지만, 가르치는 일 또한 내 소명이라고요.

시집『분노의 연결선』에 수록된 거의 모든 시를 저는 투갈루 칼리지에서 썼어요.[4] 거기서 6주라는 시간을 보냈죠. 그곳에서 돌아왔을 때 저는 에드와의 관계로는 충분하지 않다는 걸 깨달았어요. 관계를 변화시키거나 끝내야 했죠. 저는 관계를 어떻게 끝내야 할지 몰랐어요. 이전까지 뭔가를 끝내 본 경험이 없었거든요. 하지만 투갈루에서 프랜시스*를 만났고, 그녀가 나와 함께하게 될 거라는 걸 알았어요. 하지만 어떻게 하면 그렇게 될 수 있을지 모르겠더군요. 저는 제 마음의 한 조각을 투갈루에 놓고 왔는데, 프랜시스 때문만이 아니라 학생들이 제게 가르쳐 준 것 때문이기도 했어요.

그곳을 떠난 후, 학생들은 전화로 소식을 전해 왔어요. 그 학생들 모두 투갈루 합창단 소속이었는데, 4월 4일에 뉴욕에 와서 듀크 엘링턴과 카네기홀에서 공연을 한다고요. 저는 이 공연을 취재해 잭슨 시의 [일간지] 『클래리언-레저』Clarion-Ledger에 글을 싣기로 하고 공연을 보러 갔어요. 그리고 공연 중에 마틴 루터 킹이 살해당했지요.

바로 그날 밤에요?

그가 살해됐을 때 저는 카네기홀에서 투갈루 합창단과 함께

---

* 1968년 당시 투갈루 대학 심리학과 방문 조교수였던 프랜시스 클레이튼은 1988년까지 로드의 레즈비언 파트너였다.

있었어요. 〈세상에 지금 필요한 것은 사랑〉What the World Needs Now is Love이라는 노래를 부르던 중이었죠. 그들은 공연을 중단하고 관객들에게 마틴 루터 킹이 살해당했다는 소식을 전해 줬어요.

그래서 어떻게 됐나요?

듀크 엘링턴이 울기 시작했어요. 합창단장 허니웰은 "우리가 지금 할 수 있는 일은 이 공연을 추모식으로 마무리하는 것"이라고 했지요. 합창단은 〈세상에 지금 필요한 것은 사랑〉이라는 노래를 다시 불렀어요. 아이들이 울기 시작했고, 관객들도 울었어요. 그러자 합창단이 공연을 멈췄지요. 남은 부분은 짧게 마무리했어요. 하지만 마지막 노래의 메아리는 쉬이 사라지지 않았죠. 그건 단순한 고통이 아니었어요. 공포였고, 지금 벌어지고 있는 일의 거대함에 압도되는 경험이었죠. 단순히 킹 목사의 죽음뿐만이 아니라 그 죽음이 의미하는 바가 컸죠. 저는 항상 세상의 종말에 대해 생각해 왔는데, 그 시절에는 그 느낌이 훨씬 더 강했죠. 혼돈의 가장자리에 살고 있는 듯한 느낌이었어요. 개인적 차원에서뿐만 아니라 전 세계적으로요. 우리가 죽어 가고 있다는, 또 우리가 이 세계를 죽이고 있다는 느낌을 항상 받았어요. 내가 무슨 일을 하든, 우리가 아무리 창의적이고 옳은 일을 한다 해도, 그 역할은 우리가 그 선을 넘지 않도록 해주는 것이었어요. 이게 우리가 할 수 있는 최선이다, 그러면서 우리는 좀 더 온전한 미래를 만들어 가는 거다, 뭐 그런 거였죠. 하지만 우리는 위험에 처해 있었던 거예요. 그러다 그게 현실이 된 거죠. 〈춘분〉Equinox[5]을 포함해 제 시 가운데 몇 편은 그때 경험에서 나온 거예요. 그 순간 저는 도서관 일을 그만둬야 한다는 걸 알았어요. 바로 그때쯤 욜란다가 제 시집 『최초의 도시들』을 자기 선생님이었던 미나 쇼네시[6]에게 보여 줬어요. 그러면서 미나에게 나한테 강의를 주면 어떠냐고 얘기했던 것 같아요. 욜란다는 그런 친구니까요.

미나도 그런 얘기를 진지하게 듣는 사람이었고요.

그날 욜란다가 집에 와서 말했어요. SEEK 창작 프로그램[7] 원장이 나를 만나고 싶어 하는데, 어쩌면 강의 기회가 생길 수도 있다고요. 그 얘기를 듣고 저는 마음 단단히 먹어야 하는 일이라는 생각이 들었어요. 남부로 가 총에 맞아 죽는 그런 일은 아니지만, 그만큼 두려웠어요. 당시에는 제가 이 일을 어떻게 하게 될지 몰랐어요. 그러나 그 순간은 우리 모두가 위험을 감수해야 하는 시기이고, 그게 제게 주어진 일이라고 생각한 거죠. 그리고 저는 프랜시스에게 물었어요. 우리는 투갈루에서의 경험을 공유하고 있었으니까요. "내가 만약 전쟁에 나간다면, 내가 믿는 바를 지키기 위해 총을 들어야 한다면, 그렇게 할 거야. 그런데 강의실에서는 무슨 일을 할 수 있을까?" 그랬더니 프랜시스가 이러더군요. "투갈루에서 한 것처럼만 하면 돼." 제가 SEEK 프로그램 강의실에 들어가서 학생들에게 처음 한 말은 "저도 무섭습니다"였지요.

알아요. 저도 두려워하며 강의실에 들어갔어요. 하지만 제가 가졌던 건 백인의 공포였죠. 내가 살얼음판을 걷고 있는 듯한, 내가 가진 인종차별주의가 드러날지도 모른다는 그런 공포요.
제게는 저만의 공포, 흑인의 공포가 있었어요. 저는 이 학생들에게 책임감을 느꼈어요. 이들에게 어떻게 이야기할 수 있을까? 내가 이 학생들에게 바라는 바를 어떻게 말해야 할까? 그런 종류의 공포요. 어떻게 말을 할지, 어떻게 소통해야 할지 모르겠더라고요. 창작 프로그램의 학생이기도 했던 친구 욜란다가 이렇게 얘기해 줬죠. "그냥 나한테 이야기하듯이 얘기하면 돼. 나도 학생이고 나는 네 말을 이해하니까." 강의 시간마다 모든 게 다 하나하나 새로웠어요. 모든 걸 새로 하는 기분이었죠. 매주, 매일 저는 새로운 걸 배웠어요. 하지만 그랬기 때문에 신이 났어요.

초급 국어 수업을 맡았나요? 당신이 시인으로서 작문을 가르치고 문법을

가르치는 선생님은 따로 있어서 당신이 문법까지 가르치지 않아도 되는? 저도 그 수업이었기 때문에 처음에 시작할 수 있었거든요.

저는 문법을 가르치는 법도 배웠어요. 문법과 창작을 분리할 수 없다는 걸 깨달았죠. 그 둘은 서로 깊이 연결되어 있기 때문에 함께 가야 한다는 걸요. 그제야 전 문법이 얼마나 중요한지 배웠고, 우리가 사물을 이해하는 과정이 문법적이라는 걸 알게 됐어요. 그러면서 산문을 쓰는 법을 스스로 익힌 거예요. 계속 배우고 또 배웠죠. 저는 수업 시간에 가서 학생들에게 말하기도 했어요. "내가 어젯밤에 발견한 사실이 있어요. 시제라는 건 시간을 둘러싼 혼란에 질서를 부여하는 방법이라는 걸요." 저는 문법이 임의적인 것이 아니라, 분명한 목적이 있고, 우리가 생각하는 방법에 큰 영향을 미치며, 우리를 제약하는 동시에 자유롭게 한다는 걸 배웠어요. 어렸을 때 우리가 어떻게 문법을 배우는지도 새삼 깨닫게 됐죠. 마치 운전하는 것과 같아요. 일단 한번 배우고 나면 그 기술을 활용할지 버릴지 선택할 수 있지만, 익히기 전에는 그것이 유용한지 파괴적인지 알 길이 없는 거죠. 그것은 마치 공포와도 같아요. 일단 그것에 대해 알고 나면 그걸 활용할지 아니면 멀리할지 결정할 수 있는 거죠. 저는 이런 얘기를 수업 시간에 학생들에게 하면서, 프랜시스와 제 일에 대해 고민했고, 또 다른 삶을 살면서 그렇게 보이지 않도록 가식적인 삶을 유지하고 싶어 했던, 당시 같이 살고 있던 정신 나간 남자와는 어떻게 해야 할지 씨름했어요. 이 모든 것들이 그 수업에 흘러들어 갔죠. 제 딸과 아들은 학교에서 막 읽는 법을 배우던 참이었는데, 덕분에 아이들이 배우는 과정을 지켜볼 수 있었고 그것도 무척 중요했어요. 그리고 레만 칼리지 교육학과에서 인종차별주의에 대한 수업을 맡게 되면서 어깨가 더 무거워졌어요. 백인 학생들에게 인종차별이란 게 어떤 것이고, 그들의 삶과 분노가 어떻게 연결되어 있는지 가르쳐야 했거든요.

레만 칼리지에서 백인 학생들에게 인종차별주의에 대한 수업을 했다고요?

교육학과에서 뉴욕시 공립학교에서 가르치게 될 백인 예비 교사를 대상으로 새로운 과정을 시작한 상황이었어요. 레만 칼리지는 99퍼센트 백인 학교였고, 이 교육학과 졸업생들이 공립학교에서 흑인 아이들을 가르치게 되는 거였죠. "인종과 도시 상황"이라는 수업이었는데, 백인 대학생들은 "도대체 우리가 뭘 하고 있는 거죠? 왜 우리 학생들은 우리를 이렇게 싫어하죠?" 같은 질문을 던지곤 했어요. 저는 그 대학생들이 학생들과 소통하는 데 필요한 가장 기본적인 방법조차 모르고 있다는 사실이 믿기지 않았어요. 저는 그들에게 이런 말을 하곤 했죠. "백인 학생이 2 더하기 2는 4라고 대답하면 여러분은 '맞아요'라고 얘기합니다. 하지만 같은 수업에서 흑인 학생이 일어나서 2 더하기 2는 4라고 하면, 당신은 그 아이의 등을 두드리면서 '와, 대단한데'라고 해요. 이런 경우에 여러분이 그 학생에게 전달하는 메시지는 뭘까요? 또 여러분이 수업에 가기 위해 길거리를 걸어갈 때는 어떤 일이 일어나나요? 교실에 걸어 들어갈 때는요? 우리 잠깐 상황극을 해봅시다"라고요. 그러면 이 젊은 백인 대학생들에게서 온갖 공포와 혐오가 쏟아져 나오곤 했죠. 그건 수업 때 제대로 다루지도 못했어요.

교육학과 학생들은 대부분 여성이었겠네요?

네, 대부분 여학생들이었어요. 그들은 본인들이 마지못해 희생하는 거라 생각하더라고요. 이 수업을 두 학기 동안 하고나서, 저는 이건 백인이 맡아야 할 수업이라고 생각하게 됐어요. 감정적으로 너무 소모적이었거든요. 그 수업에 흑인 학생은 기껏해야 한두 명뿐이었어요. 그중 한 남학생은 수업이 자기에게 맞지 않는다며 안 나오더라구요. 저는 그때 깨달았죠. 인종차별주의는 백인들만 왜곡시키는 게 아니구나. 그렇다면 우리 흑인들은 어떤가? 백인들의 인종차별은 흑인들이 서로를 바라보는 관점에는 어떤 영향을 미칠까? 인종차별주의의 내면화? 가난한 게토 지역에서 애들을 가르치는 흑인 교사는 어떨까? 제가 보기엔 인종차별적이고 성차별적인 교육을 받은 흑인 교사가 뉴욕시 공립학교에서 가르치는 것도, 종류는 다르지만, 똑같이 심각한 문제가 있었죠.

[앞에서 덧셈 이야기할 때 말한] **기대 말씀이신가요?**

그뿐만 아니라 자아상이나, 자신들이 누구를 위해 헌신해야 하는지를 둘러싼 혼란 등의 측면에서 문제가 있죠. 스스로를 억압자들과 동일시하는 측면의 문제도 있고요. 저는 생각했죠. 이 문제는 누가 다루어야 할까? 우리가 해야 할 일은 뭘까? 저는 여기에 제 에너지를 쓰고 싶었어요. 당시는 1969년이었고, 저는 이 순간 제가 있어야 할 곳은 어디인지 스스로에게 물었어요. 제 수업에는 흑인 여성이 둘 있었는데, 저는 이 학생들에게 흑인 여성들끼리 모여 이야기해 보자고 했어요. 캠퍼스의 흑인 단체는 봄 학기 투쟁을 막 준비 중이었죠. 이 여성들은 제게 이러더군요. "선생님 미쳤군요. 흑인 남자들은 우리가 필요해요." 완전한 거절이었죠. "우리 여자들끼리만 따로 모일 수는 없어요. 우리는 흑인이에요." 하지만 저는 포기하지 않았어요. 계속 실타래를 풀어 보려고 노력했죠. 제가 포기하는 순간, 그게 저를 잠식해 버릴 거라는 걸 알았으니까요. 이 상황에서 제 유일한 희망은 그저 하던 대로 계속 노력하는 것뿐이었어요. 사랑하는 프랜시스, 에드, 내 아이들을 생각하며, 그리고 흑인 학생들, 여성들을 계속 가르치면서 말예요.

1969년에 흑인 학생들과 푸에르토리코 학생들이 뉴욕시립대를 점거했어요. 흑인 학생들은 수업을 거부하고 바리케이드를 쳤지요. 욜란다와 저는 학생들에게 수프와 담요를 가져다주곤 했는데, 그럴 때 흑인 여성들이 테이블 위에서, 그리고 책상 밑에서 성적 대상이 되는 걸 보곤 했죠. 우리가 이들에게 여성으로서 얘기하려고 시도하면, 돌아오는 말은 "지금 혁명이 일어나고 있는 거 안 보여요?"라는 것뿐이었어요. 흑인 여성들이 어떻게 이용되고 학대당하는지 보는 건 무척 고통스러웠어요. 이 모든 걸 목격하며 저는 흑인 학생들을 다시 가르치고 싶다고 생각했어요. 저는 존 제이 칼리지를 찾아가 학장과 인종차별주의와 도시 상황에 대한 수업을 하면 어떨까 상의했고, 학장은 흔쾌히 허락해 주었죠. 저는 수업 두 개를 맡았는데, 교육학과 수업과 제가 새로 개발한 국문과 수업이었어요. 창의적 글쓰기 보충학습이었죠. 도전적인 수업이었어요.

존 제이 칼리지는 경찰대학이었지요?

원래 경찰대학이었지만, 제가 강의를 시작한 건, 자유입학제*

* 미국은 1960년대 말 늘어난 대학 교육 수요에 대응해 대입 시험 없

를 시작한 후인 1970년이었어요. 그러고 4년제 대학이 되었고, 뉴욕 시 경찰뿐만 아니라 일반 학생도 받았죠. 국문과나 역사학과에는 흑인 교수가 한 명도 없었어요. 입학생 대부분이 흑인이나 푸에르토리코 학생들이었는데도 말이죠. 게다가 저 역시 당시에는 겉으로 보기에 그리 위협적이지 않았어요.

저도 존 제이 칼리지에서 당신을 본 적이 있어요. 위협적으로 보이진 않았죠. 근데 제가 본 건 조금 나중이었네요.

…… 더군다나 저는 흑인 여성이었어요. 이런 상황에서 제가 들어와 그런 강의를 시작한 거죠. 정말 일대 사건이었어요. 강의실이 꽉 찼죠. 수강생들 중에는 흑인 경찰뿐만 아니라 백인 경찰들도 많았어요. 저는 정말 말 그대로, 총에 맞지나 않을까 두려웠죠.

학생들이 총기를 소지하고 있었나요?

네. 자유입학제가 도입되면서 모든 고등학교 졸업생들이 이 대학에 입학할 수 있게 되자, 경찰과 폭력 조직을 막 떠난 아이들이 한 강의실에서 같이 수업을 듣게 됐죠. 1970년은 시

이 고등학교 졸업장만으로 대학에 진학할 수 있는 자유입학제와 취약층 보상 교육 제도를 실시했으며, 여학생 입학을 전면 허용했다.

카고에서 블랙팬서 조직원들이 살해당하던 때였어요.* 그때 우리 강의실에는 흑인 경찰과 백인 경찰, 전직 흑인 폭력 조직원들과 백인 폭력 조직 조직원들이 같이 앉아 있었죠. 여학생들은 대부분 흑인이었어요. 이전에는 입학이 불가능했지만 이제 대학을 올 수 있게 된 똑똑한 학생들이었죠. 모두 그런 건 아니었지만 그중 몇몇은 SEEK 프로그램으로 등록한 학생들이었어요. 이들에겐 이게 유일한 기회였죠. 나이가 좀 되는 학생도 꽤 많았어요. 이들에겐 거리에서 배운 삶의 지혜가 있었지만, 스스로를 흑인 여성으로서 성찰해 본 경험은 없었지요. 백인을 상대로만 생각하는 데 익숙했고요. 적이 항상 외부에만 있다는 듯이요. 전 이 수업을 이전과 똑같은 방식으로, 제가 배우면서 가르치는 식으로 진행했어요. 어려운 질문을 던지고, 그다음에 뭐가 나올지 모르는 채로 수업을 했어요. 그때 수업을 녹음했더라면 좋았을 것 같아요. 수업 시간에 젊은 백인 경찰이 "당신 말이 맞지만, 모든 사람에겐 무시할 대상이 필요하지 않나요?"라고 했던 말 같은 거요. 그때까지 저는 말하는 법을 익히는 중이었어요. 제 말은 간결하거나

* 1969년 12월 경찰은 시카고에 있는 블랙팬서당의 일리노이 지부를 급습해 90여 발의 총격을 가했다. 이로 인해 지부장과 일리노이 지부에 파견된 당 지도자가 죽었다. 이 사건 이후에도 2년간 블랙팬서당 조직원들에 대한 경찰의 총격전은 계속됐다.

잘 다듬어진 것은 아니었지만, 소통에는 문제가 없었죠. 학생들이 배움을 시작하도록 도와줄 수 있었어요. 저는 한 학기 동안 제가 할 수 있는 일은 그걸로 충분하다는 걸 알았어요. 많은 정보를 전달하는 것을 목표로 삼는 사람도 있겠지만, 저는 그렇지는 않았어요. 배움의 과정이라는 건, 마치 폭동을 일으키듯, 자극을 줘야 시작될 수 있는 거예요. 그래야 그게 마음속 깊이 남거나 계속될 수 있어요.

그 무렵, 존 제이 칼리지에서 흑인학과를 둘러싼 싸움이 시작됐어요. 저는 여성과 흑인들이 이용당하고 학대당하는 모습을 보았고, 대학 당국이 정말 냉소적인 방식으로 흑인학을 이용해 먹는 것도 보았죠. 1년 후 저는 국문과로 돌아갔는데, 그 사이에 적이 생겼어요. 그 사람들은 흑인 학생들 사이에서 내 권위를 실추시키려고 내가 레즈비언이라는 얘기를 퍼뜨렸어요. 당시에 저는 레즈비언이라는 사실을 숨기고 있지는 않았지만, 존 제이 칼리지에서 제 섹슈얼리티나 제 시에 대해 얘기한 적은 없었어요. 저는 사람들이 내 정체성을 이용해서 나를 공격하지 못하게 하려면, 나 스스로에게 솔직하고 내가 먼저 공개하는 방법밖에 없다고 항상 생각했어요. 그건 용기의 문제가 아니었죠. 제가 목소리를 낸 건 스스로를 보호하기 위해서였어요. 1971년 『미즈』지에 〈사랑시〉Love Poem를 싣고 그걸 국문과 벽에 붙여 놓았던 것처럼요.

당신이 뉴욕 72번가에 있는 카페에서 〈사랑시〉를 낭독하는 것을 들었던 기억이 나요. 당신이 낭독하는 모습은 그때 처음 봤어요. 아마 1970 년대 초반이었을 거예요. 당신이 그 시를 읽는 모습은 정말 대단했어요. 마치 저항 행위를 보는 것 같았죠. 장엄했어요.

당시 저는 막다른 골목에 몰린 것 같은 느낌이었어요. 왜냐하면 지금도 그렇긴 하지만, 당시 흑인 공동체에서 레즈비어니즘에 대해 공개적으로 이야기한다는 건 (당시 우리가 매우 짧은 기간에 많은 진전을 이루긴 했지만 여전히) 정말 끔찍한 일이었죠. 〈사랑시〉를 보내고 나서 출판사 편집자로부터 전화를 받았어요. 시가 이해가 안 간다고요. 편집자는 물었죠. "도대체 이게 무슨 말이에요? 당신이 남자 관점에서 쓴 건가요?" 그 역시 시인이었는데도요! 그래서 전 대답했죠. "아뇨, 난 여자를 사랑해요"라고요.

설마 그 편집자가 레즈비언에 대해 처음 들어 본 건 아니겠죠?

들어 본 적이야 있었겠지만, 제가 [그런] 시를 쓴다는 생각까지는 못해 봤겠죠.

특히 브로드사이드 시리즈에 포함된 자기가 담당하는 시인이요.

그죠. 그는 섬세한 사람이었어요. 시인이었고요.

하지만 결국 당신 시를 출판했지요?

네, 출판이 되기는 했어요. 하지만 첫 번째 시도부터 된 건 아니었어요. 원래 그 시는 『타인이 사는 땅으로부터』*From a Land Where Other People Live*에 수록될 예정이었죠.

넣지 않았다고요? 당신이 뺀 건가요?

네. 하지만 당신이 제가 〈사랑시〉를 낭독하는 걸 들었던 그때 이미 저는 내가 항상 여성을 사랑해 왔다는 사실을 누가 알든 말든 더 이상 신경 쓰지 않겠다고 마음을 굳힌 상태였어요. 제가 그럴 수 있었던 건, 용감하거나 담대해서가 아니라, 내가 지금도 취약할 수밖에 없는 점이 너무나 많고 취약한 존재일 수밖에 없는데, 내가 침묵함으로써 적의 손아귀에 또 다른 무기를 쥐어 주어 더 취약해질 필요는 없다는 깨달음 때문이었어요. 흑인 공동체에서 공개적으로 레즈비언으로 산다는 건 쉬운 일이 아니지만, 철저히 비밀로 하는 게 더 어려운 일이에요.

사람들이 공통의 억압을 공유할 경우, 특정한 종류의 기술과 공동의 방어 전략이 발달하죠. 만약 당신이 살아남았다면, 그 기술과 방어 전략이 효과가 있었다는 뜻이겠죠. 그러다 공통의 억압을 경험하는 사람들끼리 차이 때문에 갈등이 생길 경우, 서로 더 위험하고 깊은 상처를 주고받게 되는 것이지요.

흑인 여성과 흑인 남성 사이에 일어나는 일이 그런 거예요. 백인 여성과 백인 남성들은 갖지 못한 우리만의 무기를 함께 만들어 냈으니까요. 제가 이 얘기를 하자 어떤 여성이 말하기를, 유대인 공동체에서 유대인 여성과 남성 사이에서도 정말 똑같은 일이 벌어지고 있다고 하더군요. 억압의 모습은 다르지만, 서로 상처를 주고받는 메커니즘은 똑같은 거죠. 공통의 억압을 거치면서 공통의 적에 대항하기 위해 함께 비밀리에 무기를 만들어 내지만, 그 무기가 서로를 향해 쓰일 수도 있는 거예요. 저는 아직도 이 공포에서 자유롭지 못해요. 다른 흑인 여성과 상대할 때면 항상 되새기게 돼요. 한때 동지였던 이에 대한 두려움을요.

3

「시는 사치가 아니다」에서 이렇게 쓰신 적이 있잖아요. "백인 아버지들은 우리에게 이렇게 말한다. 나는 생각한다, 그러므로 나는 존재한다. 우리 안의 흑인 어머니, 시인은 우리의 꿈속에서 이렇게 속삭인다. 나는 느낀다, 그러므로 나는 자유롭다." 어떤 이들은 당신이 이성적인 백인 남성과 감정적인 흑인 여성이라는 오래된 고정관념을 재생산한다고 비판합니다만, 저는 당신 이야기가 그것과는 다르다고 생각해요. 이에 대해 좀 더 얘기해 줄 수 있나요?

네, 저도 그런 비판을 들은 적이 있습니다. 지성과 이성이 백인 남성의 것이라는 고정관념을 강화시킨다고요. 하지만 만약 어디서 시작해 어디서 끝나는 건지 모를 길을 여행하고 있는 거라면, 그 길이 누구 것인지 따져 봤자 아무 의미가 없잖아요. 만약 그 길이 출발점도 없고, 어디로 이어지지도 않는다면, 지리적으로 아무런 목적지도 없다면 그 길은 있어 봤자 아무 의미도 없잖아요. 이성을 백인 남성의 영역으로 버려두는 건 그에게, 이런 길의 한 조각을 내주는 것이나 다름없어요. 제가 우리 안에 흑인 어머니, 시인이 있다고 이야기할 때, 이는 시인이라 불리는 우리에게만 흑인 어머니가 있다는 말이 아니에요. 흑인 어머니는……

그 흑인 어머니가 시인이라는 말씀이시죠?

우리 모두의 내면에는 시인인 흑인 어머니가 있어요. 하지만 남자들이나 남자든 여자든 가부장적 사고를 따르는 사람들은 우리 안에 존재하는 이 부분을 거부하는데, 그건 마치 우리 손발을 자르는 것과 같아요. 이성이 필요하지 않다는 건 아니에요. 이성은 뒤엉켜 있는 지식을 정돈해 주죠. 감정에 대해서도 마찬가지고요. 우리가 이곳에서 저곳으로 움직이는 데도 도움을 주죠. 하지만 만약 이곳이나 저곳이 당신에게 중요하지 않다면, [이곳에서 저곳으로 통하는] 그 길[이성]은 아무런 의미가 없겠죠. 우리가 이성과 순환 논리적이고 학술적이며 분석적인 사고방식만을 숭배할 때 자주 발생하는 일이 바로 앞서와 같은 거부입니다. 하지만 궁극적으로 저는 느끼는 것과 사고하는 것을 이분법적으로 보지 않아요. 저는 이를 다양한 방식의 조합을 선택하는 문제로 봅니다.

끊임없이 선택하는 거죠. 한 번의 선택으로 끝나는 것이 아니고요. 우리 위치에 따라 계속 선택하고 또 선택해야죠.

하지만 우리는 낡은 방식으로 사고하고 정보를 조직화하도록, 특정한 방식으로만 배우고, 이해하도록 교육받아 왔어요. 그래서 이제까지 존재하지 않았던 것들의 잠재적 모습은 다른 무언가를 향한 우리의 갈망, 우리가 이름 붙이지도 길들이지도 못한 갈망을 숨겨 둔 어두운 뒷방에만 존재해요. 지금 가능한 것이라 불리는 것들을 넘어서는, 다른 그 무언가를 향한 갈망을 숨겨 둔 곳 말이에요. 우리는 이를 이해해야만 거기로 가는 길을 놓을 수 있어요. 그런데 우리는 우리 안의 이처럼 풍요로운 영역들을 부정하게끔 길들여져 왔어요. 개인적으로 저는 흑인 어머니는 여성들 안에 더 많이 존재한다고 믿습니다. 하지만 흑인 어머니는 남성들에게도 존재하는 인간성을 가리키는 이름이지요. 하지만 남성들은 인류 역사 내

내 자기 안의 이 부분을 부정하는 세속적인 입장을 취해 왔지요. 이 입장은 오랜 세월에 걸쳐 유지된 입장이죠. 이 얘기를 이전에도 한 적이 있는데, 에이드리언, 전 우리 인류가 진화하고 있는 것 같아요.

여성이 진화하고 있다고요?

인류가 여성을 통해 진화하고 있다고요. 정신 나간 소리처럼 들리겠지만, 저는 점점 여성 인구수가 많아지는 게 우연이 아니라고 생각해요. 여성이 더 많이 태어나고 더 많이 살아남는 것이요. …… 그리고 우리는 이 새로운 힘의 약속을 좀 더 진지하게 받아들여야 해요. 그렇지 않으면 이전에 저질렀던 실수를 똑같이 계속 반복하게 될 거예요. 흑인이든 아니든, 우리 내면의 흑인 어머니가 가르쳐 주는 교훈을 배우지 않는다면 말이에요. …… 전 이 힘이 남성 안에도 존재한다고 믿지만, 남성들은 이 힘을 무시하기로 한 거죠. 제가 배운 바에 따르면 그건 그들의 권리예요. 그 선택이 바뀌면 좋겠지만, 그게 가능할지는 모르겠어요. 삶을 문제를 정복하는 과정이 아닌 경험하는 것으로 보는 변화가 필요할 텐데, 이는 한 세대만에 이루어질 수 있는 것도 아니고, 한 번 해본다고 해서 되는 것도 아니니까요. 저는 이제 시동을 걸고, 노력해야 한다고 생각해요. 하지만 그렇다고 여성들이 사고나 분석을 못한

다는 뜻은 아니에요. 백인들이 감정을 느낄 줄 모른다는 뜻도
아니고요. 저는 단지 우리가 흑인의 얼굴을 한 창조적이고,
여성적이고, 어둡고, 어지럽고, 너저분한 혼돈과 공포에 대해
눈감아서는 안 된다는 거예요.

또 불길하고…….

네, 불길하고, 냄새 나고, 성애적이고, 혼란스럽고, 불편하게
만드는 그런 것들이요.

저는 이제껏 부정적으로 폄하되어 왔던 단어를 긍정적인 의미로 사용하
는 것이 중요하다고 생각해요. 제가 보기에 당신이 그 문장을 통해,
또 다른 시 작업에서 하려던 것도 그런 작업인 것 같아요. 단순히
"흑인은 아름답다"라고 말한다고 해서 되는 게 아니니까요.

기존의 흑인 조직들black machine은 전혀 아름답지 않죠. 고등
학교 시절에 교지 편집장이 제 시를 싣지 않겠다고 하면서 그
러더군요. "오드리, 관능주의 시인이 되지 마."

저도 시인이라면 분노하거나 개인적인 얘기를 해서는 안 된다는 얘기를
들었어요.

「성애의 활용」이 발표된 이후에 몇몇 여성으로부터 제가 반
페미니스트적이라는 얘기를 들었어요. 성애를 안내자로 여

긴다며……

반페미니스트라고요?

여성을 또다시 보이지 않는 존재, 쓸모없는 존재로 환원하는
것이라고요. 그 글에서 제가 우리를 통찰 없는 직관만 존재하
는 곳으로 돌려보낸다는 거죠.

**하지만 그 글에서 당신은 일과 권력이라는 가장 정치적인 소재에 대해 이
야기했잖아요.**

그렇죠. 하지만 그 사람들은 그렇게 보지 않았어요. …… 그
글의 바로 첫 대목에서부터 그런 이야기를 했는데도 말이죠.
제가 말하려고 했던 건 성애가 거의 항상 우리 여성들의 의지
에 반해, 심지어 그 말 자체의 의미와도 맞지 않게 사용돼 왔
다는 거예요. 우리는 우리 안에 가장 깊숙이 자리한 것을 의
심하도록 배웠고, 그런 식으로 우리는 스스로에게 반하는, 스
스로의 감정에 반하는 증언을 하도록 배운 거예요. 우리가 여
성으로서의 우리 삶과 생존에 대해 얘기할 때, 우리는 우리가
알고 있는 성애에 대한 지식을 창조적으로 활용해 볼 수 있어
요. 사람들이 자기 스스로에게 불리한 증언을 하게 되는 건,
경찰이나 억압적인 기술을 동원해서가 아니에요. 억압을 내
면화하게 만들어, 사람들이 외부의 승인을 받지 못한, 자기

안의 모든 것을 불신하게 만들고 자기 안의 가장 창조적인 것부터 부정하도록 가르치는 것이지요. 그러면 일부러 억압할 필요조차 없어져요. 다른 흑인 여성의 작업을 폄하하는 흑인 여성이 그 사례지요. 머리 펴는 빗을 내 도서관 사물함에 넣어 놓았던 흑인 여성도요. 흑인 남성도 아닌 같은 흑인 여성이 서로에게 불리한 증언을 하는 거죠. 우리 중 가장 똑똑하고 창조적이고 분석적인 여성들이 이처럼 성애로부터 거리를 두는 것은 심란하고 파괴적인 일이에요. 우리는 낡은 권력과 똑같은 방식을 써서는 낡은 권력과 싸울 수 없어요. 우리가 이 투쟁에 성공할 수 있는 유일한 방법은, 저항하는 것, 그러면서 우리 존재의 모든 부분을 건드릴 수 있는 또 다른 삶의 방식을 만들어 내는 것뿐이에요.

당신이 여성학이나 흑인학 과목에 대해 얘기했던 것처럼, 이 일은 단순히 기존의 낡은 권력틀 안에 우리의 역사나 이론을 들여올 수 있도록 "허락을 받는" 문제가 아니죠. 이 일은 삶의 매 순간, 그러니까 꿈을 꾸고 일어나서 양치질을 하고 강의실로 들어갈 때까지 우리 삶의 구석구석에서…

흑인 여성과 백인 여성이 삶에서 마주하게 되는 선택지는 달라요. 우리의 경험과 피부색 때문에, 빠지게 되는 함정도 다르고요. 우리가 직면하는 문제가 다를 뿐만 아니라, 우리를 통제하기 위해 사용되는 그물과 무기 역시 달라요.

이 얘기를 좀 더 나누면 좋겠어요. 단순히 당신과 나 사이의 얘기뿐 아니라, 보다 광범위하게요. 저는 우리가 백인 여성과 흑인 여성으로서 주어지는 선택지가 다르다는 것에 대해 좀 더 많이 얘기하고 글을 써야 한다고 생각합니다. 이 문제는 무척 복잡한데도, 전부 아니면 전무식으로 단순하게 접근하게 될 위험이 있어요. 백인 여성에게는 선택지가 주어지거나, 아니면 겉으로 선택지처럼 보이는 가짜가 주어지지요. 하지만 분명히 거부할 수 없는 진짜 선택지도 있습니다. 이 둘 사이의 차이를 제대로 분별하는 건 어려워요.

내 일기장에 당신과 대화를 나눈다고 상상하며 쓴 글이 많아요. 상상 속에서 당신과 대화를 나누고 그걸 적어 내려간 거죠. 이 대화는 단순히 우리 둘을 넘어서, 흑인 여성과 백인 여성 간의 대화를 상징하니까요. 마치 우리가 이 두 집단을 대변하는 목소리라도 된 것인 양 말이에요.

당신의 상상 속, 일기장에 써놓은 대화 말인가요? 아니면 우리가 현실에서 나누는 대화 말인가요?

제가 일기장에 적는 상상 속의 대화요. 그중 하나는 서로 다른 함정에 대한 것이었어요. 우리가 전화 통화를 할 때, 당신이 인내심을 잃었던 그때를 잊을 수가 없어요. "직관적으로 아는 거라고 말하는 것만으론 저한테 충분하지 않아요"라고 당신은 말했죠. 기억나나요? 저는 결코 그 대화를 잊을 수가 없어요. 저는 당신이 하려고 했던 말을 이해했지만, 동시에 제가 사물을 지각하고 창조하는 방식이 부정되었다는 느낌을 지울 수 없었어요.

네, 기억해요. 하지만 그건 당신의 방식을 부정하는 게 아니었어요. 왜냐하면 내 방식 또한 직관적이라고 저는 생각하거든요. 그렇지 않나요? 제가 일생 동안 짊어졌던 십자가가 바로 내가 이성적이고, 논리적이고, 냉철해야 한다는 것이었어요. 전 냉철하지도 않고, 이성적이거나 논리적이지도 않아요. 하지만 당신의 경험을 내 경험으로 번역해서 이해하려고 하면, 가끔 정돈된 방식의 이야기가 필요할 때가 있어요. 전 제가 무조건 "아, 그래요, 당신을 이해해요"라고 하게 될까 봐 두려워요. 그때 당시, 당신도 기억하겠지만, 저는 페미니즘과 인종차별주의에 대한 에세이를 쓰고 있었죠. 제가 당신에게 하려고 했던 말은, 단순히 "당신은 날 이해하지 못해" "난 당신을 이해할 수 없어" 또는 "우리는 서로 사랑하니까 당연히 서로를 이해하지" 같은 쉬운 선택지에 빠지지 말자는 것이었어요. 그건 헛소리에 불과하니까요. 제가 전거典據를 요청한다면 그건 인종차별주의로 인한 차이가 만들어 낸 우리 사이의 공간을 진지하게 받아들이기 때문이에요. 당신이 의미하는 바를 직접 보여 주지 않고서는, 당신이 아는 것을 나도 안다고 단순히 전제할 수 없는 순간들이 있어요.

하지만 제게 전거를 대라는 요구는 내가 지각한 것들에 대해 의문을 제기하는 경우나 내가 발견하는 과정에 있는 것들을 폄하하려는 시도일 때가 많았어요.

그렇지 않아요. 제가 하려는 말은, 당신이 지각하는 것을 나도 지각할 수 있게 도와 달라는 거예요.

하지만 전거를 대는 것이 지각에 도움을 주는 건 아니에요. 아무리 제대로 쓰인다고 해도, 그저 지각을 분석하는 데 쓰이죠. 악용된다면, 핵심적인 통찰과 감정에 집중하는 것을 방해하는 가림막이 될 뿐이고요. 다시 말하자면, 앎과 이해 말이에요. 아는 것과 이해하는 것이 함께 일어날 수 있지만, 서로를 대체할 수는 없어요. 하지만 그렇다고 제가 당신이 말하는 전거의 필요성을 부정하는 건 아니에요.

사실 저는 당신이 과거에도 그렇고 지금도 그렇고 저한테 전거를 남겨 주고 있다고 생각해요. 당신의 시나 최근 작업 중인 긴 산문[8]이나 여태껏 나눠 온 대화를 통해서요. 지금은 전거가 없다는 생각은 들지 않아요.

제가 사서라는 걸 잊지 마세요. 저는 정보에 순서를 매기고 분석하는 데 필요한 도구를 익힐 수 있다고 생각해서 사서가 되었어요. 세상의 모든 것을 알 수는 없지만, 배우는 데 필요한 도구를 얻겠다고요. 하지만 그건 별 소용이 없었어요. 저는 아보메Abomey[아프리카 베냉 남부의 도시. 옛 다호메이 왕국의 수도]로 향하는 길을 알려 주는 문헌들을 당신에게 제공할 수 있어요. 누구도 아무런 정보도 없이 그곳에 갈 수는 없어요. 그런 면에서 당신이 하는 말을 존중해요. 하지만 일단 거기 도착하고 나면, 당신이 그곳에 간 이유와 목적을 아는 사람은 당신밖에 없는 거예요. 그것을 찾을 사람도, 그것을 발견할 사람도 바로 당신인 거죠.

어떤 단계에 이르면 전거를 대라고 요구하는 건 오직 눈가리개가 되고 말죠. 제가 지각한 것들에 의문을 품게 만드는 가리개 말이에요. 누군가가 제게 이런 지적을 한 적이 있어요. 제가 『검은 유니콘』[9]에서 여성 유대에 대해 쓸 때, 아프리카 여신에 대해 충분한 전거를 제시하지 않았다고요. 저는 웃음이 나왔어요. 저는 역사학자가 아니라 시인이에요. 저는 앎을 나누는 제 소임을 다했어요. 그러면 족해요. 누군가 더 필요한 자료가 있다면 그 사람이 찾아야지요.

에이드리언, 당신은 어떤지 모르겠지만, 제게는, 내가 지각한 것들을 언어화하는 것 자체도 무척 힘든 일이에요. 내 안의 깊숙한 곳을 건드려서 통로를 찾는 일이요. 그 시점에 내가 찾은 것들에 일일이 전거를 단다는 건 대체로 쓸모없는 일이에요. 지각이 분석을 앞서고, 비전이 행동이나 성취를 앞서죠. 시를 쓸 때처럼. ……

제가 일생 동안 씨름해 온 건 바로 이거 하나에요. 각종 상황들에 대한 내 지각을 보존하는 것, 그리고 그것을 받아들이는 동시에 바로잡는 법을 배우는 것. 이럴 경우 엄청난 저항과 혹독한 심판을 받게 돼요. 그래서 오랜 시간 제 지각과 내면의 앎을 의심했었죠. 그것들을 제대로 다루지 못하고 거기 걸려 넘어지곤 했어요.

우리 사이의 이 모든 것들에는 또 다른 요소도 있는 것 같아요. 제가 당신에게 전거를 요청했던 전화 통화에서는 확실히 그랬어요. 저는 당신이 지각한 것들에 강한 저항감을 느꼈어요. 저한테 그건 무척 고통스러웠죠. 당신이 우리 사이에 일어나는 일을 얘기할 때, 흑인과 백인 사이에, 흑인 여성과 백인 여성 사이에 일어나는 일을 얘기할 때요. 저는 당신이 지각한 바를 그냥 그대로 받아들일 수는 없어요. 그 중 어떤 부분은 받아들이기가 무척 어렵고요. 하지만 그걸 거부하고 싶지는 않아요. 그럴 수 없다는 것도 잘 알고 있고요. 깊이 생각해볼 시간이 저한테는 필요해요. "이게 내가 활용할 수 있는 걸까? 이걸 가지고 난 뭘 할 수 있지?" 하면서 말예요. 좀 멀리 떨어져서 당신이 강하게 이야기하는 것들에 푹 빠져 버리지 않도록 노력해야 할 때도 있고요. 다 싫다고 하고 싶은 마음도 있고, 다 받아들이고 싶은 마음도 있어요. 그 사이 어딘가에 내가 발 디딜 곳을 찾아야 하는 거죠. 저는 그런 건 못해요. 당신이 지각한 것들을 다 부정할 수도 없고, 이해하지 못하면서 이해하는 척할 수도 없다고요. 인종차별 문제라면 더 그렇죠. 저는 밖에서 공공연히 저질러지는 폭력의 문제나, 우리의 관점 차이 같은 걸 말하는 게 아니에요. 인종차별 문제 같은 걸 맞닥뜨리면 항상 이런 질문을 던지게 되는 거죠. "내가 어떻게 해야 하지? 나는 뭘 할 수 있지?"

"이 진실의 얼마큼이나 나는 볼 수 있을까 / 눈멀지 않고 / 계속 살아갈 수 있는 걸까? / 이 고통의 얼마큼이나 / 나는 활용할 수 있을까?"[10] 우리가 앞으로 나가지 못하게 붙들리는 건 바로 그 중요한 질문을 던질 수 없기 때문이죠. 필수적인 단계를 모면하려고 하니까요. 제가 『흑인 학자』에 기고했던 글[11]을 기억하나요? 그 글엔 나름의 의미가 있지만 한계도 있었어요. 제가 핵심 질문을 던지지 않았기 때문이에요. 내 스스로에게 그 질문을 던지지 않았고, 그것이 중요한 질문이라는 것도 채 알지 못했기 때문에, 그 글에서 많은 에너지를 낭비했어요. 저는 그 글을 계속 읽으면서, 어딘가 만족스럽지 않다고 생각했어요. 당시에 전 『흑인 학자』라는 매체가 그걸 받아들이지 못할 것이라 그랬다고 생각했어요. 하지만 사실은 그렇지 않았죠. 나를 붙들어 맨 것은 바로 나 자신이었고, 그건 나 스스로에게 이 질문을 던지지 않았기 때문이었어요. "만일 흑인 남성이 백인 남성의 지위를 차지하고 싶은 것이 아니라면, 여성을 사랑하는 여성이 흑인 남성에게 왜 그토록 위협적일까?"라는 질문이었죠. 그건 내가 얼마나 더 참고 견딜 수 있는지에 대한 질문이었고, 당시에 내가 생각보다 더 많이 견딜 수 있다는 걸 깨닫지 못한 문제이기도 했어요. 또한 그건 내가 단순히 분노나 파괴에 빠지지 않고, 내가 지각한 것을 어떻게 이용할 수 있는지에 대한 질문이기도 했죠.

분노와 파괴에 대해 말해 볼까요? 당신의 시 〈힘〉Power[12]에서 처음 다섯 행은 무슨 의미죠?

"시와/ 수사의 차이는/ 당신 아이들 대신/ 당신이/ 죽을 준비가 되어 있는 것."그때 제가 가지고 있던 느낌이요? 당시 저는 한 사건에 완전 빠져 있었어요.

백인 경찰관이 흑인 아이를 쏘고 무죄판결을 받은 사건 말이죠? 당신이 점심 식사를 하면서 그 얘기를 해줬던 기억이 나요.

운전 중 라디오를 듣다가 경찰이 무죄판결을 받았다는 뉴스를 들었어요. 분노로 속이 너무 역겨워서 차를 갓길에 세우고 떠오르는 생각을 정신없이 노트에 받아 적었어요. 너무나 화가 났고 진절머리가 나서, 그렇게 하지 않고서는 사고를 내지 않고 운전을 계속할 수 없었거든요. 그때 그 구절을 적었죠. 저는 정신없이 그저 끄적였고, 그 시는 특별히 다듬는 작업

없이 저절로 쓰였어요. 아마 바로 그 이유 때문에 당신에게
얘기했을 거예요. 저한테는 그게 시가 아니었어요. 그 살인자
가 존 제이 칼리지 학생이었기 때문에, 제가 그를 복도에서
지나치면서 보았을 수도 있고 앞으로 다시 볼지도 모른다는
생각이 들었어요. 인과응보란 도대체 뭘까요? 도대체 제가
무슨 일을 더 할 수 있었을까요? 당시 배심원 중에는 흑인 여
성이 한 명 있었어요. 그 여성이 나일 수도 있었죠. 지금 저는
존 제이 칼리지에 있잖아요. 그렇다면 제가 그를 죽여야 할까
요? 제가 해야 할 역할은 뭐죠? 저는 그 흑인 여성 배심원도
똑같이 죽여야 할까요? 그 결정을 내릴 때 그 흑인 여성에게
는, 또 제게는, 어떤 힘이 필요했던 걸까요?

열한 명의 백인 남성을 상대로 말이죠.

…… 또 내 편이 아닌 권력에 대한, 대대로 내려온 공포를 상
대로 말이에요. 백인 남성의 권력, 백인 남성의 체계를 대변하
는 배심원들에 맞서 어떤 입장을 취해야 할까? 죽임을 당하거
나 누굴 죽이지 않고, 그 위협적인 차이 안으로 어떻게 뚫고
들어갈 수 있을까? 자신이 믿는 것들을 어떻게 제대로 마주할
수 있을까? 이론을 통해서가 아니라 행동으로, 변화를 가져오
는 방향으로 살려면 어떻게 해야 할까? 이 모든 것이 그 시 안
에 들어 있었어요. 하지만 그 당시에 저는 그 의미나 연결점을

아직 이해하지 못한 상태였어요. 다만 제가 그 여성 같다고 느꼈을 뿐이에요. 해야 할 일을 하기 위해 스스로를 위험에 노출시키는 것은 언제나 중요하면서도 어려운 일이에요. 그러나 그렇게 하지 않는다면 끔찍한 죽음이나 다름없지요. 그리고 스스로를 위험에 노출시킨다는 건 자신의 한 부분을 죽이는 것과 같아요. 친숙하고 의지할 수 있는 그 뭔가를 죽이고 끝장내고 파괴하고 나서야, 우리 내면에 그리고 우리가 살아가는 세상에 새로운 것이 찾아올 수 있죠. 그 시는 경계에서, 절박한 심정으로 쓴 거예요. 제가 선택한 것이 아니라, 생존을 위해 필요했기 때문에 그 시를 쓴 거죠. 내 영적인 아들의 죽음으로 인해 반복되는 고통 때문이기도 했고요. 비전에 따라 살기 시작하면, 그 이후부터는 멈출 수 없지요. 궁핍과 공포와 함께, 경이로움과 가능성도 우리를 찾아와요.

방금 그 다른 면에 대해서도 얘기해 달라고 하려던 참이었어요.

경이로움과 더 큰 경이로움, 새로운 가능성이 하늘에서 유성처럼 쏟아지죠. 모든 것이 연결되어 있다는 게 느껴지고요. 그리고 우리는 우리 생존을 위해 유용한 것과 우리 스스로를 왜곡하고 해치는 것을 구별하게 되죠.

왜곡된 부분과 유용한 부분을 가려내는 데 많은 노력이 필요한 것 같아요. 우리가 무척이나 존경하는 사람들의 작업에서도요.

네, 우리는 선택적으로 열려 있어야 해요. 제 육체적 생존에 대해서도 그랬어요. 어떻게 암에 굴복하지 않으면서 암과 같이 살아갈 수 있을까? 난 어떻게 해야 하지? 문제가 닥쳤을 때 그런 걸 말해 줄 수 있는 사람은 아무도 없어요. 심지어 어떤 가능성이 있는지조차 말해 주는 사람이 없어요. 병원에서 저는 계속 생각했어요. 어디 보자, 분명 어딘가에 암 투병 중인 흑인 레즈비언 페미니스트가 있겠지. 그녀는 어떻게 하고 있을까? 그러던 중 깨달았죠. 그런 사람은 지금으로선 나뿐이라는 걸. 저는 온갖 책을 읽고 나서야 깨달았죠. 내게 암 투병 방법을 가르쳐 줄 사람은 아무도 없다는 걸요. 제 스스로 나한테 맞다고 느껴지는 걸 고르고 선택해야 하는 거였어요. 투지와 시가 바로 그거였죠. 그게 다였어요.

1977년에 당신이 처음 조직 검사를 했을 때 저는 우리가 시카고에서 같은 세션에서 발표하기로 되어 있다는 걸 알게 됐죠. "침묵을 언어와 행동으로 바꾼다는 것"에 대해서였어요. 당시에 당신은 현대어문학협회에 못 갈 거 같다고 했어요. 기억나나요? 당신이 할 수 없을 거고, 할 필요도 없고, 거기서 발표한다는 게 아무 의미도 없을 거라고요. 하지만 당신은 결국 참석해서 할 말을 했고, 그건 당신 자신을 위한 것이기도 했지만 그걸 훨씬 넘어서는 일이었죠.

당신은 그때 제게 말했죠. "당신이 지금 겪고 있는 일에 대해 얘기하면 어때요?"라고요. 저는 처음에 "이건 그 세션과 아무 상관이 없는데요"라고 대답했죠. 하지만 이렇게 말하자마자 "침묵"과 "바꾼다"라는 단어의 무게가 느껴지더라고요. 이전 엔 그 경험을 입 밖에 낸 적이 없었어요. …… 침묵했던 거죠. …… 내가 이걸 바꿀 수 있을까? 거기에 어떤 연결점이 있을 까? 가장 중요한 건, 내가 어떻게 이 이야기를 나눠야 하지? 하는 거였어요. 저는 스스로 물었어요. 그 발표문[13]을 쓰면서 생각이 보다 명료해졌고, 그 연결점 역시 분명해졌어요. 그 발 표문과 「생존을 위한 호칭기도」A Litany for Survival[14]는 같은 시 기에 쓴 거예요. 내 삶이 전과 같지 않으리라는 느낌이 있었어 요. 육감 같은 거였죠. 꼭 지금이 아니라 해도, 언젠가는 내가 직면해야 할 것이 아닐까 하는 느낌이요. 암이 아니라 해도, 내 생존의 조건과 수단, 이유를 검토해 봐야만 한다는 걸요. 그리고 변화의 시기가 왔다는 걸. 저는 그 작업의 많은 부분을 암 진단을 받기 전에 했어요. 그 글에서 내가 던졌던 죽음과 죽어 가는 것에 대한 질문, 힘과 권력에 대한 고민, 그리고 내 가 무엇 때문에 이러고 있나 하는 의문은 1년 후에 제게 무척 중요한 것이 되었죠. 「성애의 활용」은 1978년에 유방암 진단 을 받기 4주 전에 쓴 거예요.

당신이 이전에 말했듯, 아직 존재하지 않지만 당신에겐 필요했던 시를 만들어 낸 거죠.

그 글이 있었기에 저는 스스로를 일으켜 세워 휴스턴으로, 또 캘리포니아로 갈 수 있었어요. 다시 일을 시작할 수 있었고요. 만약 그 언어가 없었더라면, 저는 제가 언제 다시 글을 쓸 수 있었을지 모르겠어요. 처음에 우리가 나눴던 얘기로 돌아가는 것 같네요. 왜냐하면 바로 여기에서 앎과 이해가 서로 합쳐지기 때문이에요. 이해가 있기 때문에 우리는 앎을 활용 가능하게 만들 수 있고, 거기에 위급함과 힘을 부여할 수 있죠. 그 긴 산문을 어떻게 썼는지 모르겠지만, 써야 했다는 것만은 잘 알고 있었어요.

당신이 알고 있던 것들을 이해하게 됐고 그걸 다른 사람과 나누었던 거죠.

맞아요. 그 둘은 떼어 놓을 수 없는 과정이죠. 하지만 저는 제가 안다는 사실을 먼저 알아야 했어요. 깊이 느껴야 했죠.

• 주인의 도구로는 결코 주인의 집을 무너뜨릴 수 없다 • 1*

1년 전 나는 뉴욕 대학교 인문학연구소가 주최하는 학술대회에서 인종, 섹슈얼리티, 계급, 나이 등 미국 여성들 간의 차이를 다룬 글들에 대해 논평을 해달라는 부탁을 받았습니다. 내가 여기 참여하기로 한 것은 이런 차이를 고려하지 않는다면 페미니즘에서 개인적인 것과 정치적인 것에 대한 그 어떤 논의도 허약한 것이 되고 만다고 생각하기 때문입니다.

우리 여성들 사이에 존재하는 수많은 차이를 성찰하지 않으면서, 또 가난한 여성, 흑인 여성과 제3세계 여성, 레즈비언 여성들의 중요한 이야기를 외면하면서, 페미니즘 이론을 논한다는 건

---

* 로드가 이 글을 발표한, 『제2의 성』 출간 30주년 기념 학술대회에는 모니크 위티그, 게일 루빈, 엘렌 식수, 메리 데일리, 이블린 폭스 켈러, 크리스틴 델피, 샌드라 바트키, 린다 고든 등 당대 유명한 페미니즘 이론가를 포함해 8백여 명이 참석했다. 로드는 이 학술대회의 사흘째 마지막 세션인 '개인적인 것과 정치적인 것' 세션에 논평자로 참여해 이 연설을 했다. 이 역사적 연설에서 로드는 당대 페미니즘 학계의 인종차별주의, 계급주의, 동성애 혐오, 나이 차별을 강력히 비판하며 여성들 사이의 '차이'를 창조적인 힘의 원천으로 보자고 호소한다.

오만한 탁상공론에 불과한 일이 될 것입니다. 그런데 오늘 이 자리에 흑인 레즈비언 페미니스트로서 서서 보니 이 학술대회에서 흑인 페미니스트와 레즈비언의 목소리가 대변되는 세션은 내가 초대받은 이 세션밖에 없더군요. 인종차별주의, 성차별주의, 동성애 혐오가 서로 불가분의 관계에 있는 이 나라에서 이 학술대회가 제시하려는 비전은 도대체 무엇입니까? 저는 정말 통탄할 만한 일이라고 생각합니다. 이 대회의 식순을 보니, 레즈비언과 흑인 여성은 실존주의나 성애, 여성의 문화와 침묵, 페미니즘 이론의 발전, 이성애와 권력에 관해 할 말이 없을 거라 가정하고 발표 세션을 구성한 것 같더군요. 게다가 여기 참석한 두 명의 흑인 여성조차 마지막 시간이 되어서나 말 그대로 겨우 발견할 수 있었습니다. 개인적이고 정치적인 차원에서 볼 때 이건 대체 무슨 뜻인가요? 인종차별적 가부장제의 도구로 인종차별적 가부장제가 낳은 결과를 성찰한다는 건 대체 무슨 뜻입니까? 그것은 기껏해야 최소한의 변화만 가능하고 허락하겠다는 뜻입니다.

이 학술대회나, 여기서 발표된 글들을 보면 레즈비언 의식이나 제3세계 여성의 의식에 대해서는 전혀 고려가 없더군요. 이는 우리들 사이에 심각한 간극을 만들어 내고 있습니다. 예컨대, 여성들 사이의 물질적 관계를 논의하는 한 글을 보니 누군가가 혜택을 입으면 다른 쪽이 손해를 본다는 식의 돌봄 모델을 제시하고 있더군요. 하지만 이는 흑인 레즈비언으로서 제가 알고 있는 것들을 완전히 묵살하는 모델입니다. 이 발표문은 여성들 사이의 상호성이나 부양 공유 체계, 여성으로 정체화한 여성과 레즈비언 사이에 존재해 온 상호 의존을 전혀 고려하지 않고 있더군요. 하지만, 그 글에서도 지적하고 있듯이, "자기해방을 시도하는 여성들이 그 결과에 비해 너무 큰 대가를 치르게 되는" 돌봄 모델은 가부장적 돌봄 모델뿐입니다.

여성들의 서로에 대한 돌봄 욕망과 필요는 병적인 것이 아니라 우리를 구원하는 것입니다. 이 점을 인식해야 우리의 실제 힘을 재발견할 수 있습니다. 가부장적 세계가 그토록 두려워하는 것은 바로 우리 여성들이 이렇게 실제 서로 연결되어 있다는 점입니다. 가부장적 구조 안에서만 모성이 여성에게 허락된 유일한 사회적 권력이 되는 겁니다.

여성들 사이의 상호 의존은 우리 각자 내가 될 수 있는 자유의 길입니다. 이때 '나'는 여성으로서의 효용 때문에 이용당하는 존재가 아니라 창조적인 존재로서의 '나'입니다. 이것은 수동적인 임be과 능동적인 되기being의 차이입니다.

여성들 사이의 차이를 단순히 관용하겠다는 것은 가장 역겨운 개량주의입니다. 이런 개량주의는 우리 삶에서 차이가 담당하는 창조적 역할을 전적으로 부정하는 짓입니다. 차이는 단순히 관용의 대상으로 간주되어서는 안 됩니다. 차이는 우리의 창의성이 불꽃을 일으키는 데 필요한 극성polarities과도 같은 것으로 봐야 합

The Master's Tools Will Never Dismantle the Master's House

니다. 그래야만 여성들이 상호 의존의 필요성을 두려워하지 않게 될 것입니다. 동등한 것으로 인정받는 서로 다른 힘들 사이의 상호 의존 속에서만, 우리는 그 어떤 지침이 없는 곳에서도 행동할 수 있는 용기와 자양분, 그리고 이 세상에서 새로운 존재 방식을 추구할 수 있는 힘을 만들어 낼 수 있습니다.

무엇 하나 지배적이지 않은 상황에서 차이들이 상호 의존할 수 있어야, 우리는 혼돈 가득한 지식 속으로 안전하게 내려갔다 우리의 미래에 대한 진정한 비전을 가지고 무사히 돌아올 수 있습니다. 그리고 그렇게 해서 생긴 힘을 통해 그 미래를 실현할 수 있는 변화를 일구어 낼 수 있을 것입니다. 차이는 우리가 각자의 힘을 벼려 낼 수 있는 강력한 연결점이자 원료입니다.

여성인 우리는 서로의 차이를, 변화를 일으키는 힘이라기보다는 무시해야 할 대상, 또는 분열의 원인이자 의심의 대상으로 여기도록 배웠습니다. [물론] 공동체 없이는 해방도 없으며, 한 개인과 그녀가 받는 억압 사이에는 언제라도 깨지기 쉬운 일시적 휴전 상태만이 존재할 뿐입니다. 그러나 공동체를 유지하기 위해 우리의 차이를 지워 버려야 하는 것도 아니고, 차이가 애초에 존재하지 않는다는 듯 애처로운 가식을 떨어야 하는 것도 아닙니다.

이 사회가 용인한 여성의 테두리 바깥에 있는 우리, 차이의 용광로 안에서 벼리어진 우리, 가난한 우리, 레즈비언인 우리, 흑인인 우리, 나이 든 우리는, 생존이 학문적 기술이 아님을 잘 알고 있습니다. 우리에게 생존은, 누가 눈살을 찌푸리든 손가락질을 하든, 홀로 서는 법을 배우는 일입니다. 우리에게 생존은 모두가 잘 지낼 수 있는 세상이 어떤 세상일지를 상상하고 그런 세상을 만들기 위해 타자들, 즉 구조 바깥에 존재하는 아웃사이더들과 공동전선을 구축하는 법을 배우는 일입니다. 우리에게 생존은 우리의 차이를 받아들이고, 그것을 우리의 힘으로 벼리는 법을 배우는 일입니다. 주인의 도구로는 결코 주인의 집을 무너뜨릴 수 없습니다. 주인의 도구로 그가 만들어 놓은 게임 안에서 일시적으로 승리를 거둘 수 있을진 모르겠지만, 결코 진정한 변화를 일으킬 수는 없습니다. 이 사실에 위협을 느끼는 이들은 주인의 집을 여전히 자신의 유일한 버팀목으로 생각하는 여성들뿐입니다.

가난한 여성이나 유색 여성은 노예제적인 결혼 생활에서 일상적으로 겪는 일들과 성매매는 다르다는 걸 잘 알고 있습니다. 뉴욕 42번가에 죽 늘어서 있는 저 여성들이 바로 우리 딸들이기 때문입니다. 만약 미국의 백인 페미니즘 이론이 우리 사이의 이런 차이들, 그리고 그로 인해 우리가 받는 억압에도 차이가 있다는 사실을 다루지 않는다면, 여러분이 페미니즘 이론을 논의하는 이 학술대회에 참여하는 동안 여러분의 집을 청소하며 아이들을 돌보는 여성들이 대부분 가난한 유색 여성들이라는 사실은 도대체 어떻게 다룰 것입니까? 인종차별적 페미니즘 뒤에 숨은 이론은 대체 무엇입니까?

모두에게 가능성이 열려 있는 세계에서, 우리의 개인적 비전들은 우리가 정치적 행동에 나설 수 있는 기반을 마련해 줍니다. 학계의 페미니스트들이 차이를 결정적 힘으로 인식하지 못하는 것은, 가부장제가 가르쳐 준 첫 번째 교훈을 우리가 넘어서지 못했기 때문입니다. 우리가 만들 세상에서, '분할해 다스리라'divide and conquer는 지배 전략은 우리 스스로를 정의하고 힘을 기르는 것으로define and empower 대체되어야 합니다.

왜 이 학술대회에 저 말고 다른 유색 여성들은 없는 걸까요? 왜 저한테 온 두 통의 전화는 자문을 요청하는 것이었을까요? 흑인 페미니스트들의 이름을 알려 줄 사람이 저밖에 없었던 걸까요? 이 세션의 흑인 참가자는 여성들 사이의 사랑이 중요한 연결점이라고 지적하는 것으로 발표를 마쳤지만, 서로 사랑하지도 않는 페미니스트들이 인종을 넘어 협력할 수 있는 걸까요?

학계 페미니스트 모임에 가보면, 제 질문에 보통 이렇게들 대답하더군요. "누구한테 물어봐야 할지 정말 몰랐어요." 이런 대답은 여성 전시회에서 흑인 여성들의 작품을 배제하고, 페미니즘 출판에서 흑인 여성의 책을 배제하며,* "제3세계 특별호"에서나 가

---

* 이 시기는 로드가 『크리설리스』Chrysalis: A Magazine of Women's Culture 편집진과 유색인 여성들의 시를 싣는 문제를 놓고 싸우다가 시 편집장을 사퇴한 지 몇 달 안 된 시점이기도 했다. 로드는 이후 유색 여성 페미니스트들과 키친 테이블이라는 유색 여성을 위한 출판사를 만들었다.

끔 다루고 마는 것, 또 여러분이 가르치는 수업의 도서 목록에서 흑인 여성의 글을 배제하는 것과 똑같은 책임 회피이자 변명입니다. 하지만 최근 강연에서 에이드리언 리치가 지적했듯이, 지난 10년간 백인 페미니스트들은 그토록 어마어마한 양의 공부를 했다면서, 도대체 왜 흑인 여성에 대해서는, 또 우리 사이의 차이에 대해서는 공부를 안 하는 건가요? 바로 거기에 페미니즘 운동의 사활이 걸려 있는 이 시기에 말입니다.

오늘날에도 여전히 여성들은 남성들이 아무리 무지해도 그 무지의 간극을 넘어 그들에게 여성이 어떤 존재인지, 어떤 욕구를 가지고 있는지 가르쳐 줘야 한다는 이야기를 듣습니다. 이런 요구는 모든 지배 집단이 억압받는 사들을 계속해서 주인의 관심사에 묶어 두기 위해 오랫동안 사용해 온 기본 수법입니다. 이제 우리 유색 여성들은 백인 여성들을 가르쳐야 한다는 말까지 듣고 있습니다. 그들은 도무지 들을 생각이 없는데도 말이죠. 유색 여성인 우리의 존재와 우리가 지닌 차이에 대해서, 우리 모두의 생존을 위해 우리가 담당해야 할 역할에 대해서 가르쳐 줘야 한다는 거죠. 이런 일이야말로 에너지 낭비이자 인종차별적 가부장적 사고를 비극적으로 반복하는 짓입니다.

시몬 드 보부아르는 이렇게 말했습니다. "우리는 바로 우리 삶의 실제 조건에 대한 앎 속에서 우리가 살아갈 힘과 행동의 근거를 끌어와야 한다."

인종차별주의와 동성애 혐오가 우리 시대 지금 여기 모두가 처한 삶의 실제 조건입니다. 저는 여기 모인 한 분 한 분께 요청합니다. 우리 내면 깊숙이 존재하는 앎의 장소로 내려가 거기서 꿈틀대는 차이에 대한 공포와 혐오를 마주해야 합니다. 그것이 누구의 얼굴을 하고 있는지 보세요. 그래야만 비로소 개인적인 것이 정치적인 것이 되고, 그간 우리가 해온 모든 선택들이 무엇이었는지 분명해지기 시작할 것입니다.

주인의 도구로는 결코 주인의 집을 무너뜨릴 수 없다

• 이 무시는 언제 끝날 것인가 •

제1회 유색인 레즈비언·게이 전국대회 기조연설*

오늘밤 이 자리에 앉아 계신 한 분 한 분께 박수를 보내고 싶군요. 우리가 여기 이렇게 긴 행렬을 이루어 모인 것을 보니 정말 뜨겁고 벅찬 감격과 깊은 감동을 느낍니다. 여기 모인 우리야말로 비전의 힘을 보여 주는 증거입니다.

---

* 1979년 10월 13일, 워싱턴 행진 중에 개최된 제1회 유색인 레즈비언·게이 전국대회에서 로드는 이 연설을 했다. 1978년 결성된 최초의 유색인 성소수자 단체인 유색인 레즈비언·게이 전국연합이 주도한 이 대회에는 다양한 국적과 인종의 성소수자 10만 명이 참여했다. 이 글은 로드가 초기 퀴어 운동과 담론을 형성하는 데 크게 기여한 인물임을 보여 준다. 1963년 마틴 루터 킹이 주도한 워싱턴 행진 이후 16년 뒤 조직된 워싱턴 행진에서 로드가 기조연설을 했다는 사실은 퀴어 이슈가 시민권 이슈로 전면화했음을 의미한다. 이와 같은 1970년대 후반 퀴어 운동의 재조직화는, 낙태 권리 합법화(1973), 성소수자 고용 금지 조항 철폐(1975)에 반대하며 등장한 극우 근본주의 세력과, "우리 아이들을 [동성애로부터] 구하자"며 이에 합세한 뉴라이트의 등장을 배경으로 한다. 로드는 이 연설에서 1970년대 초 게이해방전선 등이 내건 전위적 퀴어 투쟁 담론을 벗어나 "억압의 동시성"으로 옮아가는 전환점을 보여 주고 있기도 하다. 또한 이 연설은 퀴어 주체의 과거와 현재, 미래를 하나로 묶으며 퀴어의 역사를 가시화한 점에서도 의미심장한 글이다.

When Will the Ignorance End?

[우리의 존재를 부인하는] 이 무시를 끝내려면 우리 각자가 내면 깊숙이 존재하는 앎을 찾아내고 그것에 대해 신뢰를 보낼 수 있어야 합니다. 또 [합리적] 이해 이전에 존재하는 혼돈 속으로 과감히 뛰어 들어가 변화와 실천에 필요한 새로운 도구들을 가져와야 합니다. 우리의 비전은 바로 저 깊숙한 곳에 존재하는 지식을 불쏘시개 삼아 더 활활 타오를 수 있고, 이는 우리의 행동과 우리의 미래를 위한 기틀이 될 것입니다.

이 대회야말로 비전이 가진 힘을 확인시켜 주고 있습니다. 우리가 심지어 유색인 레즈비언과 게이 전국대회라는 깃발을 내걸 수 있는 것 역시 비전의 승리입니다. 30년 전까지만 해도 이런 대회는 꿈에서나 가능한 일이었습니다. 그렇지만 우리 모두 알고 있듯이, 우리는 언제 어디나 있지 않았습니까? 비전이 가진 힘은 우리를 살찌우고, 우리가 성장해 변화를 일굴 수 있도록, 아직 오지 않은 미래를 향해 나아갈 수 있도록 할 것입니다.

제가 오늘 이 자리에 마흔 여섯 살의 흑인 레즈비언 페미니스트 전사 시인으로서 선 것은 제 소임을 다하기 위해서입니다. 우리 모두가 각자의 소임을 다해(기쁨 가득한 삶을 누리고, 투쟁하고, 공동체를 일굴 소임과, 우리의 공동의 힘과 목표를 재정의해야 하는 소임을 다해) 우리보다 젊은 이들이 우리가 겪었던 그런 고립으로 다시는 고통받는 일이 없도록 하기 위해서 말입니다. 저는 여기 모인 여러분 한 분 한 분께 요청합니다. 우리보다 앞서 살다간 이들을 기억합시다. 그들은 여전히 우리 안에 존재함을 기억합시다. 우리 공동체 안에 있었던 레즈비언과 게이 남성들을 기억합시다. 우리는 그들의 힘과 지식을 빼앗겼습니다. 그들은 지금 여기에 없고, 앞으로도 결코 우리와 함께하지 못할 것입니다. 우리 자매형제들 중에도 이 자리에 함께하지 못한 이들이 있습니다. 레즈비언과 게이에 대한 홀로코스트에서 살아남지 못한 이들이 있기 때문입니다. 마침내 오늘 개최된 유색인 레즈비언·게이 전국대회를 살아서 보지 못한 이들이 있기 때문입니다.

또 외적인 제약 때문에 오늘 이 자리에 참석하지 못한 분들도 있습니다. 수감 중인 자매형제, 정신병원에 있는 자매형제, 감당하기 힘든 장애와 질병으로 고통받는 자매형제들도 이 자리에 오지 못했습니다. 이들에게도 관심과 주의를 부탁드립니다. 이것이야말로 사랑입니다.

하지만 이 자리에 또 다른 이유로 참석하지 못한 분들도 있습니다. 이들은 극심한 공포와 고립 속에 파묻혀 살아가며 연락조차 되지 않는 분들입니다. 이들은 비전도 희망도 잃어버린 이들입니다. 또 오늘밤 여기 모인 우리의 친구들 중에도, 모두가 잘 아시다시피, 공포로 인해 침묵하고 있는, 또 남들 눈에 띄지 않게 살아가는 수많은 레즈비언과 게이 남성들이 있습니다. 그들은 순응의 굴레를 쓴 채 음침한 골짜기에 살고 있습니다. 그러니 그들도 헤아려 주시기 바랍니다. 이 사회가 가르친 대로 순응하며 살아가는 것이 [자기]파괴적이며 끔찍하고 고통스러운 수감 생활과도 같지만, 동시에 매우 유혹적인 일이기도 함을 우리 역시 잘 알고 있기 때문입니다.

그러니 오늘밤 함께 모인 이 자리에서, 오랜 역사를 지닌 아프리카의 관습을 따라, 살아남지 못한 우리 자매형제에게 신주를 바칩시다. 우리는 현재와 미래뿐만 아니라 바로 우리의 과거라는 맥락 안에서 공동체를 재정의해야 하기 때문입니다.

우리가 이렇게 함께 모였다는 것, 그리고 여기 모인 이들의 숫자가 가진 잠재력을 긍정하면서도, 우리 각자가 자신의 공동체에서 할 일이 여전히 많다는 점 또한 기억합시다. 현재 시점에서 비전은 우리 삶의 다양한 층위에서 실천해야 할 행동 방향을 가리켜야 합니다. 즉, 비전은 우리가 투표하는 방식, 먹는 방식, 우리가 서로 관계를 맺는 방식, 아이들을 키우는 방식, 우리가 변화를 일구기 위해 일하는 방식이 어떠해야 하는지 보여 줘야 합니다. [이 대회가 열리는] 이 한 주 동안 우리가 여기 함께 모인 것은 각자의 경험을 나누고 서로를 연결하며, 모든 동성애자가 누려야 할 자유의 모든 측면을 토론하기 위해서만은 아닙니다. 우리가 여기 모인 것은 여기서 더 나아가, 우리가 속한 공동체에서 강력한 힘을 가진 세력으로서 우리가 마땅히 해야 할 역할을 살펴보기 위해서입니다. 우리 모두가 자유롭지 않은 한, 우리 공동체의 모든 구성원이 자유롭지 않은 한, 우리 가운데 그 누구도 자유로울 수 없기 때문입니다. 따라서 우리가 여기 모인 것은 성차별주의를 넘어, 인종차별주의를 넘어, 나이 차별을 넘어, 계급 차별을 넘어, 동성애 혐오를 넘어 모두가 진정으로 잘 살 수 있는 세상을 만들어 가는 데 기여하기 위해서입니다. 이를 위해 우리는 인간의 창의성이나 진정한 차이 같은 인간적 가치들을 무시하고 혐오하는 태도로 악명 높았던 소위 이 문명사회에서 우리가 어떤 모습을 하고 있는지 들여다봐야 합니다. 우리가 장차 성공할 수 있느냐는 바로 우리의 차이를 있는 그대로 바라볼 수 있는 우리의 능력, 그것을 분열이 아니라 창조의 원천으로 볼 수 있는 우리의 능력에 달려 있습니다.

우리는 유색인 레즈비언·게이 전국대회에 참여하기 위해 여기 모였습니다. 우리를 여기 함께 모이게 한 것은 바로 이것입니다. 이 대회 안에는 정말 놀랍도록 다양한 집단들이 존재하며, 또한 각 집단 내에서도 놀랍도록 다양한 차이가 존재합니다. 이 다양성이야말로 변화를 만들어 내는 힘이고, 미래를 위한 우리의 행동 비전에 연료를 대는 에너지원입니다. 우리는 이 다양성이 우리를, 그리고 우리 각자가 속한 공동체들을 서로 갈라놓는 데 쓰이도록 해서는 안 됩니다. 저들이 우리에게 저지른 잘못을 우리가 되풀이해서는 안 됩니다. 저는 정말이지 우리끼리 이런 잘못을 되풀이하지 않았으면 좋겠습니다.

역사적으로 이 나라에서 억압받는 이들은 모두 우리 사이의 그 어떤 차이도 두려워하고 무시하라고 배웠습니다. 이 때문에 차이는 아주 잔인한 방식으로 활용되어 왔습니다. 우리 모두는 우리 공동체 내에 존재하는 동성애 혐오가 특히 얼마나 고통스러운지 잘 알고 있습니다. 우리는 동성애자를 혐오하는 우리의 자매형제들과도 투쟁을 함께해 왔기 때문입니다.

따라서 변화를 향한 우리의 움직임은 이와 같은 투쟁 과정에서 습득한 앎의 안내를 받아야 하며, 우리가 속한 공동체 내에서 우리가 얻은 교훈을 실천해야 합니다. 우리는 우리가 경험하는 여러 억압과 분리될 수 없고, 또 그 억압이 모두 똑같은 것도 아니라는 교훈을 결코 잊어서는 안 됩니다. 또 우리는 모두가 자유로워질 때까지 그 어느 누구도 자유로울 수 없다는 것도 잊지 말아야 합니다. 또 우리의 존엄과 자유를 향한 움직임은 모두 우리 공동체의 자매형제들을 위한 것이기도 하다는 교훈 역시 잊지 말아야 합니다. 그들이 이를 알아보는 비전을 지녔든 아니든 말입니다. 그리고 우리 사이의 차이는, 우리를 갈라놓는 것이 아니라, 우리 각자의 개별성을 지키면서도 사회 변화를 위한 에너지를 생성하는 데 활용되어야 합니다. 그리고 비록 우리가 (낡은 분할 통치 전략에 따라) 서로를 의심과 공포의 시선으로 바라보도록 사회화되었다 할지라도, 과거의 공포심을 기억하기보다 우리의 미래 비전을 존중하는 법을 배움으로써 우리는 그 공포를 넘어설 수 있습니다. 그리고 이를 위해서는 불굴의 개인적 노력과 변화에 대해 고통스

이 무시는 언제 끝날 것인가

럽더라도 검토해 보는 작업이 필요합니다.

이는 우리가 실수를 반복하지 않기 위해서입니다. 이성애자인 자매형제들뿐만 아니라, 우리 역시 차이를 보면 즉각 없애 버려야 한다고 배웠습니다. 저는 그걸 공격 심리라 부릅니다. "너의 그런 행동 방식이 맘에 안 들어. 그러니 널 없애 버리겠어." 이런 식의 사고방식이 여기 모인 우리에게 통할 리 없을 것입니다. 우리는 차이를 비전과 변화를 위한 힘과 연료로 만드는 법을 배우고 있으니까요.

우리는 이 한 주 동안 이 자리에서 몇 가지 어려운 질문을 스스로에게 던져 봐야 합니다. 예를 들어, 끊임없이 적대적인 환경에서 서로를 진정으로 지지한다는 건 무엇일까요? 진정 성차별적이지 않고 인종차별적이지 않은 문화란 어떤 것이고 무엇을 필요로 할까요? 공동체의 책임이란 무엇일까요? 어쨌든 악수를 건네고, 최신 유행의 크루징* 복장을 하고, 거리에서 손을 잡고 다닐 권리를 보장해 주는 정도면 되는 걸까요? 아니면, 우리의 삶과 사랑을 살육하는 이 체계 내에서도 우리가 언제 어디서건 어떻게든 제 역할을 할 수 있도록 우리 서로와 공동체를 위해 진정한 지지 네트워크를 구축한다는 뜻일까요? 언제든 그리고 어떻게든 우리

* 길거리나 화장실, 극장, 공원 등 공공장소에서 데이트 상대를 찾는 일을 가리키는 은어.

가 이 체계 내에서 제 역할을 할 수 있다면, 우리는 서로에게 그리고 우리처럼 강렬한 거부감을 겪어 본 사람들에게 더 인간미 넘치는 세상을 만들 수 있을 것입니다. 지금 이 자리에도 사회 변화를 요구하는 중요하면서도 커다란 힘이 존재합니다. 우리는 이 힘을 의식적으로 그리고 유용하게 활용해야만 합니다. 그런 게 바로 지지라는 거고 공동체라는 겁니다.

흑인 여성이자 레즈비언으로서 저는 삶의 대부분을 이런 지지가 없는 상태에서 살았습니다. 그렇기에 제가 어떤 대가를 치렀는지, 그리고 여러분 중 많은 분들이 어떤 대가를 치렀는지 잘 알고 있습니다. 그리고 저의 경우 미치지 않고 살 수 있었던 것은, 어딘가엔 그런 공동체가 있겠지, 언젠가는 오늘 같은 날이 오겠지 하는 의식과 비전뿐이었습니다. 때론 이런 가능성조차 없던 때도 있었지요. 이제 우리는 서로를 진정으로 지지할 수 있는 기회를 갖게 됐습니다.

우리 모두가 이 자리에 모인 것은 변화를 위한, 우리에게 아무런 도움도 되지 않았던 낡은 형태의 힘을 뛰어넘어, 새로운 종류의 권력과 힘을 찾기 위해서라고 저는 생각합니다. 우리가 이 자리에 모인 것은 우리 자신을 위한, 우리 다음 세대를 위한 미래를 믿기 때문입니다. 우리가 우리의 권력을 재정의하려는 이유는 단 하나, 바로 미래 때문입니다. 그리고 이 미래는 우리 아이들과 우리 젊은이들에게 있습니다. 제가 이야기하는 아이들은 우리가 직접 낳고 기른 아이들만이 아니라 우리의 모든 아이들을 말합니다. 이들이야말로 우리 모두가 책임져야 할 이들이며 우리 모두의 희망이기 때문입니다. 이들은 인종차별주의, 성차별주의, 동성애 혐오의 온갖 병폐로부터 자유로운 환경, 그 어떤 차이에 대해서도 두려움을 가질 필요가 없는 환경에서 자라날 권리가 있습니다. 이 아이들은 지금까지 우리가 이뤄 놓은 것을 이어받아 지금 우리의 비전과는 다른 그들 자신의 비전에 따라 실천할 것입니다. 그렇지만 그들에겐 역할 모델로 우리가 있어야 합니다. 그들이 이 사회가 용인하는 틀을 벗어나 담대히 자신들을 스스로 정의하기 위해서는, 그들이 혼자가 아니라는 사실을 알려 줄 수 있는 역할 모델로서, 우리가 필요합니다. 그들은 우리가 일군 승리뿐만 아니라, 우리가 저지른 오류까지도 모두 알아야 합니다.

그래서 이 한 주 동안 저는 각자 자신이 속한 공동체의 아이들에게 헌신하기를, 그리고 굶주림뿐만 아니라 억압과 학대가 사라진 그들의 미래를 만들어 가는 데 헌신하기를 요청합니다. 저는, 우리의 앞으로의 계획과 토론에 우리 아이들을 포함시키면 좋겠습니다. 우리의 통찰과 지식을 그들이 우리처럼 게토화된 상황, 폭압적 상황에 놓이지 않도록 하는 데 쏟아 보는 것이지요. 우리는 우리 공동체의 아이들이 [이 사회에 만연한] 온갖 형태의 독약을 먹고, 읽고, 배우도록 만드는, 그리하여 다양한 형태의 죽음을 순순히 받아들이도록 사회화하는 방식들에 적극적으로 개입해야 합니다. 예를 들어, 우리 아이들이 인종차별주의, 성차별주의, 계급 차별, 동성애 혐오, 자기혐오의 교훈을 배우는 곳은 어디입니까? 우리 학교들은 우리 아이들에게 무엇을 가르치고 있습니까?

우리는 오늘 꿈꾸는 것이 내일 현실이 되게 할 수 있습니다. 30년 전에, 이 자리에 계신 여러분들은 대부분 백인이 아니라는 이유로 워싱턴 D.C.의 가게에서 아이스크림조차 먹을 수 없었습니다. 당시 이 대회는 그저 불가능한 꿈이었을 뿐입니다. 이제 미래는 비전을 갖고 실천하는 우리의 것입니다. 이 일은 쉽지 않을 것입니다. 우리의 비전을 두려워하는 저들이 우리의 입을 막으려 하고, 우리의 비전을 계속 무시할 것이기 때문입니다. 하지만 그런 무시는 결국 끝이 날 것입니다. 우리 모두가 각자 자기 내적으로, 그리고 자신의 공동체 안에서 이 무시를 끝내는 대열에 설 만반의 준비가 되어 있다면 말입니다. 이것이야말로 진짜 사랑이며, 이것이야말로 진짜 권력입니다.

우리는 점점 더 탈개인화되어 가고 있는 비인간적인 세상에서 인류애의 마지막 수호자로서 여기 섰습니다. 그런 세상에 받아들여지고 싶은 마음에 진정한 변화, 원대한 변화의 필요성을 간과해서는 결코 안 됩니다. 우리는 항상 이렇게 자문해야 합니다. 우리는 진정 어떤 세상에서 살고 싶은가?

우리 레즈비언과 게이들은 공동체에서 가장 괄시받고 억압받고 멸시받는 존재들이었습니다. 그런데 우리는 살아남았습니다.

이렇게 살아남았다는 것이야말로 우리의 힘을 증명하는 증거입니다. 우리는 살아남았습니다. 그리고 우리는 지금 다함께 모여 미래를 실현하는 데 그 힘을 쓰고자 하는 것입니다. 바라건대 그 미래는 우리를 억압한 자들의 잘못, 그리고 우리 자신의 잘못으로부터 해방된 미래일 것입니다. 우리가 지금 여기서 함께하고 있는 일은 바로 우리의 내일과 이 세상을 새롭게 만드는 일입니다.

세상의 흐름을 완전히 뒤바꿔 놓읍시다.

When Will the Ignorance End?

• 나이, 인종, 계급, 성 •

차이를 재정의하는 여성들[1]

서구의 역사는 상당 부분, 사람들 사이의 차이를 단순한 대립 관계로 보게 만든다. 예를 들면, 지배자와 피지배자, 선한 자와 악한 자, 윗사람과 아랫사람, 우월한 자와 열등한 자, 이런 식이다. 선을 인간의 필요가 아니라 영리 차원에서 규정하는 사회에서는, 항상 체계적인 억압을 통해, 비인간화된 열등한 자리에 있으며 스스로를 잉여적 존재라고 느낄 수밖에 없는 사람들이 존재하기 마련이다. 이 사회에서 이런 사람들은 바로 흑인, 제3세계 사람들, 노동계급, 노인, 그리고 여성이다.

49세의 흑인 레즈비언 페미니스트이자 사회주의자이며, 딸과 아들을 키우는 어머니이고, 인종 경계를 넘어 백인 여성 배우자와 함께 살고 있는 나는 보통 타자, 일탈자, 열등한 자, 아니면 무언가 분명 잘못된 게 있는 집단에 속한 사람으로 간주된다. 전통적으로 미국 사회에서는 바로 이처럼 억압받고 대상화된 집단에 속한 우리에게 우리 삶의 현실과 우리를 억압하는 자들의 의식 사이에 존재하는 커다란 간극을 메우는 다리를 놓아 달라고 한다.

지극히 미국적인 억압에 시달리고 있는 우리들은 살아남기 위해 언제나 주변을 경계하며 살아야 했고, 억압자의 언어와 태도에 익숙해져야 했으며, 심지어 때로는 보호받을 수 있다는 착각 속에 그들의 언어와 태도를 차용하기도 했다. 우리를 억압함으로써 이득을 취하는 자들은 소통하는 시늉을 해야 할 필요가 생길 때마다 우리가 알고 있는 것들을 자신들에게 나누어 달라고 조른다. 다시 말해, 피억압자에게는 억압자가 저지르는 실수가 무엇인지 억압자에게 가르쳐 줘야 할 의무가 있다는 것이다. 학교에서 우리 아이들의 문화를 무시하는 교사를 내가 가르칠 책임이 있다는 것이다. 백인에게 흑인이나 제3세계인도 인간임을 가르쳐 줘야 하는 쪽은 우리라는 것이다. 여성이 남성을 가르쳐야 하고, 레즈비언 여성과 게이 남성이 이성애자를 가르쳐야 한다는 것이다. 지배자들은 자신의 지위는 굳건히 유지하면서 자신들이 저지른 행동에 대한 책임은 회피한다. 이로 인해 스스로를 재정의하며, 현재를 변화시키고, 미래를 건설하기 위한 현실적 각본을 짜는 데 쏟아부어야 할 우리의 에너지는 끊임없이 엉뚱한 곳으로 새나간다.

외부인을 잉여 인구로 필요로 하는 이윤 경제에서 차이는 제도적으로 거부된다. 이런 경제의 일원인 우리는 모두가 우리 사이의 인간적 차이에 공포와 혐오로 반응하며, 차이를 다음 세 가지 가운데 한 가지 방식으로 다루도록 되어 있다. 차이를 무시하라. 무시할 수 없을 경우, 만약 그 차이가 지배적인 것이라면 그대로 모방하라. 그렇지 않고 만약 그것이 종속적인 것이라면 그것을 파괴하라. 그러나 우리에게는 인간적 차이를 넘어 평등한 존재로서 관계를 맺는 양식이 아직 없다. 그 결과 이 차이가 엉뚱한 이름으로 불리거나 분열과 혼란을 조장하는 데 악용된다.

우리 사이엔 인종, 나이, 성이라는 매우 실제적인 차이가 분명히 존재한다. 그러나 우리가 이 차이 때문에 분열하는 것은 아니다. 우리는 오히려 이런 차이를 알려고 하지 않기 때문에 분열한다. 또 우리가 차이를 엉뚱한 이름으로 불러서 생기는 왜곡 때문에, 이 왜곡이 인간의 행동과 기대에 미치는 영향을 검토하려 하지 않기 때문에 분열한다.

인종차별주의, 한 인종이 다른 인종보다 본래 우월하기에 지배할 권리를 가진다는 믿음. 성차별주의, 한 성이 다른 성보다 본래 우월하기에 지배할 권리를 가진다는 믿음. 나이 차별. 이성애 중심주의, 엘리트주의, 계급 차별.

우리 삶에서 이 같은 왜곡을 뿌리 뽑고, 우리에게 부과된 왜곡된 차이들이 무엇인지 인식하며, 그것을 새롭게 재정의해 우리 것으로 되찾는 일이 바로 우리 각자가 평생에 걸쳐 추구해야 할 과업이다. 우리는 모두 이 같은 왜곡이 고질적으로 만연해 있는 사회에서 자랐다. 그동안 우리는 차이를 인식하고 탐구하는 데 필요한 에너지를 너무 자주 엉뚱한 데 쏟아부었다. 이런 차이가 극복 불가능한 장애물이라고 여기거나 전혀 존재하지 않는 것인 척

나이, 인종, 계급, 성

하느라 에너지를 소진했던 것이다. 이렇게 해서 얻은 것이라고는 자발적 고립이나 거짓되고 기만적인 관계에 빠지는 것뿐이었다. 이 두 상황 중 어느 경우든, 사람들 사이의 차이는 삶에 창조적인 변화를 일으키는 발판으로 여겨지지 않았고, 그리하여 차이를 이런 발판으로 활용할 수 있는 도구를 개발하지 못했다. 차이를 사람들 사이의 차이가 아니라 일탈로 여겼기 때문이다.

우리 의식의 가장자리 어딘가에는 신화적 규범이라 부를 만한 것이 존재한다. 하지만 마음속으로는 "내가 그 기준에 맞지 않다"는 것을 잘 알고 있다. 미국에서 이런 기준은 보통 백인에, 날씬하고, 남성적이며, 젊고, 이성애적이고, 기독교적인, 그리고 경제적으로 안정적이라는 뜻이다. 권력은 이런 신화적 기준들을 활용해 사회 내부에 온갖 덫을 놓는다. 권력 바깥에 있는 우리는, 대체로 [그 기준과의] 차별화를 통해 스스로를 정체화하고, 모든 억압의 일차적 원인이 그 차이 때문이라고 생각한다. 그리하여 이 사회가 차이를 왜곡시켰다는 점은 망각한 채, 우리 스스로가 이런 왜곡들을 실천하고 있는지도 모른다. 오늘날 여성운동에서 대개 백인 여성은 여성으로서 자신들이 경험하는 억압에만 초점을 맞추고 있으며, 인종, 성적 취향, 계급, 나이 등과 같은 차이들은 무시하고 있다. 그들은 자매애라는 말로 아우를 수 있는 동질적 경험이 있다고 믿는 척하는데, 사실 이런 동질성은 존재하지 않는다.

계급 차이가 의식되지 못할 때, 여성들은 서로의 에너지와 창조적 통찰력을 빼앗길 수도 있다. 최근에 여성 잡지를 만드는 어떤 단체가 시는 산문에 비해 "엄밀"하지 않고 "진지"하지도 못한 예술형식이라면서 최근호에는 산문만 싣겠다는 결정을 내렸다. 그런데 창작 활동에서 어떤 형식을 선택하느냐는 종종 계급 문제인 경우가 많다. 모든 예술형식 가운데 시가 가장 경제적이다. 시는 가장 비밀스런 형식을 지니며 최소한의 육체노동을 필요로 하고 최소의 물질성을 띤다. 시는 근무를 교대하는 시간에, 병원 식기실에서, 지하철에서, 여분의 종잇조각에도 쓸 수 있는 예술형식이다. 지난 몇 년 동안 빠듯한 재정 상태에서 소설[『자미: 내 이름의 새로운 스펠링』*Zami: A New Spelling of My Name*]을 쓰면서, 나는 시 쓰기와 산문 쓰기에 필요한 물질적 조건에 큰 차이가 있음을 절감하게 되었다. 우리가 우리에게도 문학이 있음을 드러내며 글을 쓰기 시작하자 시는 가난한 사람들, 노동계급, 유색 여성이 목소리를 내는 주요 형식이 되었다. 산문을 쓰기 위해서는 자기만의 방도 필요하지만, 종이와 타자기도 필요하고, 시간도 많아야 한다. 시각예술을 생산해 내는 데 필요한 현실적 조건들 또한 그것이 계급적으로 누구의 예술이고, 누가 향유할 수 있는 예술인지를 결정짓는다. 요즘처럼 재료값이 폭등한 시기에 조각가, 화가, 사진가를 할 수 있는 사람들은 누구인가? 여성 문화의 기반을 마련해야 한다고 이야기할 때, 우리는 계급과 경제적 차이에 따라 작품 생산에 이용 가능한 재료가 어떻게 달라지는지에 대해서도 고려해야 한다.

우리 각자가 존재를 꽃피울 수 있는 사회를 만들려 할 때, 나이 차별도 관계를 왜곡하는 또 다른 요인 중 하나다. 과거를 모르면 과거에 저질러진 실수를 반복하게 된다. "세대 차이"는 억압적 사회에서 중요하게 활용되는 사회적 도구다. 공동체의 젊은 구성원들이 나이 든 사람들을 경멸과 의심의 대상, 잉여적 존재로 본다면, 그들은 결코 공동체의 역사에 동참할 수도, 그것을 성찰할수도 없을 것이며, "[이 사회가] 왜 이렇게 되었는가?" 하는 가장 중요한 질문을 제기할 수 없게 될 것이다. 역사적 망각이란 이렇게 일어나는 것이며, 이로 인해 우리는 빵을 사러 빵집에 갈 때마다 바퀴를 발명해야 하는 상황에 처하게 되는 것이다.

우리가 우리 어머니들이 그 옛날에 배웠던 교훈을 여전히 똑같이 반복해서 다시 배우고 있는 것은, 우리가 배운 사실을 전달하지 않거나 귀 기울여 듣지 않기 때문이다. 이 모든 것들은 예전에도 수없이 반복한 이야기들이 아닌가? 세상에 우리 딸들도 거들, 하이힐, 꼭 끼는 스커트로 몸을 혹사할 줄 누가 알았겠는가?

여성들 간의 인종 차이와 이 차이에 함축된 의미를 고려하지 않는다면, 이는 여성들의 연대와 조직화를 가로막는 가장 심각한 위협이 될 수 있다.

백인 여성이 백인이라는 이유로 자신이 누리는 특권을 보지 못한 채 자기들만의 경험을 가지고 여성을 정의할 때, 유색 여성은 "타자", 즉 그 경험과 전통이 너무 "이질적"이어서 [백인 여성으로서는] 도무지 이해할 수 없는 아웃사이더가 되는 것이다. 한 예로 여성학 수업의 참고 자료에 유색 여성의 경험을 담은 문헌이 배제돼 있는 점을 들 수 있다. 유색 여성들의 문학작품은 다른 문학 수업들은 물론이고, 여성 문학 수업에도 거의 포함되어 있지 않으며, 이는 여성학 수업에서도 마찬가지다. 이에 대해 자주 둘러대는 가장 흔한 변명은 유색 여성 문학은 오로지 유색 여성들만 가르칠 수 있다거나 너무 어려워서 이해하기 힘들다거나 "너무 다른" 경험에서 나온 것이라서 이 수업에 "맞지 않는다"는 것이다. 내게 이런 주장을 펼친 백인 여성들은 그 외의 주제에 대해서는 꽤나 총명한 여성들, 셰익스피어, 몰리에르, 도스토예프스키, 아리스토파네스처럼 엄청나게 다른 경험에서 나온 작품들을 가르치고 비평하는 데는 아무런 문제가 없는 여성들이었다. 그렇다면 진정한 이유는 다른 데 있는 것이 분명하다.

여기에는 매우 복잡한 이유가 있겠지만 백인 여성들이 흑인 여성들의 작품을 이토록 어려워하는 이유 중 하나는 그들이 흑인 여성을 여성으로 보려 하지 않고, 자신들과는 다른 존재로 보기 때문이다. 흑인 여성 문학을 제대로 살펴보려면, 우리 흑인 여성을 실제 복잡성을 지닌 온전한 사람으로(즉 온전한 개인으로, 여성으로, 인간으로) 바라봐야 한다. 이 사회가 흑인 여성의 진정한 모습 대신 제시하는 — 문제적이지만 이 사회에 살고 있는 사람들에게는 친숙한―고정관념에 따라 흑인 여성을 바라봐서는 안 된다는 말이다. 흑인이 아닌 다른 유색 여성의 문학도 마찬가지다.

유색 여성들의 문학은 우리 삶의 다양한 결들을 재창조하고 있다. 그런데 많은 백인 여성들이 실제 차이를 보고도 못 본 척하려고만 한다. 그 까닭은 여성들 사이의 어떤 차이가 어느 한쪽이 열등함을 의미하는 한, 차이에 대한 인식은 백인 여성들에게 죄책감을 남길 수밖에 없기 때문이다. 유색 여성이 고정관념에서 벗어나는 것을 허용하는 것 역시 엄청난 죄책감을 촉발한다. 왜냐하면 그것은 억압을 오직 성의 차원에서만 바라보는 여성들의 안일한 생각을 위협하기 때문이다.

차이에 대한 인식을 거부할 경우 우리가 여성으로서 직면하는 다양한 문제와 함정들도 볼 수 없게 된다.

그러니까 하얀 피부의 특권이 떠받치고 있는 가부장적 권력 체계에서 흑인 여성과 백인 여성을 중화하는 데 사용되는 덫은 동일하지 않다. 예컨대, 흑인 여성들은 흑인 남성을 억압하는 권력 구조에 쉽게 이용당한다. 남자이기 때문이 아니라 흑인이기 때문이다. 따라서 흑인 여성은 항상 억압자의 필요와 자기 공동체 내부의 정당한 갈등을 항상 분리해서 생각해야 한다. 백인 여성은 이와 같은 문제를 겪지 않는다. 흑인 여성과 흑인 남성은, 비록 방식은 다르지만, 공통으로 인종적 억압을 겪었고, 지금도 여전히 함께 겪고 있다. 우리는 함께 억압을 겪으면서 이에 대처하는 공동의 방어 전략을 개발해 왔다. 흑인 여성과 흑인 남성은, 유대인을 제외하고는 백인들은 겪어 보지 못한 상처를 공유하고 있다.

다른 한편, 백인 여성은 권력을 나눠 주겠으니 억압자의 대열에 합류하라는 유혹을 받는다. 유색인 여성에게는 이런 일이 일어날 리 없다. 때론 우리에게까지 구색 맞추기tokenism의 범위가 확장되곤 하지만 권력에 동참하라는 초대장은 아니다. 우리의 인종적 "타자성"은 이 같은 사실을 시각적으로 분명히 보여 준다. 백인 여성들의 경우, 가부장적 권력과 그 도구에 동화될 때 주어지는 선택지와 보상의 폭은, 비록 겉치레라 하더라도, 훨씬 더 광범위하다.

오늘날 평등권 수정헌법안Equal Rights Amendment의 패배,* 긴축 경제, 그리고 보수주의의 득세와 더불어 백인 여성이 위험한 환상에 빠질 가능성은 더 커졌다. 충분히 착하고, 예쁘고, 애교 있고, 조용히 시키는 대로 하고, 애들 교육 잘 시키고, 혐오해야 할 사람을 혐오하고, 제대로 된 남성과 결혼한다면, 백인인 자신들은 상대적으로 평화롭게 가부장제와의 공존이 허락될 것이라는 환상 말이다. 이는 적어도 남자들이 여자들의 일자리를 빼앗거나 강간범이 들이닥치기 전까지는 유지될 수 있다. 전쟁터에서 살아가

* 미국 헌법에 성평등을 천명한 이 법안은 1972년에 의회에서 압도적 표차로 통과되었으나, 뉴라이트의 조직적 반대 운동으로 비준에 필요한 38개 주의 승인을 받지 못해 1982년 폐기되고 말았다.

며 사랑하는 상황이 아니라면, 비인간화에 맞선 전쟁은 끝이 없다
는 사실을 기억하기란 힘들 것이다.

하지만 흑인 여성들과 우리 아이들은 우리네 삶이 온통 폭력
과 혐오로 점철되어 있음을, 따라서 휴식이란 없음을 잘 알고 있
다. 비단 피켓라인에서나, 한밤중의 골목길, 아니면 우리가 감히
우리의 저항을 말로 표출하려 하는 곳에서만 이런 경험을 하는 것
은 아니다. 우리의 일상적 삶은 점점 더 폭력으로 점철되고 있다.
슈퍼마켓에서, 교실에서, 엘리베이터에서, 병원과 학교 운동장에
서, 배관공, 빵집 주인, 여성 점원, 버스 운전사, 은행 직원, 그리고
우리에게는 서빙도 하지 않는 웨이트리스까지 모두가 우리에게
폭력을 행사한다.

여성으로서 우리는 어떤 문제는 공통적으로 공유하지만 어
떤 문제는 그렇지 않다. 백인인 여러분은 자신의 아이가 자라나
가부장제에 합류해 여러분에게 불리한 증언을 하지는 않을까 두
렵겠지만, 우리는 우리 아이들이 차에서 끌려 나와 거리에서 총을
맞고 죽을까 봐 두렵고 여러분이 우리 아이들이 죽어 가는 이유를
외면할까 봐 두렵다.

차이를 위협으로 봄으로써 앞을 보지 못하는 것은 유색인들
도 마찬가지다. 흑인인 우리는 우리가 처한 삶의 현실 때문에 그
리고 그에 맞서 투쟁해 왔기 때문에 차이를 무시하거나 잘못 명명
하는 실수를 저지를 리 없다고 생각해서는 안 된다. 여전히 인종

차별 사회를 살고 있는 흑인 공동체 내에서도 우리 사이의 차이는 위험하고 의심스러운 것으로 여겨진다. 단결해야 한다는 말을 동질적이어야 한다는 말로 잘못 해석하기도 하고, 흑인 페미니즘의 비전을 흑인 집단 전체의 공통의 이해관계에 대한 배신으로 오해하기도 한다. 흑인 여성과 남성 모두가 공통으로 경험하는 인종 말살에 맞서 앞으로도 계속 싸워야 한다는 이유로, 일부 흑인 여성들은 여전히 우리가 여성으로서도 억압당한다는 점을, 그리고 흑인 여성에 대한 성적 적대감이 인종차별적 백인 사회뿐만 아니라 흑인 공동체 내부에도 존재한다는 점을 인정하지 않으려 한다. 흑인 집단과 흑인 민족주의의 심장부를 강타하고 있는 질병은 바로 이것이다. 이것은 침묵한다고 해서 사라지는 것이 아니다. 인종차별주의와 무력감으로 인해 더욱 악화된 흑인 여성 및 아동에 대한 폭력은 우리 공동체 내에서 하나의 기준, 남성다움을 측정하는 기준이 되어 있다. 하지만 이런 여성 혐오 행위가 흑인 여성에 대한 범죄로 논의된 적은 거의 없다.

유색 여성은 미국에서 가장 낮은 임금을 받는 집단이다. 미국은 물론이고 전 세계적으로도 낙태와 불임 시술은 유색 여성들을 대상으로 가장 많이 남용된다. 아프리카의 어느 지역에서는 어린 소녀들을 순종적으로 만들기 위해, 또한 남성의 쾌락을 위해, 아직도 다리 사이를 꿰맨다. 음핵 절제로 알려진 이것을 고故 조모 케냐타Jomo Kenyatta[케냐의 초대 대통령]는 아프리카의 문화 행사라고 주장했다. 음핵 절제는 문화 행사가 아니라 흑인 여성에 대한 심각한 범죄행위다.

흑인 여성들의 문학 작품을 보면 인종차별적 가부장제가 자행한 폭력뿐만 아니라 흑인 남성의 빈번한 폭력으로 인한 아픔으로 가득 차 있다. 투쟁을 함께해 온 역사 그리고 남성과 함께하는 공동 투쟁의 필요성 때문에 흑인 여성은 성차별 반대가 곧 흑인 반대라는 잘못된 주장에 특히 더 속기 쉽다. 그러는 사이에, 여성 혐오는 무력한 자들이 의지하는 호소 수단으로 강력하게 활용되어 흑인 여성과 흑인 공동체의 힘을 빼앗는다. 강간 사건은, 공식적으로 보고된 수치를 보나 비공식적 수치를 보나, 지속적으로 증가하고 있다. 강간은 공격적인 섹슈얼리티가 아니라 성적인 sexualized 폭력이다. 흑인 남성 작가 칼라무 야 살람이 지적한 대로, "남성 지배가 지속되는 한 강간은 계속된다. 저항하는 여성들 그리고 여성과 함께 성차별주의에 맞서 싸울 책임이 있음을 인식한 남성들만이 집단적으로 강간을 멈출 수 있다."[2]

우리 흑인 여성들 사이의 차이 역시 잘못 명명되어 우리를 서로 분열시키는 데 이용되고 있다. 나는 나의 정체성을 구성하는 서로 다른 수많은 요소들을 긍정하는 흑인 레즈비언 페미니스트이며, 인종적·성적 억압으로부터 벗어나기 위한 투쟁에 헌신해 온 여성이다. 이런 내게 사람들은 나의 어느 한 측면만 골라 그것을 유의미한 전체로 제시하라고, 즉 내 자신의 다른 부분들은 가리거나 부정하라고 계속 부추긴다. 하지만 이것이야말로 삶을 파괴하고 파편화하는 짓이다. 에너지를 최대한 끌어모으려면, 현재의 나를 이루는 모든 부분들을 (공개적으로) 통합하고, 나를 살아가게 하는 특정 요소에서 나오는 힘을 내 안의 서로 다른 모든 자아들 속에 자유롭게 흘러 다니도록 하며, 외부에서 부과하는 규정의 제약으로부터 자유로워져야 한다. 이렇게 할 때라야 나는 온전한 존재로서 나 자신과 내 에너지를 내 삶의 일부를 이루는 투쟁에 바칠 수 있다.

레즈비언에 대한 공포심 혹은 레즈비언으로 몰릴까 봐 두려워하는 공포심으로 말미암아 수많은 흑인 여성이 스스로에게 불리한 진술을 한다. 이 공포심 때문에 우리 가운데 파괴적인 동맹을 맺은 이들도 있고 절망과 고립에 빠진 이들도 있다. 백인 여성 공동체에서 이성애 중심주의는 [백인 여성들이 스스로를] 백인 가부장제에 동일시한 결과이자, (여성 자아를 남성의 이익에 복무하는 데 이용되도록 하지 않고 그 자체로 존재할 수 있게 해준) 여성으로 정체화한 여성들 간의 상호 의존을 부정하는 것이다. 이성애 중심주의는 보호색과도 같은 이성애 관계에 대한 끈질긴 믿음의 반영일 때도 있고, 여성의 적은 여성이라는 우리가 태어나면서 배워 온 자기혐오의 반영일 때도 있다.

이런 태도를 구성하는 여러 요소들은 여성이라면 누구나 가지고 있는 것이지만, 흑인 여성들 사이에서는 특히 이성애 중심주의와 동성애 혐오가 함께 공명한다. 아프리카와 미국의 흑인 공동체에서 여성 유대는 장구한 역사를 자랑하는데도 불구하고, 또 정치·사회·문화 분야에서 여성으로 정체화한 강인하고 창조적인 수많은 여성들이 이루어 낸 지식과 업적에도 불구하고, 흑인 이성애자 여성들은 흑인 레즈비언의 존재와 작업에 무지하거나 그것을 무시한다. 도대체 무엇이 이런 태도를 부추기는지를 살펴보면, 부분적으로는 흑인 사회라는 좁은 경계 안에서 일어나는 흑인 남성의 공격에 대한 흑인 여성의 공포심 때문이다. 물론 이 공포심은 이해할 만한 것이다. 흑인 사회에서는 여성이 자기주장을 펼치면 여전히 레즈비언이라고 손가락질하며, 얼마 되지도 않는 흑인 남성들의 관심이나 지원을 받을 가치가 없는 존재로 여기기 때문이다. 하지만 흑인 레즈비언들을 이상한 이름으로 부르고 무시하는 또 다른 이유는, 남성에게 의존하지 않고 스스로를 정의하며 공개적으로 여성으로 정체화한 여성들이 흑인 공동체의 사회적 관계에 대한 관점을 아예 바꿔 놓지는 않을까 두렵기 때문이다.

과거에 레즈비어니즘을 백인 여성의 문제라고 우겼던 흑인 여성들은 이제 흑인 레즈비언이 흑인의 민족성nationhood을 위협하는 존재이자 적과 어울려 다니는 여자들, 기본적으로 흑인답지 못한 부류라고 주장한다. 우리에게 정말 깊은 이해심을 요하는 이 여성들의 이런 비난으로 말미암아 수많은 우리 흑인 레즈비언들은 백인 여성의 인종차별주의와 흑인 자매의 동성애 혐오 사이에

끼어 숨어 살아야만 했다. 흑인 레즈비언의 작업은 대체로 무시되고 사소하게 여겨지거나 잘못 명명되었다. [할렘 르네상스를 이끈] 안젤리나 그림케Angelina Grimke[1880~1958], 앨리스 던바-넬슨Alice Dunbar-Nelson[1875~1935], 로레인 한스베리Lorraine Hansberry[1930~64, 극작가]의 작품이 이미 이런 일을 당한 바 있다. 그러나 흑인 공동체가 지녀 온 힘은 상당 부분 항상 여성과 유대한 여성에게서 나왔다. 비혼의 흑인 여성부터 다호메이의 여전사들까지 말이다.

분명히 말하건대, 우리 거리에서 여성을 공격하고 아동과 할머니를 강간하는 이들은 흑인 레즈비언이 아니다.

이 나라 곳곳에서 흑인 레즈비언 여성은 흑인 여성에 대한 폭력에 맞선 운동의 선봉에서 활동하고 있다. 열두 명의 흑인 여성이 살해당했는데도 살인자가 누구인지조차 제대로 밝히지 못한 1979년 봄의 보스턴에서도 선봉에 나서 싸운 건 흑인 레즈비언이었다.*

구체적으로 우리 삶의 어떤 부분들을 뜯어보고 바꿔야 변화를 가져올 수 있을까? 여성 모두를 위해 어떻게 차이를 재정의해

---

* 1979년 1월부터 이어진 흑인 여성 연쇄 살인 사건 이후, 흑인 레즈비언 페미니스트 단체인 '콤바히 리버 콜렉티브'의 주도로 애도 집회가 열렸고 1,500여 명이 참여했다. 콤바히 리버 콜렉티브는 집회 후에도 팸플릿을 만들어 전국에 배포하며 이 살인 사건이 인종차별과 성차별의 결과임을 인식하도록 호소했다. 이 살인 사건에 대해서는 이 책 92쪽 옮긴이 주도 참고.

야 할까? 여성을 분열시키는 것은 우리 사이의 차이가 아니다. 우리가 분열하는 것은 그런 차이를 인식하려 하지 않고 무시하면서, 그것을 잘못 명명해 나타나는 왜곡된 결과들을 제대로 다루지 못했기 때문이다.

사회통제 수단으로서, 여성들은 인간들 사이의 여러 가지 차이들 가운데 오직 한 가지, 즉 여성과 남성의 차이만을 유일하게 합당한 차이로 보도록 조종당해 왔다. 그리고 우리는 이런 차이를 가로질러 모든 억압받는 종속 집단들의 절박한 문제를 다루는 법도 배우고 익혀 왔다. 우리 모두가 아버지들로부터 남성과 더불어 살거나 일하거나 공존하는 법을 배워야 했다. 우리 여성들은, 이같은 인정이 지배/종속이라는 낡은 인간관계 양식을 지속시킬 뿐일 때에도, 이런 차이를 인정하고 협상해 왔다. 왜냐하면 지배/종속 관계에서 피억압자는 살아남기 위해서 [자신과] 주인의 차이를 인정해야 하기 때문이다.

그러나 앞으로 우리의 생존은 평등한 관계를 맺는 능력에 달려 있다. 가장 피상적인 수준의 사회 변화를 넘어 한발 더 나아가고자 한다면 여성으로서 우리는 억압을 내면화하는 패턴부터 뿌리 뽑아야 한다. 이제, 열등하거나 우월한 존재가 아니라 평등한 존재로서 여성들 사이의 차이를 인식하고 서로의 차이를 활용해 우리의 비전과 연대 투쟁을 풍성하게 할 방법을 궁리해야 한다.

우리 지구의 미래는 모든 여성이 새롭게 권력을 정의하고 차이를 가로질러 관계를 맺는 새로운 패턴을 규명하고 발전시키는 능력에 좌우될 것이다. 기존의 낡은 정의는 우리에게도, 우리를 먹여 살리는 지구에도 아무런 도움이 되지 않는다. 기존의 낡은 관계는, 아무리 영리하게 진보를 모방하며 스스로를 재배치한다 하더라도, 여전히 예전과 똑같은 낡은 교류, 낡은 죄의식, 혐오, 비난, 한탄, 의심을 그 외양만 바꾼 채 반복하도록 우리를 몰아붙인다.

기존의 낡은 기대치와 대응 방식으로 만들어진 청사진, 낡은 억압 구조가 우리 안에 내면화되어 있기 때문에, 이 같은 구조가 만들어 낸 삶의 조건을 변화시키기 위해서는, 우리 안에 오랫동안 내면화되어 있던 그것들도 동시에 변화시켜야만 한다. 주인의 도구로는 결코 주인의 집을 무너뜨릴 수 없기 때문이다.

파울로 프레이리가 『페다고지: 억눌린 자를 위한 교육』(1968)[남경태 옮김, 그린비, 2009]에서 잘 보여 준 대로, 혁명적 변화의 진정한 초점은 우리가 벗어나고자 하는 억압적 상황이 아니라, 우리 각자의 내면 깊숙이 이식된 억압자의 조각—그것으로 알 수 있는 건 억압자들의 전술과 억압자들의 관계뿐이다—에 맞춰져야 한다.

변화는 성장을 의미한다. 성장은 고통스러울 수 있다. 하지만 우리는 스스로에 대한 정의를 날카롭게 벼려 내야 한다. 동일한 목적을 공유하더라도 우리와 다르다고 정의되는 이들과 함께 작업하고 투쟁하는 가운데 자아를 드러냄으로써 우리는 스스로를 정의해야 한다. 흑인과 백인, 노인과 청년, 레즈비언과 이성애 여성 모두에게 이것이 새로운 생존의 길이다.

우리는 서로를 선택했고
각자 날을 세워 싸운다
전쟁은 늘 똑같다
우리가 진다면
죽은 행성은
여자들의 피로 뒤덮일 것이다
우리가 이긴다면
모르겠다
우리가 역사 너머
새롭고 더 많은 가능성을 품은 관계를 갖게 될지[3]

• 분노의 활용 •

인종차별주의에 대한 여성의 대응[1]*

인종차별주의. 한 인종이 다른 인종보다 본래 우월하기에 지배할 권리를 가진다는 믿음.

인종차별주의에 대한 여성의 대응. 저는 인종차별주의에 분노로 대응해 왔습니다. 저는 분노와 더불어 살아왔습니다. 그러는 가운데, 분노를 무시하기도 하고 분노를 키우기도 하면서, 분노로 말미암아 제 비전이 황폐화되지 않도록 분노를 활용하는 법을 평생 익혀 왔습니다. 한때 저는 침묵했고, 그 [분노의] 무게를 두려워하기도 했습니다. 분노에 대한 저의 두려움은 제게 아무것도 가르쳐 주지 못했습니다. 여러분도 분노를 두려워한다면 거기서 아무

* 1977년 창립된 미국여성학회는 1980년 연례 학술대회에 로드를 기조연설자로 초청했으나 로드는 이를 거절했다. 인종차별주의를 진지한 의제로 다루지 않는 한 자신의 기조연설은 구색 맞추기에 불과하다고 보았기 때문이다. 이에 다음해 미국여성학회는 인종차별주의를 의제로 삼았고, 로드는 이 기조연설을 했다.
이 연설에 대한 반응은 엇갈렸다. 당시 뉴라이트의 발흥을 우려해 여전히 자매애를 보여 주는 것이 중요하다고 생각한 이들도 상당했기 때문이다.

것도 배우지 못할 것입니다.

인종차별주의에 대응하는 여성이란 다음과 같은 데 분노하는 여성을 말합니다. 배제에 대한 분노, 당연시되는 특권에 대한 분노, 인종적 왜곡에 대한 분노, 침묵에 대한 분노, 학대에 대한 분노, 고정관념화하는 작태에 대한 분노, 방어적 태도에 대한 분노, 잘못된 명명에 대한 분노, 배신에 대한 분노, 매수에 대한 분노 말입니다.

저는 인종차별적 태도에 대해, 그리고 그런 태도에서 비롯된 온갖 행동과 억측에 대해 분노로 대응합니다. 다른 여성들에 대한 여러분의 처사가 이런 태도를 반영하고 있다면, 이에 따른 저의 분노와 그에 수반되는 여러분의 두려움에 주목해야 합니다. 이것은 제가 성장하기 위해 분노를 표현하는 법을 배웠던 것과 마찬가지로, 여러분에게도 성장의 자양분이 될 수 있기 때문입니다. 그것은 이와 같은 태도를 바로잡기 위한 것이지 죄책감을 조장하려는 게 아닙니다. 죄책감과 방어적 태도 안에서 허우적대 봤자 우리의 미래에 전혀 도움이 되지 않습니다.

저는 이에 대한 논의가 이론적으로 흘러가는 걸 바라지 않기에, 그간 제가 여성들과 주고받은 이야기 몇 가지를 예로 들어 설명하겠습니다. 시간 제약상 짧게 이야기하겠지만 실제로 이런 사례는 훨씬 더 많다는 점을 아셨으면 좋겠습니다.

○ 어느 학술대회에서 제가 구체적으로 대놓고 분노를 표출하며 이야기하자, 한 백인 여성이 이렇게 말했습니다. "당신이 느끼신 바를 이야기하셔도 되지만 너무 가혹하게 하지는 마세요. 그러면 당신 얘기를 들을 수가 없어요." 그런데 여기서 제 말을 못 듣겠다는 건 제 태도 때문일까요, 아니면 그녀의 삶에 변화가 필요하다는 메시지에 위협감을 느꼈기 때문일까요?

○ 남부의 어느 대학 여성학과에서 일주일간 주최한 포럼에 한 흑인 여성이 발표자로 초대됩니다. 이 포럼의 주제는 흑인 여성과 백인 여성입니다. "이 일주일 동안 당신이 얻은 게 있다면 무엇인가요?" 제가 묻습니다. 가장 입심 좋은 백인 여성이 이렇게 대답합니다. "정말 많이 배운 것 같아요. 이제 흑인 여성들이 저를 훨씬 더 잘 이해하게 된 것 같아요. 그분들이 제 처지를 저보다 더 잘 알고 있는 것 같네요." 마치 백인 여성인 자신을 이해하는 것이 인종차별 문제의 핵심이라도 되는 것처럼 이렇게 말하더군요.

○ 여성운동이 모든 여성의 삶의 문제와 미래의 가능성을 공개적으로 거론하며 전개된 지 15년이 지난 지금까지도, 저는 아직도 수많은 대학 캠퍼스에서 이런 말을 듣습니다. "우리가 어떻게 인종차별주의 문제를 논할 수 있겠어요? 유색인 여성들이 여기 없는데." 이 말인즉슨 "우리 학과에는 유색 여성의 작품을 가르칠 수 있는 사람이 없다"는 것입니다. 인종차별 문제는

흑인 여성, 유색 여성의 문제니까 이 문제를 논의할 사람은 우리뿐이라는 식인 거죠.

○ 제 작품 가운데 〈분노하는 여성을 위한 시〉²를 낭독하자 한 백인 여성이 이렇게 묻습니다. "우리의 분노를 직접적으로 다루려면 어떻게 해야 할지 가르쳐 주실 수 있나요? 이 문제는 너무나 중요한 것 같아요." 이에 저는 "본인은 분노를 어떻게 사용하는데요?"라고 묻습니다. 그리고 저는 바로 그 멍한 눈에서 눈길을 돌려 버렸습니다. 그녀가 저까지 무아지경으로 만들어 버리기 전에 말이죠. 그녀의 분노를 대신 느껴 주기 위해 제가 거기 있는 건 아니니까요.

○ 백인 여성들이 이제 자신들과 흑인 여성들 사이의 관계를 성찰하기 시작한 건 사실입니다. 하지만 아직도 어릴 적 길에서 우연히 마주친 유색인 아이, 자신을 사랑해 주었던 흑인 유모, 그리고 초등학교 때 같은 반 친구들처럼 신비롭고 호기심을 자극하는 기억이나 별 감정 없이 지나쳤던 일들에 대해서만 생각하고 싶어 하는 것 같습니다. 어릴 적 래스터스Rastus나 앨팰퍼Alfalfa*를 보고 깔깔대며 웃었던 기억이나 이로 인해 형성된 편

* 래스터스는 희희낙락하는 흑인 남성 캐릭터로 1893년 시리얼 포장지에 처음 나타나 1920년대까지 대중문화 전반에 걸쳐 널리 사용되었다. 앨팰퍼는 1920년대부터 1940년대까지 제작된 코미디 시리즈 〈악동들〉(Our Gang)에 나오는 사랑스러운 흑인 소년 캐릭터다. 이 시리즈는 그 후에도 꾸준히 재연되었으며, 심지어 2000년대 초반

견들은 회피하는 것이지요. 또 백인 여성 여러분은 제가 거기 앉아 있었다는 이유만으로 여러분의 어머니가 공원 벤치에 손수건을 깔고 앉는 모습에 담긴 신랄한 메시지의 의미를 생각하려 하지 않습니다. 또한 〈에이머스와 앤디〉Amos'n Andy*나 여러분의 아버지가 잠들기 전 머리맡에서 들려준 우스운 이야기에 나오는 흑인이 결코 잊지 못할 비인간적인 모습으로 그려진다는 점을 인식하지도 못합니다.

○ 1967년 [뉴욕] 이스트체스터의 한 슈퍼마켓에서 두 살짜리 제 딸을 카트에 태우고 장을 보고 있었습니다. 그때 똑같이 엄마가 끄는 카트에 탄 백인 소녀가 우리를 지나가면서 신이 나서는 이렇게 외칩니다. "오! 엄마, 봐! 애기 식모야!" 이 상황에서 여러분의 어머니는 쉿! 조용히 하라고 말하면서도, 이 말이 잘못된 것임을 지적하지 않습니다. 이렇게 15년이 지난 후, 인종차별주의를 토론하는 학술대회에서 여러분은 여전히 이 이

일부가 방영되기도 했다. 이 시리즈물에 나오는 백인 아동과 흑인 아동이 함께하는 모험과 평화로운 관계는 흑인에 대한 린치가 빈번했던 당대의 현실과는 완전히 동떨어진 것이었다.

* 흑인 가족 이야기를 다룬 시트콤으로 1928년에 라디오 프로그램으로 시작해 1951년에 텔레비전 시트콤으로 제작됐다. 백인 남성 배우가 흑인 분장을 하고 연기한 주인공 에이머스와 앤디는 선량한 흑인 남성으로 재현된다. 흑인 여성을 대표하는 유모 이미지처럼, 이 선량한 흑인 남성상들은 모두 공적 영역에서 흑인 남성이 보여 줘야 할 모습을 강조한 인종차별적 재현이다.

야기가 웃기다고 생각할 수 있겠지요. 하지만 제게 여러분의 웃음소리는 엄청나게 공포스럽고 불편할 뿐입니다.

○ 어떤 백인 학자가 흑인이 아닌 유색인 여성들의 글을 모은 책[3]의 출간을 환영한다며 제게 이렇게 말하더군요. "이 책은 제가 가혹한 흑인 여성들을 상대하지 않고도 인종차별주의를 다룰 수 있게 해주네요."

○ 세계 각국의 여성들이 모인 문화 행사에서 유색 여성들이 작품을 낭독하고 있는데 갑자기 미국의 유명한 백인 여성 시인이 끼어들어 자기 시를 낭독하더니 "중요한 회의"에 가봐야 한다며 급히 자리를 뜨더군요.

학계 여성들이 진실로 인종차별주의에 관한 대화를 하고자 한다면, 다른 여성들에게 필요한 것이 무엇인지, 그녀들의 처지가 어떤지 그 맥락을 살펴야 합니다. 여교수가 "저는 그걸 살 만한 형편이 안 돼요"라고 말한다면, 그건 여윳돈을 어디 쓸지 고민하고 있다는 뜻이겠죠. 그러나 복지 수당으로 살아가는 여성이 이 말을 한다면, 그것은 [10여 년이 지난 지금도] 1972년 수준에 머물러 있는 최저생계비로 간신히 살아가고 있으며 먹을 것조차 충분치 못하다는 뜻입니다. 하지만 올해 미국여성학회는 인종차별주의를 집중 토론하는 학술대회를 개최하면서도 이 학술대회에 참여하고 싶어 하는 가난한 여성들과 유색인 여성들에게 참가비를 감면

해 주지 않았습니다. 이로 인해 수많은 유색 여성들(예컨대 가사노
동의 임노동화를 위해 투쟁하는 흑인 여성 단체Black Women for Wages for
Housework의 윌멧 브라운Wilmette Brown)이 이 학술대회에 참석하지 못
했습니다. 이렇게 상아탑 안에 틀어박혀 삶을 논하는 학계의 모습
을 보여 주는 사례가 이것 하나뿐일까요?

이런 모습을 아무렇지도 않게 생각하며 이 회의에 참석한 백
인 여성들에게, 그리고 그 누구보다도, 이런 상황을 수천 번 이겨
내고 살아남은 모든 유색인 자매들에게 ― 저처럼 분노로 치를 떨
면서도 이를 억누르고 있는 유색인 자매들에게, 혹은 가끔씩 우리
의 분노가 무익할 뿐만 아니라 분열을 초래하는 것은 아닌지 의문
을 제기하는 유색인 자매들에게(이 두 가지가 가장 많이 제기되는 비난
입니다) ― 저는 저의 분노와 분노 그 자체에 대해서, 그리고 그 분
노가 지배하는 영역을 여행하면서 제가 배운 것들에 대해 이야기
하고 싶습니다.

모든 것엔 다 쓰임이 있다 / 소모적인 것만 아니라면 / (이
점을 반드시 기억하라 / [공동체를] 파괴한다고 누군가 당신을 비
난할 때)[4]

모든 여성들에게는 그런 개인적·제도적 억압에 맞서는 데 유
용한 잠재력을 갖춘 분노로 가득 찬 무기고가 있습니다. 정확한
대상에 초점을 맞춘 분노는 진보와 변화를 촉진하는 강력한 에너
지원이 될 수 있습니다. 제가 말하는 변화란 단순한 입장 바꾸기

나 일시적인 긴장 완화도 아니고, 화가 나는데도 웃을 수 있거나 괜찮은 척할 수 있는 능력도 아닙니다. 변화란 우리 삶을 떠받치고 있는 가정들의 근본적이고 급진적인 변화를 말합니다.

저는 백인 여성들이 인종차별적 발언이 들려오는 상황에서 그 말이 불쾌하고 잔뜩 화가 나면서도, 두려움 때문에 침묵하는 광경을 종종 목격했습니다. 이렇게 밖으로 표출되지 못한 분노는 아직 터지지 않은 폭탄처럼 마음속에 도사리고 있다가 대개 인종차별을 거론하는 첫 번째 유색인 여성에게 퍼부어집니다.

하지만 분노를 우리의 비전과 미래에 도움이 되는 방향으로 표출하고 행동으로 전환한다면 그것은 우리를 해방시키고 우리의 힘을 강화하는 정화 행위가 될 수 있습니다. 바로 이런 고통스러운 전환의 과정을 통해 우리는 우리와 다른 중대한 차이를 지닌 이들 가운데 누가 우리 편이고 누가 진짜 적인지 분명히 확인할 수 있습니다.

분노에는 정보와 에너지가 장전되어 있습니다. 제가 말하는 유색 여성은 흑인 여성만 의미하는 게 아닙니다. 흑인이 아닌 유색 여성이 저한테 제가 그녀의 인종차별에 맞선 투쟁을 나의 투쟁과 동일시함으로써 그녀를 비가시화한 거 아니냐고 추궁한다고 쳐봅시다. 그녀는 제게 할 말이 많을 것이고, 저는 잘 듣고 배워야겠죠. 우리 사이에 사실은 이렇다 저렇다 하면서 서로 싸우느라 양쪽이 모두 에너지를 낭비하는 일이 없도록 하려면 말입니다. 만약 제가 알게 모르게 내 자매를 억압하는 데 가담하고 있었고, 이일로 그녀가 저를 질책하는 거라면, 그녀의 분노에 제가 분노로 답하는 것은 우리가 나눈 교류의 본질을 서로에 대한 반발로 덮어 버리는 꼴이 될 것입니다. 에너지만 낭비하는 짓이지요. 물론, 내가 겪어 보지 못한 고통이나 나 자신도 기여한 바 있는 고통에 대해 다른 여성이 구구절절 쏟아 놓을 때, 그 이야기를 가만히 서서 듣고만 있기는 매우 어려운 일이겠지만요.

　지금 이 자리에 우리가 여성으로서 하나가 되어 함께 싸워야 함을 상기시켜 주는 아주 노골적인 요소들은 없습니다. 그렇다고 해서 우리와 우리 사회의 가장 인간적인 것들의 반대편에서 늘어 나고 있는 세력들의 규모와 복잡성을 보지 못해선 안 됩니다. 우리는 정치적·사회적 진공상태에서 인종차별주의를 검토해 보겠 다고 여기 이렇게 여성으로서 모인 게 아닙니다. 우리는 인종차별 주의와 성차별주의가 이익 창출의 일차적 필수 도구로 확립된 체계에도 불구하고 여기 이렇게 모인 것입니다. 인종차별주의에 대 응하는 여성들은 너무 위험한 주제이기에, 지역 매체는 이 학술대 회의 의미를 깎아내릴 목적으로 레즈비언들에게 숙소를 제공한 다는 사실에 초점을 맞추어 사람들의 주의를 딴 데로 돌리려 하고 있습니다. 『하트퍼드 신문』은 이 학술대회가 핵심 토론 주제로 인 종차별주의를 선택했다는 사실에 대해 일언반구도 없습니다. 이 자리에 모인 여성들이 실은 우리 삶을 억압하는 모든 조건을 검토하고 변화시키려 한다는 점이 알려질까 봐 막으려는 것이지요.

주류 매체는 여성들, 특히 백인 여성들이 인종차별 문제에 나서는 걸 원하지 않습니다. 주류 매체는 인종차별이 [매일 돌아오는] 밥때나 누구나 앓는 감기처럼 우리 존재의 뼈대를 구성하는 불변의 요소로 여겨지기를 바랍니다.

이처럼 우리는 적의와 위협 속에서 활동하고 있습니다. 그리고 그 원인은 분명컨대 우리 사이의 분노가 아니라 모든 여성, 유색인, 레즈비언과 게이, 가난한 사람을 향한 맹렬한 혐오입니다. 억압에 저항하면서 우리 삶의 독특성들을 다시 자세히 성찰해 보려는 이들, 그리고 이를 위해 연대하고 실질적으로 행동하는 이들은 누구나 혐오의 대상이 됩니다.

여성들이 인종차별주의를 논하는 자리에 결코 빠져서는 안되는 것이 있습니다. 분노를 인정하고 그것을 어떻게 활용할 것인지에 대한 이야기가 바로 그것입니다. 그것이 중요한 만큼 이에 대한 논의는 직접적이고 창조적인 방향으로 이루어져야 합니다. 분노에 대한 두려움을 회피하지 않도록 해야 하고, 또 힘들더라도 우리의 솔직한 마음을 발굴해 내는 작업에 있어 한 치의 거짓도 용납해서는 안 됩니다. 우리는 인종차별주의라는 이 주제의 선택과 그 안에 도사리고 있는 분노에 대해 매우 진지한 자세로 임해야 합니다. 왜냐하면, 장담컨대, 우리 적들 역시 우리와 우리가 여기서 하고 있는 일에 대한 자신들의 혐오를 매우 진지하게 다루고 있기 때문입니다.

그리고 분노로 고통스러워하는 서로의 얼굴을 찬찬히 뜯어보면서 제발 이것만은 기억합시다. 밤에 문을 걸어 잠가야 하고, [이곳] 하트퍼드의 거리를 혼자 다니지 않도록 주의해야 하는 이유는 우리의 분노 때문이 아니라는 것을 말입니다. 그 이유는 바로 이 거리에 도사리고 있는 혐오 때문입니다. 그저 학술적인 수사에 만족하지 않고 진짜 변화를 일구려 할 경우 우리 모두를 없애 버리겠다고 하는 주장도 바로 그런 거리에 도사리고 있는 혐오에서 비롯된 것입니다.

이 혐오와 우리가 느끼는 분노는 전혀 다른 것입니다. 혐오는 우리와는 추구하는 목표가 다른 자들의 격분fury이며, 그 목적은 죽음과 파괴입니다. 분노란 우리들 사이의 왜곡된 관계를 슬퍼하는 감정이고, 그 목적은 변화입니다. 그런데 우리에게 남은 시간은 점점 줄어들고 있습니다. 우리는 성性 말고는 모든 차이가 파괴의 요인이라고 배웠습니다. 따라서 흑인 여성과 백인 여성이 서로의 분노를 침묵하지도 부인하지도 죄책감에 빠지는 일도 없이 똑바로 직면한다는 것만으로도 이단적이며 새로운 일입니다. 이는 즉 우리가 공통의 토대에서 만나 차이에 대해 성찰하고 역사가 우리의 차이에 대해 왜곡해 놓은 것들을 고쳐 나간다는 뜻입니다. 우리를 분열시키는 것은 바로 이런 왜곡이기 때문입니다. 그리고 나서 우린 이렇게 자문해 봐야 합니다. 이 모든 것으로부터 이득을 보는 자들은 누구인가?

우리 사회에서 유색인 여성들은 온갖 분노의 화음 속에서 ─ 우리를 침묵하게 하고 선택에서 배제하고 인간 이하의 존재로 보는 세상, 우리 존재를 혐오하는 세상에도 불구하고 우리가 살아남았다는 점을 깨달으며 ─ 성장해 왔습니다. 내가 불협화음이 아니라 화음이라는 표현을 쓴 이유는, 우리가 저들이 우리를 분열시키지 못하도록 이런 격분을 조율하는 법을 배워야 했기 때문입니다. 우리는 이 분노를 헤치고 나아가 그것을 우리의 힘으로, 우리의 일상 속 통찰로 활용하는 방법을 터득해야 했습니다. 우리 가운데 이런 힘겨운 교훈을 터득하지 못한 이들은 살아남지 못했지요. 그래서 내 분노는 항상 이렇게 쓰러진 우리 자매들에게 바치는 제주祭酒이기도 합니다.

분노는 인종차별적 태도에 대응하는 적절한 반응입니다. 그런 태도에서 비롯된 행동이 전혀 변하지 않고 계속될 때 격노하는 것 역시 마찬가지로 적절합니다. 여기 계신 여러분 가운데, 스스로가 가지고 있는 (제대로 자문해 본 적조차 없는) 인종차별적 태도보다는 유색 여성의 분노를 더 두려워하는 분들께 이렇게 묻고 싶습니다. 우리 삶의 모든 부분에 만연한 여성 혐오보다 유색 여성의 분노가 당신들에겐 더 위협적인 것인가요?

우리를 파괴하는 것은 다른 여성의 분노가 아닙니다. 우리를 파괴하는 것은 분노의 소리를 듣지 않겠다는, 그 안에서 아무것도 배우지 않겠다는, 분노를 표명할 뿐 그 본질에 가닿으려 하지 않는, 그리고 그 분노를 힘 기르기의 중요한 원천으로 활용하려 하지 않는 우리의 모습들입니다.

여러분이 죄책감을 느끼지 않도록, 감정 상하지 않도록, 분노로 화답하는 일이 없도록 제 분노를 숨길 수는 없습니다. 숨긴다면 이는 우리가 그동안 해온 모든 노력을 욕보이며 사소한 것으로 치부하는 일이 되기 때문입니다. 죄책감은 분노에 대한 반응이 아닙니다. 죄책감은 자기 스스로 하거나 하지 않은 행동에 대한 반응입니다. 죄책감이 변화로 이어진다면 쓸모가 있을 것입니다. 이렇게 된다면 그것은 더 이상 죄책감이 아니라 앎의 시작점이 될 것입니다. 그렇지만 죄책감은 무력감, 즉 소통을 파괴하는 방어 심리의 다른 이름일 뿐인 경우가 너무 많습니다. 무지와 현상 유지를 두둔하는 장치, 그 어떤 변화도 막아 주는 최고의 보호책이 되는 거죠.

여성들 대부분은 건설적인 방식으로 분노와 대면할 수 있는 도구를 개발하지 못했습니다. 백인 여성이 대부분이었던 과거 의식화 집단들은 대체로 남성들이 지배하는 세상에 대해 느끼는 분노를 어떻게 표현할지를 다루었습니다. 이 집단들은 주로 공통의 억압을 겪고 있는 백인 여성들로 이루어져 있었지요. 여성들 사이에서 나타나는 진짜 차이, 즉 인종, 피부색, 나이, 계급, 성정체성 같은 차이를 명확히 표현하고 설명하려는 시도는 거의 없었습니다. 그때 당시에는 억압자의 위치에 선 여성의 내적 모순을 살필 필요가 없었던 것입니다. [남성들에 대한] 분노를 표현하긴 했지만 서로를 향한 분노는 거의 다루지 못했던 것이지요. 다른 여성들의 분노를 다루는 도구는 전혀 개발하지 못한 것입니다. 그것을 회피하거나, 모면해 버리거나 그것을 죄책감으로 덮어 버리거나 하는 식으로 도망갈 뿐이었던 겁니다.

여러분의 죄책감이든 저의 죄책감이든 저로서는 그것을 창조적으로 활용할 방법이 없습니다. 죄책감은 무엇을 해야 할지 알면서도 하지 않을 때 쓰는 방편, 분명한 선택이 절실히 필요한 상황에서, 나무를 쓰러뜨리고 땅을 뒤집어 놓는 폭풍이 다가오는 상황에서, 그저 시간이나 좀 벌어 보겠다고 쓰는 방편일 뿐입니다. 제가 분노 속에서 여러분에게 최소한 이야기해 두고 싶은 것은 이런 겁니다. 거리에서 흑인 여성들의 머리에 총을 겨누는 것은 누구입니까? 피 흘리며 죽어 가는 흑인 자매의 몸을 바라보며 "이 여자 무슨 짓을 했길래 이렇게 된 거지?"라고 말한 이들은 누구입니까? 이 말은, 메리 처치 터렐Mary Church Terrell[1863~1954, 흑인해방운동 및 여성 참정권 운동을 주도한 흑인 여성]이 임신 중인 한 흑인 여성이 뱃속 아기가 몸 밖으로 찢겨 나갈 때까지 백인들에게 린치를 당한 사건을 거론하자, 두 명의 백인 여성이 했던 말입니다. 1921년 이 일이 일어나기 바로 직전에는 앨리스 폴Alice Paul[1885~1977, 여성 참정권 운동을 주도한 백인 여성]이 모든 여성에게 투표권을 부여하는 수정헌법 19조 시행령에 대한 공개적 지지를 거부했습니다. 유색 여성이 헌법 개정을 위해 함께 노력했음에도 불구하고 투표권을 얻는 건 용납할 수 없었던 겁니다.

우리가 여성들 사이의 분노를 정확하게 표현할 수 있다면, 또 말하는 방식을 가지고 이러쿵저러쿵하는 것만큼 그 내용에 귀를 기울인다면, 분노가 우리를 파괴하는 일은 없을 것입니다. 분노를 외면하는 것은, 분노를 통해 우리가 깨달을 수 있는 통찰을 외면하는 것이며, 이미 알고 있는 구도, 즉 치명적이면서도 편안하게 느껴지는 친숙한 구도만을 수용하겠다는 것입니다. 저는 분노의 한계뿐만 아니라 분노의 유용함을 깨우치기 위해 노력해 왔습니다.

여성은 두려움을 갖도록 교육받고 분노를 피하지 못하면 죽을 수도 있다는 위협을 받습니다. 폭력에 대한 남성적 인식틀에서 우리는 여자의 일생은 가부장적 권력의 선의에 달려 있다고 배웠습니다. 우리는 무슨 수를 써서라도 타인을 화나게 하는 일은 피해야 한다고 배웠습니다. 분노로부터 얻을 수 있는 것이라곤 고통밖에 없다는 식이었습니다. 우리가 해야 할 일을 하지 않는 뭔가 모자란 나쁜 여자라는 판단을 자초하는 짓일 뿐이라는 것이죠. 그렇습니다. 만약 우리가 스스로를 무기력하고 힘없는 존재라고 인정한다면, 당연히 그 어떤 분노도 우리를 파괴할 수 있습니다.

하지만 여성의 힘은 우리 여성들 사이의 차이를 창조적인 것으로 인식하는 데 있습니다. 또 아무런 의심 없이 우리가 물려받은, 하지만 이제는 우리 것이 되어 버린, 그래서 우리가 변화시켜야 할 그 왜곡된 관계에 맞서 싸우는 데 바로 우리 여성의 힘이 있습니다. 여성의 분노를 통찰력 있게 활용하면 차이를 힘으로 변화시킬 수 있습니다. 동료 간의 분노는 파괴가 아니라 변화를 낳습니다. 분노가 종종 유발하는 불쾌감과 상실감은 우리를 파괴하는 것이 아니라 우리가 성장할 수 있음을 보여 주는 신호입니다.

저는 인종차별주의에 분노로 대응해 왔습니다. 이 분노를 발설하지 않으니 그것은 제 삶에 파고들어 균열을 만들고, 그 누구에게도 아무짝에도 쓸모없는 것이 되고 말더군요. 그렇지만 흑인 여성의 역사와 노동이 증발된, 아무런 빛도 배움도 없는 강의실에서 세세 빛이 된 것은 바로 분노였습니다. 또 저와 흑인 여성들의 경험에서 두려움이나 죄책감의 새로운 구실만을 찾으려 드는 백인 여성의 얼음장처럼 차가운 시선으로 가득한 곳에서 제게 불이 되어 준 것도 바로 분노였습니다. 제 분노는 여러분이 눈감고 외면했던 일들의 면죄부가 될 수 없으며, 여러분이 저지른 행동의 결과로부터 도망칠 수 있는 이유가 될 수도 없습니다.

유색 여성이 백인 여성과 만날 때 분노를 느끼는 경우가 너무 많다고 이야기하면, 사람들은 보통 "분위기를 절망적으로 만드시네요," "백인 여성이 죄책감에서 벗어나지 못하게 하시네요," "신뢰에 기초한 대화와 행동에 방해가 됩니다"라고 하더군요. 이런 말은 오늘 학술대회를 조직한 미국여성학회 회원들이 지난 2년간 제게 보내 온 편지에서 직접 인용한 것입니다. 한 여성은 이렇게 썼습니다. "흑인이고 레즈비언이기 때문에 당신은 마치 본인의 고통이 도덕적으로 훨씬 더 권위가 있는 것처럼 말씀하시는 것 같네요." 그렇습니다, 저는 흑인이고 레즈비언입니다. 여러분이 제 목소리에서 듣고 계신 것은 맹렬한 격분이지 고통이 아닙니다. 분노이지 도덕적 권위가 아닙니다. 이 둘은 다른 것입니다.

위협적으로 느껴진다는 핑계를 대며 흑인 여성들의 분노를 외면하는 것은 그 누구에게도 힘을 주지 못합니다. 즉 이것은 인종적 무지와 확고한 특권의 힘을 그대로 유지하는 또 다른 방편일 뿐입니다. 죄책감은 또 다른 대상화의 형식일 뿐입니다. 억압받는 집단은 늘 조금만 더 손을 뻗어 무지와 인간애 사이의 간극을 메워 달라는 요구를 받습니다. 사람들은 흑인 여성들이 그들의 분노를 활용해 다른 사람의 구원이나 깨달음에 도움을 주기만을 기대합니다. 하지만 이제 그런 시간은 끝났습니다. 제게 분노는 고통이기도 했지만 살아남을 수 있는 힘이기도 했습니다. 그리고 저는 그것을 대체할 만큼 강력한 무언가가 존재한다고 확신하게 되기 전까지는 그것을 포기하지 않을 것입니다.

여기 계신 여성들 가운데 자신이 겪는 억압에만 골몰한 나머지 다른 여성의 얼굴에 자기 힐 자국이 찍힌 것조차 보지 못하는 분은 없나요? 여성이 겪는 억압이 자기 검증이라는 찬바람을 피해 정의로운 자들의 대열에 낄 수 있게 해주는 입장권이라도 된단 말입니까? 도대체 그런 입장권이 [다른 여성을 짓밟아도 될 만큼] 그토록 소중하고 필요한 것인가요?

저는 대학에서 일하기 때문에 자식을 제때 잘 먹일 수 있는 유색 여성 레즈비언입니다. 그렇다고 해서 제가, 일자리를 찾지 못해 아이를 잘 먹이지 못하는 유색 여성이나 집에서 낙태와 불임 시술을 받아 뱃속이 망가져서 아이가 없는 유색 여성과 저 사이의 공통점을 인식하지 못하게 된다면, 자식 없이 살기로 한 레즈비언, 동성애를 혐오하는 공동체가 자신이 지지받을 수 있는 유일한 집단이기에 커밍아웃하지 않고 살아가는 여성, 죽음 대신 침묵을 선택한 여성, 저의 분노가 방아쇠가 되어 자신의 분노를 폭발시킬까 봐 잔뜩 겁먹은 여성을 제가 알아보지 못한다면, 이 여성들이 바로 저의 또 다른 얼굴이라는 점을 인정하지 못한다면, 저는 그녀들이 받는 억압뿐만 아니라 저 자신이 받는 억압에도 기여하는 셈입니다. 우리 사이에 존재하는 분노가 죄책감으로 얼버무려져서도, 더 심한 분열을 조장하는 방식으로 이용되어서도 안 됩니다. 그것은 우리가 처한 상황을 명료히 설명하고 서로의 힘을 북돋아 주는 방향으로 활용되어야 합니다. 어느 여성이든 자유롭지 못하다면, 그녀에게 지워진 족쇄가 제게 지워진 족쇄와 매우 다른 것이라 할지라도, 저는 자유롭지 못합니다. 단 한 명의 유색 여성이라도 속박 아래 있다면, 저는 자유롭지 못합니다. 여러분 누구라도 마찬가지입니다.

이 학술대회에서 저는 파괴가 아니라 생존을 원하는 유색 여성으로서 말씀드립니다. 어떤 여성에게도 자신을 억압하는 자의 심리를 변화시킬 책임은 없습니다. 그와 같은 심리가 다른 여성의 몸에 체현되어 있다고 해도 마찬가지입니다. 저는 늑대의 입에서 빨아낸 분노를 가지고 빛도, 먹을 것도, 자매도, 쉴 곳도 없는 곳에 빛과 웃음, 안식처와 불을 만들어 낼 수 있었습니다. 우리는 여신도 아니고, 가모장도 아니고, 신처럼 대단한 용서를 베풀 수 있는 존재도 아닙니다. 우리는 불같은 심판의 손가락도, 채찍도 아닙니다. 우리는 항상 여성으로서 우리가 가진 힘에 기댈 수밖에 없는 여성들입니다. 우리는 죽은 동물의 고기를 활용하는 법을 배웠듯이 분노를 활용하는 법을 배워 왔습니다. 우리는 멍들고 두들겨 맞으면서도 스스로를 변화시키며 살아남았을 뿐만 아니라 성장했습니다. 앤젤라 윌슨Angela Wilson의 표현을 빌리자면 우리는 분명 털고 일어나는 중입니다. 비유색인 여성이 함께하든 아니든 말이지요. 우리는 분노를 비롯해 우리가 이 싸움에서 쟁취한 모든 힘을 활용해, 우리 모든 자매들이 성장할 수 있는 세상, 우리 아이들이 사랑할 수 있는 세상, 다른 여성의 차이와 매력을 느끼고 받아들이는 힘이 마침내 파괴 욕구를 뛰어넘는 세상을 정의하고 만들어 가려 합니다.

이 지구상에 질병을 퍼뜨리는 것은 우리 흑인 여성들의 분노가 아닙니다. 로켓을 쏘아 올리고, 1초에 6만 달러가 넘는 돈을 전쟁과 죽음의 도구와 미사일에 낭비하며, 도시에서 아이들을 학살하고, 독가스와 화학 폭탄을 비축하고, 우리 딸들과 지구를 더럽히는 것은 저의 분노가 아닙니다. 우리 모두를 절멸로 이끌 맹목적이고 비인간적인 권력으로 부패하는 것은 흑인 여성들의 분노가 아닙니다. 그렇게 되지 않으려면 우리는 우리가 가진 힘을 활용해야 합니다. 우리가 어떤 조건에서 노동하며 살아갈지를 성찰하고 재정의할 수 있는 힘 말입니다. 우리에겐 고통스러운 분노로 분노를, 무거운 돌 위에서 돌을, 차이가 서로 연결되어 꽃피는 미래를, 그리고 우리의 선택을 지지해 줄 세상을 상상하고 재구성할 힘이 있습니다.

대상화와 죄책감을 넘어, 서로의 얼굴을 마주볼 수 있는 여성은 모두 환영입니다.

저는 유색인 레즈비언·게이 전국연합을 대표해 이 자리에 선 오드리 로드입니다. 오늘 이 행진으로 우리 흑인 민권운동과 게이 민권운동은, 일자리를 위한 투쟁, 복지를 위한 투쟁, 평화를 위한 투쟁, 자유를 위한 투쟁에 (물론, 우리는 언제나 이 싸움을 함께해 왔습니다만) 공개적으로 합류하게 되었습니다. 1963년에도 우리는 마틴 루터 킹 목사와 함께 행진한 적이 있습니다. 그때 우리는 감히 그들이 말하는 자유에 우리도 포함될 것이라는 꿈을 꾸었지요. 왜냐하면 우리 모두가 우리 삶의 조건을 자유롭게 선택할 수 없다면, 우리 가운데 단 한 사람도 자유로울 수 없으니까요.

* 1983년 8월 27일 워싱턴 행진에서 3분간 행한 연설이다. 1983년 워싱턴 행진은 1963년 마틴 루터 킹이 주도한 워싱턴 행진 20주년을 기념해 열렸다. 이 행진은 레이건 정부의 신자유주의에 반대하며 평등한 기회, 사회정의, 일자리와 평화를 촉구한 대규모 시위로 전국에서 25만여 명이 참여했다. 로드는 이 행진에서 유색인 레즈비언·게이 전국연합을 대표해 발언했다. 나중에 언론과의 인터뷰에서 로드는 이 3분을 "흑인 민권운동, 레즈비언과 게이 운동, 그리고 유색 여성 레즈비언과 게이 남성을 사회적으로 인정하는 결정적 순간"이었다고 이야기한다.

오늘 흑인 민권운동은 게이 민권법을 지지하겠다고 약속했습니다. 오늘 우리 레즈비언과 게이들 그리고 우리 아이들은 우리의 이름을 걸고, 이곳과 중동, 중앙아메리카, 카리브 해 지역과 남아프리카공화국 등 전 세계에서 투쟁 중인 모든 자매형제들과 함께, 우리 모두가 더불어 살 수 있는 미래를 위한 과업에 헌신할 것을 다짐하며 행진할 것입니다. 함께 나아가기 위해 서로가 똑같은 존재가 될 필요는 없음을 우리는 잘 알고 있습니다. 우리가 서로의 차이를 가로질러 함께 손을 맞잡을 때, 우리의 다양성이야말로 우리에게 거대한 힘을 준다는 점도 우리는 잘 알고 있습니다. 다양한 공동체들로부터 나온 힘과 비전으로 무장할 때, 우리는 마침내 모두가 진정으로 자유로워질 것입니다.*

워싱턴 D.C.
1983년 8월 27일

* 킹 목사의 "나에게는 꿈이 있습니다" 연설의 마지막 구절을 인용한 것이다.

An Address at the March on Washington

나는 흑인이자 여성으로 태어났다. 나는 나에게 부여된 흑인이자 여성으로서의 삶을 살기 위해, 그리고 이 지구를 위해, 그리고 내 아이들이 살 만한 미래를 만드는 일에 일조하기 위해, 내가 될 수 있는 한 가장 강한 인간이 되려 애쓰고 있다. 흑인이자, 레즈비언, 페미니스트이자 사회주의자, 시인, 그리고 아들 하나를 포함한 두 아이의 엄마이자, 다른 인종과 커플인 나는, 대부분이 나를 비정상이거나 까다로운 존재, 열등하거나 "잘못된" 존재로 규정하는 이런저런 집단들에 속해 있는 내 자신을 발견하곤 한다.

　이런 집단들에 속해 본 경험을 통해 나는 차이에 대한 억압과 편협함이 그야말로 가지각색이며 온갖 인종과 섹슈얼리티를 구실로 삼는다는 점을 알게 됐다. 해방이라는 목표를 공유한, 또 우리 아이들이 살아갈 만한 미래를 위해 노력하는 우리들 사이에,

---

*　로드의 산문 중에서 억압의 교차성과 동시성을 가장 명료하게 설명한 글로 처음에 *Interracial Books for Children Bulletin* 14.3(1983)에 실렸으며, 나중에 *Dangerous Liaisons: Blacks, Gays and the Struggle for Equality*(Eric Brandt, ed. New Press, 1999)와 *I Am Your Sister*(2011)에도 실렸다.

억압의 위계란 있을 수 없다는 점도 알게 됐다. 나는 성차별주의(한 성이 다른 모든 성들보다 선천적으로 우월하기에 지배할 권리가 있다는 믿음)와 이성애 중심주의(사랑의 한 가지 방식이 다른 모든 방식보다 선천적으로 우월하기에 지배할 권리가 있다는 믿음)가 인종차별주의(한 인종이 다른 인종들보다 선천적으로 우월하기에 지배할 권리가 있다는 믿음)와 동일한 뿌리에서 나오는 것이라는 것도 알게 됐다.

흑인 공동체에서는 이렇게 말하는 이들도 있다. "오, 그랬군요. 하지만 지금은 흑인이라고 해서 별다를 건 없는데요!" 글쎄, 나를 비롯한 내 또래 많은 흑인들은 그렇지 않았던 시절을 또렷이 기억하고 있다!

나는 내 정체성의 어느 한 부분을 억압함으로써 다른 부분이 이익을 볼 수 있다고 생각하지 않는다. 나는 우리가 평온한 삶을 누릴 권리를 원하는 다른 집단을 억압해서 이득을 볼 수 없다는 점도 잘 알고 있다. 이는 오히려 우리가 우리 아이들을 위해 피 흘리며 쟁취하고자 했던 것을 다른 이들에게는 부정함으로써 우리 스스로를 깎아내리는 짓이다. 우리 아이들은 모두가 함께할 미래를 위해 협력한다는 명목으로 서로 비슷해질 필요가 없다는 점을 배워야 한다.

레즈비언과 게이들에 대한 공격이 점점 늘어나고 있는 것은 흑인들에 대한 공격 역시 늘어날 것임을 알리는 서막일 뿐이다. 왜냐하면 이 나라에서 억압이 그 모습을 드러내는 곳마다 흑인들

There Is No Hierarchy of Oppression

은 잠재적 피해자가 되기 때문이다. 그리고 억압받는 집단의 구성원들이 서로 반목하도록 부추기는 것이야말로 우파 냉소주의의 전형적 수법이며, 우리가 각자의 고유한 정체성으로 인해 분열되는 한 우리는 효과적인 정치적 행동을 함께할 수 없게 된다.

레즈비언 공동체에서 나는 흑인이고, 흑인 공동체에서 나는 레즈비언이다. 흑인에 대한 어떤 공격도 레즈비언과 게이 이슈다. 나와 수천 명의 흑인 여성들은 레즈비언 공동체의 일원이기 때문이다. 레즈비언과 게이에 대한 어떤 공격도 흑인 이슈다. 수천 명의 레즈비언과 게이는 흑인이기 때문이다. 억압의 위계란 없다.

지독히도 여성 혐오적이고 흑인 혐오적인 가족보호법안Family Protection Act[1]이 동성애 혐오적이기도 한 것은 결코 우연이 아니다. 흑인으로서 나는 내 적이 누군지 잘 알고 있으며, KKK가 (자신들이 보기에) "동성애를 암시하는" 책들을 교육과정에서 배제하기 위해 디트로이트 법정으로 가고 있을 때, 하나의 억압 형태에만 맞서 싸우는 사치를 부릴 여유가 없다는 것도 잘 알고 있다. 나에게는 관용의 자유가 오로지 특정 한 집단만이 누릴 수 있는 권리라고 믿고 있을 여유도 없다. 또 나는 이런 차별 세력들과의 전투에서 어느 전장에 나가 싸워야 할지 선택할 여유도 없다. 왜냐하면 그들은 어디서나 나타나 날 파괴하려 들기 때문이다. 그리고 그들이 날 파괴하려 나타났다는 것은 곧 그들이 당신을 파괴하러 나타날 날도 멀지 않았다는 뜻이다.

맬컴 엑스는 내 삶의 가장 중요한 전환기에 뚜렷한 족적을 남긴 인물이다. 나는 흑인, 레즈비언, 페미니스트로서, 맬컴과 그가 남긴 전통의 후계자로서, 내 소임을 다하기 위해 오늘 이 자리에 섰다. 나는 그를 대신해 오늘밤 여기 모인 여러분 한 사람 한 사람에게 이렇게 묻고자 한다. 여러분은 자기 소임을 다하고 있는가?

새로운 아이디어란 없다. 다만 우리 각자가 자기 삶에서 소중히 간직해 온 아이디어들에 숨결과 힘을 불어넣는 새로운 방식이 있을 뿐이다. 맬컴 엑스를 처음 본 순간, 그의 목소리를 처음 들은 순간, 그가 내 우상이 되었다고는 말하지 않겠다. 진실이 아닐 테니까. [맬컴이 암살당한] 1965년 2월, 나는 할렘 149번가의 방 세 개짜리 아파트에서 남편과 두 아이를 키우고 있었다. 그전에 맬컴 엑스와 블랙 무슬림에 대한 글을 읽은 적도 있지만 내가 맬컴 엑스에게 더욱 흥미를 갖게 된 것은 그가 네이션 오브 이슬람Nation of Islam을 떠난 후였는데, 그때 그는 케네디 대통령 암살 이후 자업자득이라는 논평을 내 일라이저 무하마드Elijah Muhammad[1897~1975]로부터 근신 처분을 받은 상태였다. 이 일이 있기 전까지 나는 네이션 오브 이슬람에 대해 유심히 생각해 본 적이 없었다. 이 단체의 비실천적nonactivist 입장과 여성에 대한 태도 때문이었다. 나는 맬컴의 자서전을 읽은 적이 있었고, 그의 문체를 좋아했으며, 그가 내 아버지 쪽 사람들과 꽤나 비슷하게 생겼다고 느끼긴 했다. 그러나 그의 목소리는 그가 죽은 후에 더 큰 울림으로 다가왔고, 나도 그제야 그의 말에 귀 기울이게 된 사람 가운데 하나다.

나를 비롯해 많은 이들이 과거부터 지금까지 여전히 잘못한 부분이 있다면, 우리 삶에서 가장 중요한 메시지들을 품고 있던 사람들을 미디어가 [제멋대로] 정의하도록 ― 이건 비단 백인 미디어만의 이야기가 아니다 ― 방치한 것이다.

맬컴 엑스의 글을 찬찬히 살펴보면서, 나는 진정한 변화란 얼마나 복잡 미묘한 것인지를, 내가 그전에 읽었던 그 어떤 글에서보다, 더 많이 깨달은 한 남자를 발견했다. 오늘밤 여기서 내가 하는 이야기 중 많은 부분이 그에게서 나온 것이다.

생애 마지막 해에, 맬컴 엑스는 자신의 핵심 비전을 한층 확장했다. 아마 좀 더 오래 살았더라면 그는 변화에 필수적이며 창조의 동력이 되는 차이의 문제와 씨름하게 되었을 것이다. 맬컴 엑스는 인종차별적 현실을 분석하고 저항하는 입장에서, 좀 더 적극적으로 사람들을 조직해 변화를 일구어 내는 방법을 모색하는 입장으로 옮겨 감에 따라, 자신의 예전 입장을 일부 재평가하기 시작했다. 흑인의 가장 기본적인 생존 기술 가운데 하나는 변화하는 능력이다. 즉 좋은 것이든 나쁜 것이든 경험을 소화해, 효과적이고, 오래 지속되는, 유용한 지혜로 바꾸어 내는 능력 말이다. 멸종 위기에 처한 종으로 4백 년 동안 살아남은 [우리 아프리카계 미국인의] 역사는 우리에게 살고자 한다면 빨리 배워야 한다는 걸 가르쳐 주었다. 맬컴도 이 점을 잘 알고 있었다. 실수가 무엇인지 알고, 그것으로부터 배움을 얻고, 이를 차곡차곡 쌓아 나간다면 똑같은 실수를 반복하지 않아도 될 것이다.

암살당하기 전, 맬컴은 사회에서 여성이 담당하는 역할과 혁명에 관한 자신의 견해를 한층 더 폭넓은 방향으로 전환했다. 그는 한때는 대척점에 있는 것으로 보였던 비폭력 노선의 마틴 루터 킹 2세와 자신의 연결 고리를 점점 더 존중하며 말하기 시작했다. 그리고 그는 연합과 제휴를 실현할 수 있는 사회적 조건들을 면밀히 살피기 시작했다.

그는 우리를 적과 싸우게 하기보다는 서로를 겨누게 만드는 억압의 상처들에 대해서도 이야기하기 시작했다.

흑인인 우리가 1960년대로부터 배울 점이 딱 하나 있다면 그것은 해방을 향한 그 어떤 움직임도 한없이 복잡할 수밖에 없다는 것이다. 우리는 외부에서 우리의 인간성을 말살하는 세력들뿐만 아니라, 강제적으로 내면화된 우리 안의 억압적 가치에 대해서도 맞서 싸워야 하기 때문이다. 우리가 거둔 승리와 우리가 범한 오류가 어떤 식으로 연결되어 있는지를 면밀히 검토해 보면, 불완전한 비전이 지닌 위험 요소들에 대해서도 알 수 있게 될 것이다. 불완전한 비전을 비난하자는 말이 아니다. 불완전한 비전을 수정하고, 가능한 미래의 모형을 구축하며, 서로에게가 아니라 적을 향해 분노하고 변화를 만들자는 것이다. 1960년대에 흑인 공동체가 종종 분노를 표출하기는 했지만, 흑인 공동체를 깨우며 일어난 그 분노는 부패한 권력과 우리의 삶을 통제하는 진정한 근원들에 맞서 수직적으로 표출되지 못했다. 오히려 우리는, 우리 자신의 무능함을 비추어 주는, 가장 가까운 이들을 향해 수평적으로 분노를 표출했다.

우리는 공격 태세를 갖추긴 했지만, 항상 좋은 입지를 선택한 건 아니었다. 특정 문제에 대한 해결책을 둘러싸고 의견이 갈라질 때 우리는 서로에게 훨씬 더 잔인하게 굴었다. 흑인 모두가 겪는 문제를 유발한 억압자를 향해 분노하지 못했던 것이다. 역사적으로 차이는 지독히도 우리에게 불리한 방식으로 활용되어 왔기 때문에, 우리 흑인들은 흑인다움으로부터 벗어나는 그 어떤 것도 관용하지 않으려 했다. 그래서 1960년대에 정치적 올바름political correctness은 삶의 지침이 아니라 새로운 족쇄가 되었다. 흑인 공동체 내의 일부 강경 소수파는 단결이 만장일치를 뜻하는 것은 아니라는 사실을 잊고 있었다―흑인이란 게 어떤 표준 규격에 맞춰 측정할 수 있는 게 아님에도 말이다. 우리가 단결하기 위해 균질화된 초콜릿 우유처럼 구별 불가능한 입자의 혼합물이어야 할 필요는 없다. 단결이란, 원래는 저마다 다른 특성을 지니고 있던 다양한 요소가 결합한다는 뜻이다. 공통의 목적을 향해 나아가려면 다양성 내부의 긴장을 끈질기게 살피며 유지해야 한다. 너무나 자주 우리는 과거를 무시하거나 낭만화함으로써, 단결의 근거를 백해무익하거나 신화적인 것으로 만들고 있다. 과거가 미래를 위해 쓰이도록 하는 데 반드시 필요한 요소는 과거를 씹어 삼켜 완전히 다른 영양분으로 전환시킬 수 있는 현재 우리의 에너지이다. 이 점을 우리는 잊고 있다. 연속성은 자동적으로 만들어지는 게 아니며 우리의 노력과 행동 없이 일어나는 수동적 과정도 아니다.

1960년대는 즉각적인 해결이 가능하다는 성급한 믿음을 특징으로 하는 시기였다. 활력이 넘쳤고 자긍심과 깨달음을 얻은 시기이기도 했지만 오류도 많은 시기였다. 민권운동과 블랙파워 운동은 이 나라에서 권리를 박탈당한 집단들에게 다시금 다양한 가능성을 일깨워 주었다. [하지만] 공통의 적에 맞서 싸우면서도 개인적 해결이 가능할 거라는 유혹에 빠져 서로에게 무관심할 때도 있었다. 또 우리 안의 차이를 드러내는 데 대한 두려움 때문에, 차이를 담고 있는 서로의 얼굴을 견딜 수 없어 하던 때도 있었다. 마치 모두가 아무리 흑인다워도, 아무리 백인다워도, 아무리 남자다워도, 아무리 여자다워도 부족하다는 듯 말이다. 하지만 우리 모두를 아우를 수 있는 미래 비전은 당연히 복잡한 것일 수밖에 없고 계속 확장할 수밖에 없으며, 성취하기 쉬울 리도 없다. 추위의 해결책은 난방이고 배고픔의 해결책은 음식이지만, 인종차별주의, 성차별주의, 동성애 혐오에 대해서는 결코 획일적이고 단순한 해결책이 있을 수 없다. 이런 것들에 맞서 싸우기 위해서는, 겉으로는 달라보일지언정 결국은 똑같은 이런 질병을 마주할 때마다 항상 의식적으로 집중하는 수밖에 없다. 또 서로가 아닌 적을 정확히 겨냥해 우리의 에너지를 활용하는 법을 익히기 위해서는 우리라는 게 뭔지 제대로 살펴봐야 한다.

1960년대에 미국의 백인들은—인종차별주의자나 자유주의자나 마찬가지로—전투적인 흑인 단체가 흑인 무슬림과 싸우고, 흑인 민족주의자가 비폭력 활동가를 헐뜯으며, 흑인 여성들이 블랙 파워 운동을 돕는 길은 잠자코 엎어져 있는 것뿐이라는 말이나 듣고 있는 광경을 수수방관하며 더없이 즐기고 있었다. 미국 흑인 사회 내에서는 흑인 레즈비언과 게이의 존재에 대해서 공적으로는 아예 말도 꺼낼 수 없었다. 1980년대 정보공개법Freedom of Information Act을 통해 공개된 문서를 보고서야 우리는 연방수사국과 중앙정보국이 차이에 대한 우리의 알레르기를 이용해 1960년대 흑인 공동체를 분열시키고, 혼란과 비극을 조장했음을 알게 됐다. "흑인은 아름답다"고 했지만 여전히 의심스런 존재로 여겨졌고, 우리의 토론장은 누가 더 흑인다운가, 누가 더 가난한가 같은 아무도 승자가 될 수 없는 게임의 장이 되어 버리는 경우가 너무나 많았다.

내게 1960년대는 약속과 기대가 넘쳐 나던 시절이었지만, 내적으로는 고립과 좌절의 시기이기도 했다. 이 시기에 나는 마치 진공상태에서 일을 하고 아이를 키우는 것처럼 느껴졌고, 이것이 내 잘못인 것처럼, 내가 더 흑인다워지기만 한다면 상황이 나아질 거라 생각하곤 했다. 에너지 낭비가 너무 심한 시기였고, 나는 종종 너무 고통스러웠다. 나는 내 정체성의 다양한 측면들을 부정하거나 그중 한 측면만을 선택해야 했으며, 그러지 않으면 내 작업과 내 흑인다움은 받아들여질 수 없는 상황이었다. 백인 여성과 결혼한 흑인 레즈비언 엄마였던 나는 항상 세간의 상식을 거스르는 불편한 존재였다. 이를 통해 나는 내가 누구인지 스스로 정의하지 않으면, 나에 대한 다른 사람들의 환상에 산 채로 잡아먹히게 될 거란 걸 알게 됐다. 내가 다른 사람들의 규범에 부합하는 척하지 않으면, 나의 시, 나의 삶과 일, 나의 투쟁 에너지는 받아들여지지 않았다. 나는 이런 게임에서 성공할 수도 없을뿐더러, 이런 가면 놀음에 에너지를 쓰다가는 내 일을 할 수 없게 될 거라는 점을 깨달았다. 그리고 키워야 할 아이들도 있었고, 가르쳐야 할 학생들도 있었다. 베트남전은 점점 더 확대되고 있었고, 우리의 도시들은 불타오르고 있었으며, 학교에서는 약에 취해 꾸벅거리는 아이들이 점점 더 늘어나며 마약이 우리 거리를 접수하고 있었다. 우리에게 필요한 것은 순응이 아니라 우리의 힘을 결합하는 것이었다. 강인한 흑인 노동자들이 있었지만 흑인다움에 대한 편협한 가공의 기준에 시달리며 입을 열지 못하고 있었다. 흑인 여성도 이런 영향에서 자유롭지 못했다. 정치적 행동을 촉구하는 흑인 여성들의 전국 모임에서는, 불과 몇 년 전까지만 해도 미시시피 주에서 온갖 고초를 겪고 감옥까지 다녀 온 젊은 민권운동가가 백인 남성과 결혼했다는 이유로 의심을 사 발언권을 박탈당한 일도 있었다. 투쟁에서 누군가는 승리했지만 또 다른 누군가는 떨어져 나갔다. 1960년대는 희망과 기대가 넘쳐 나던 시절이었지만, 한편으로는 많은 것들이 버려진 소모의 시기이기도 했다. 이게 바로 역사다. 1980년대인 지금 우리는 이런 실수를 반복하지 말아야 한다.

1960년대에 흑인 자결권을 주장하며 표출된 새로운 에너지는 흑인의 각성을 고무하고, 이들의 자아상과 기대를 변화시키는 동력이 되었다. 이 에너지는 지금도 여성들, 다른 모든 유색인종들, 게이, 장애인들 ― 즉 이 사회에서 권리를 박탈당한 모든 사람들 ― 의 변화를 갈구하는 운동들 속에서 느낄 수 있다. 이것이 1960년대가 우리에게 그리고 다른 이들에게 남겨 준 유산이다. 하지만 혁명적 변화가 신속하게 일어나리라는 우리의 높은 기대는 대부분이 현실화되지 않았음을 알아야 한다. 게다가 당시 우리가 성취한 것들 가운데 많은 것이 요즘 무너져 가고 있다. 그렇다고 절망할 이유도 없고, 그 시절의 중요성을 부인할 이유도 없다. 하지만 자기 각성과 해방을 위한 투쟁을 지나치게 단순화함으로써 발생한 오류들과 이로부터 얻은 교훈을 통찰력을 가지고 명확히 직시해야 한다. 그러지 않으면, 우리는 현재 우리의 생존을 다차원적으로 위협하는 것들에 맞설 힘을 결집할 수 없을 것이다.

우리는 쟁점이 하나뿐인 삶을 사는 것이 아니기 때문에, 쟁점이 하나뿐인 투쟁도 결코 있을 수 없다. 맬컴도 마틴 루터 킹도 이점을 잘 알고 있었다. 우리는 각기 자기만의 투쟁들을 하고 있지만, 혼자가 아니다. 우리는 완벽하지 않지만, 과거 저지른 오류들을 극복할 수 있을 만큼 강하고 현명하다. 우리보다 앞서 이 사회에 존재하며 살아남은 흑인들이 있다. 우리는 이들의 삶을 이정표 삼아, 버니스 리건Bernice Reagon[민권운동가]이 통렬하게 지적한 대로, 우리가 지금 어디에 와있는지 확인할 수 있다. 왜냐하면 우리보다 앞선 이들 덕분에 우리가 여기까지 올 수 있었기 때문이다. 앞선 이들의 실수를 타산지석 삼는다고 해서 우리가 그들에게 진 빚이 줄어드는 것도 아니고, 우리가 지금에 이르기까지 들인 노고가 빛이 바래는 것도 아니며, 비효율적인 것도 아니다.

우리는 우리의 역사를 너무 쉽게 잃어버린다. 『뉴욕타임스』나 『암스테르담 뉴스』, 『타임』지가 우리를 위해 역사를 알기 쉽게 설명해 줄 리도 없다. 우리가 역사를 쉽게 잃어버리는 이유는 우리 시인들, [풍자와 해학을 통해 깨달음을 주는] 우리 광대들의 말에 귀 기울이지 않아서일지도 모른다. 우리 안에 존재하는 우리 엄마들의 말에 귀 기울이지 않아서일지도 모른다. 나는 내 입에서 흘러나오는 가장 심오한 진실들이 문득 내 어머니가 하셨던 말씀처럼 느껴질 때면, 엄마와 많이 싸운 기억도 있지만, 내 앎의 원천뿐만 아니라 우리 관계도 다시 생각해 봐야겠다는 생각을 하게 된다. 그렇다고 어머니가 내게 준 것—나를 여성이자 흑인으로 태어나게 해준 것—에 감사하는 마음으로 어머니를 낭만화하겠다는 말은 아니다. 과거가 현재의 씨앗임을 자각한다는 명목으로 과거를 낭만화해서는 안 된다. 기억상실증으로 에너지를 낭비하며 과거로부터 교훈을 얻지 못해서도 안 된다. 과거를 깊이 이해하고 자부심을 가지고 그것이 주는 교훈을 읽어 내야 한다.

우리는 남들의 거짓말에 속는다는 게 무엇인지 잘 알고 있다. 스스로에게 거짓말하지 않는 것이 얼마나 중요한지도 잘 안다.

우리는 살아남았기에 강한 존재다. 생존과 성장, 이것이 가장 중요한 것이다.

우리 각자의 내면에 일말의 인간다운 구석이 남아 있다면 연이은 위기를 조장하고 우리의 미래를 산산조각 내고 있는 이 기계가 우리를 위해 작동하지는 않을 거라는 걸 알 것이다. 우리 반대편에 서있는 거대한 세력들이 잘못된 억압의 위계를 세우지 못하게 하려면, 흑인에 대한 그 어떤 공격도, 여성에 대한 그 어떤 공격도, 우리 모두에 대한 공격이라는 점을 인식할 수 있도록 스스로 단련해야 한다. 우리가 떠받치고 있는 이 체계가 우리의 이해관계에 이바지하지 않을 거라는 점을 깨달아야 한다. 가난한 사람을 억압하는 입법, 동성애자에 대한 테러, 유대교 회당에 대한 방화, 거리에서의 추행, 여성에 대한 공격과 다시 기승을 부리고 있는 흑인에 대한 폭력 사이의 연결 고리가 바로 오늘 여기 모인 우리들이다. 이는 내 일상 속에서 정확히 어떤 변화를 요청하는가? 나는 여러분 한 사람 한 사람에게, 그리고 나 자신에게 묻고 있는 것이다. 생존은 이론의 문제가 아니다. 어떤 식으로든 내가 내 스스로 동지라고 생각하는 사람들 중 일부분의 예속에 기여하고 있는 것은 아닌가? 통찰력은 우리 삶을 성찰하는 데 써야 한다. 우리가 먹는 빵이나, 자연적으로는 천 년이 지나도 분해되지 않을 독성 핵물질을 만드는 데 쓰는 에너지는 누구의 노동으로 만들어지는 것인가? 우리가 쓰는 저가의 계산기에 들어가는 극소 전자 반노제를 조립하느라 시력을 잃는 사람은 누구인가?

평등권 수정헌법안이 체제 전복적이라는 이유로 부결된 나라에서* 한 땀 한 땀 미래를 엮어 나가고 있는 건 바로 우리 여성들이다. 뉴라이트가 노리는 가장 확실한 표적이 되어 거세와 구금, 그리고 거리에서 언제 죽을지 모르는 위협 속에 살아가고 있는 건 바로 우리 레즈비언과 게이들이다. 그리고 우리가 제거되면, 그다음은 다른 유색인들, 노인들, 가난한 이들의 차례가 될 것이고, 결국 그런 비인간적 규범에 들어맞지 않는 모든 이들이 제거되는 길을 터주는 꼴이라는 걸 우리는 너무나 잘 알고 있다.

* 이 책 201쪽 옮긴이 주 참고.

그런데도 우리가 여전히 서로 싸우고 있을 여유가 있는가?

현재 우리 흑인들은 도처에서 살의가 감지되는 시대를 살고 있다. 유색인은 미국의 국내외 정책에서 점점 더 소모품이 되어 가고 있다. 우리는 베트남의 비극을 엘살바도르와 니카라과에서도 반복하려는 정부, 이 지구상의 모든 해방 투쟁에서 항상 잘못된 편에 선 정부 아래 살고 있다. (내가 이 글을 쓰고 있는 지금 이 순간에도) 미국 정부는 고작 3백여 제곱킬로미터 면적의 주권국 그레나다를 침공해 정복했다. 구실은 11만 명의 그레나다인들이 미국에 위협이 된다는 것이었다. 우리가 아파르트헤이트에 의한 남아공의 체계적인 인종 학살과 아이티·엘살바도르의 살육과 고문을 용인하고 군수품 지원을 승인하는 사이, 우리 언론은 백인 공산주의 국가 폴란드의 인권 상황에 대한 우려들로 도배되어 있었다. 미국의 자문단은 중앙아메리카, 남아메리카, 아이티 전역에 걸쳐 억압적 정부를 지지하고 있지만, 이런 자문이란 곧 군사 원조에 앞서 내려오는 암호명일 뿐이다.

죽음을 앞둔 환자들, 노인과 피부양 아동들, 식료품 구매권, 심지어 학교급식에 대한 정부 지원금을 삭감하기로 한 결정은 편안한 집에 살면서 두 대의 차를 몰고 다니며 여기저기 세금 피난처를 둔 배부른 남자들이 한 짓이다. 이들 가운데 밤에 배고픈 상태로 잠자리에 드는 사람은 없다. 최근에는 심지어 65세 이상 고령자들에게, 어차피 죽을 날이 멀지 않았으니, 원자력 발전소 일자리를 주자는 이야기까지 나왔다.

이런데도 여기 모인 사람들 가운데 미래를 우리 것으로 되찾으려는 노력이 사적이고 개인적인 노력으로 가능하다고 믿는 사람이 아직도 있는가? 이런데도 해방을 추구하는 일이 특정 인종이나 성, 나이, 종교, 섹슈얼리티, 계급을 가진 그런 이들만의 특수한 영역이라고 믿는 사람이 아직도 있는가?

혁명은 일회성 이벤트가 아니다. 혁명이란, 구태의연한 대응 방식에 진정한 변화를 일으킬 수 있는 아주 작은 기회조차 놓치지 않으려고 언제나 경계를 늦추지 않는 노력이다. 예를 들어, 그것은 존중하는 마음으로 서로의 차이를 다루는 법을 배우는 것이다.

우리가 공유하고 있는 공동의 이해관계는 생존이다. 그리고 이는 단지 다른 사람이 지닌 차이가 불편하게 느껴진다는 이유로 그들은 외면한 채 추구할 수 있는 것이 아니다. 우리는 거짓말에 속는 것이 어떤 것인지 너무 잘 알고 있다. 1960년대로부터 우리는 스스로에게 거짓말하지 않는 것이 얼마나 중요한지도 배워야 한다. 혁명을 그저 일회성 이벤트로 생각해서도 안 되고, 우리 안이 아니라 주변에서 일어나는 일로 생각해서도 안 된다. 다른 사람이 자유롭지 못한데 내가 자유로울 수 있다고 생각해서도 안 된다. 또한 우리가 선택한 지도자라 할지라도 그가 혼자서 우리가 누구인지, 우리가 가진 힘의 원천이 무엇인지 정의하도록 내버려 둬서도 안 된다.

이 자리에 모인 흑인들 가운데 생존을 위해 무엇을 해야 할지 누군가의 지시가 내려올 때까지 앉아서 기다릴 시간과 여유가 있는 사람은 없다. 우리들은 각자, 자신의 삶이 지닌 진짜 독특한 조건들을 명확히 그리고 꼼꼼히 들여다보고, 어디에 어떤 행동이 필요할지 또 우리의 에너지는 어디에 써야 할지, 그것이 어디에 효과적일지 결정해야만 한다. 우리가 어디에 어떻게 서있든, 어떤 영역을 선택하든, 변화는 우리 각자가 직접 책임져야 할 일이다. 제2의 맬컴 엑스, 제2의 마틴 루터 킹, 카리스마 넘치는 제2의 흑인 지도자가 우리의 투쟁을 승인해 주기를 기다리는 동안, 흑인 노인은 공동주택에서 얼어 죽어 가고, 우리 아이들은 거리에서 짐승처럼 살육당하며 텔레비전에 의해 바보가 되어 가고 있다. 오늘날 빈곤선 아래 있는 흑인 가족의 비율은 1963년보다 높다.

우리의 미래를 새로운 메시아의 손에 맡기려고 기다리는 동안, 그 지도자들이 총에 맞아 죽거나, 불명예 퇴진하거나, 암살되거나, 동성애자라고 매도되거나, 권력을 빼앗기게 되면 어떻게 될 것인가? 우리의 미래를 이렇게 가만히 보류해 둘 것인가? 우리 안에 내면화된 자기 파괴적인 이 장벽, 우리가 움직이지도, 서로 함께 모이지도 못하게 하는 그 장벽은 무엇인가?

우리 흑인들은 특별한 선택의 기로에 서있다. 우리의 미래를 만들어 가는 일에 참여하지 않겠다는 것은 미래를 포기하겠다는 것이나 다름없다. 나만은 안전할 거라 잘못 생각하거나("설마 나한테 그런 일이 일어나겠어") 절망에 빠져("우리가 할 수 있는 건 없어") 수 동적 길로 들어서서는 안 된다. 각자가 할 일을 찾아 해야 한다. 전투적 투쟁성이 한낮의 결투를 의미하던 시대는 이제 지났다. 이 제 그것은 변화가 가능하리라 전혀 확신할 수 없는 상황에서도 변 화를 위해 능동적으로 활동한다는 뜻이다. 그것은 유의미한 연대 를 구축하는 데 필요한 일, 평범하고 지루하기 짝이 없는 그런 일 들을 꾸준히 해나가는 것이다. 그것은 어떤 연대는 가능하고 어떤 연대는 가능하지 않다는 걸 깨닫는 일이다. 그것은 단결과 마찬가 지로 연대도, 정해진 스텝대로만 행진하는 분열된 꼭두각시 같은 존재가 아니라, 자신의 잠재 능력을 최고로 발휘한 온전한 인간 존재가 모여 믿음을 가지고 집중해야 가능하다는 것을 알아 가는 일이다. 그것은 절망과 싸우는 일이다.

대학에서 이는 분명 쉽지 않은 일이다. [하버드 대학의] 여러분 들은, 이 자리까지 온 덕분에, 스스로 이상한 이름표를 달고, 자신 이 누구인지, 자신의 실제 이해관계가 어디 있는지 망각하는 순간 이 정말 많을 것이다. 분명, 여러분들에게는 구애의 손길이 쏟아 질 것이다. 그러나 구색 맞추기tokenism만큼 빨리 창조성을 마르게 하는 것도 없다. 개인적인 해결이 가능하다는 신화를 먹고 자라난 그것이 주는 안정감은 가짜다. 맬컴이 한 말을 조금 바꾸어 말하 자면, 제 아무리 검사라 해도 벤츠를 몰고 브루클린 거리를 지나 가는 흑인 여성은 여전히 "검둥이 년"일 뿐이다. 이 말은 절대 유행을 타지 않는 것 같다.

우리가 한편이 되어 함께 싸우기 위해 여러분이 내가 될 필요는 없다. 우리가 치르는 전쟁이 동일한 것이라는 점을 깨닫겠다고 내가 여러분이 될 필요도 없다. 우리가 해야 할 일은 우리들 가운데 누구 하나 배제되지 않는 미래를 만들어 가는 데 헌신하는 것이며, 그런 미래로 가기 위해서는 우리 각자의 독특한 정체성에서 나오는 힘이 필요하다. 이를 위해선 우리의 동일성을 인식하는 동시에 서로의 차이를 인정해야 한다.

우리의 역사가 가르쳐 준 게 있다면, 억압의 외적 조건만을 변화시키는 걸로는 충분치 않다는 것이다. 온전한 존재로 살아가려면, 억압이 개개인의 마음에 심어 둔 절망을 인식해야 한다. 이 절망은 가늘지만 끈질긴 목소리로 이렇게 말한다. 우리가 노력해도 소용없어, 절대 변하지 않을 텐데 굳이 나서서 그래? 그냥 받아들여. 우리는 우리에게 주입된 이런 자기 파괴의 조각들과 싸워야 한다. 우리는, 우리 안에 독약처럼 스며들어, 우리가 아무런 의식도 하지 못하는 사이에 우리를 이간질시키는, 저 자기 파괴의 조각들과 싸워야 한다. 우리는 각자의 마음 깊숙한 곳에 자리 잡은 이 혐오를 우리 손으로 끄집어내, 그것이 누구를 멸시하게 부추기는지 직시해야 한다. 그리고 마음속의 자기 파괴적 힘을 줄이기 위해서는, 차이를 가로질러, 우리가 서로 연결된 존재임을 인식해야 한다.

나는 우리가 서로를 파괴함으로써 적에게 좋은 일을 해줄 여유가 없다는 걸 1960년대로부터 배우면 좋겠다.

일리노이에서 화가 난 흑인 야구선수가 자신에게 야유를 퍼부은 백인에게 욕을 퍼붓고는 엉뚱하게 다른 흑인을 칼로 찌른 사건은 대체 어떻게 해석해야 할까? 소수자 공동체의 길거리 치안 유지 방법으로 세대 갈등을 부추기는 것보다 더 좋은 방법이 있을까?

하워드 대학교*에서 게이학생권리헌장Gay Student Charter을 선언하는 자리에 학생회장이 나와 흑인 레즈비언과 게이 남성을 가리키며 이렇게 말했다. "흑인 공동체는 이런 쓰레기들과는 아무런 관련이 없습니다. 우리는 이 사람들을 버려야만 합니다"(강조는 내가 한 것이다). 버린다고? 부지불식간에 우리도 흑인이야말로 누구나 분노를 퍼붓기 적합한 표적이라는 인종차별적 믿음을 흡수하고 있었던 것이다. 가장 가까이 있는 서로를 향해 분노를 터뜨리는 것이 적에게 분노하는 것보다 더 쉬운 법이다.

당연히 하워드 대학의 이 젊은이가 내뱉은 말은 역사적으로 맞지 않는 말이다. 그는 "우리"와 많은 관련이 있다. 오늘날뿐만 아니라 1960년대에도, 우리 흑인들 가운데 가장 훌륭한 작가, 운동가, 예술가, 학자들 중에는 레즈비언도 게이도 있었고, 이는 역

* 가장 유서 깊은 흑인 대학HBCU(Historically Black Colleges and Universities) 가운데 하나로 민권운동 당시 구심점 역할을 했고, 오랫동안 흑인 지식인과 엘리트들을 배출하는 산실 역할을 해왔다.

사가 증명해 줄 것이다.

1960년대에 나는 자꾸만 계속해서 내 존재와 작품에 대해 해명하고 정당화해 보라는 요구를 받았다. 내가 여성이기 때문에, 내가 레즈비언이기 때문에, 내가 분리주의자가 아니기 때문에, 나의 어떤 부분을 받아들일 수 없기 때문이었다. 내 작품 때문이 아니라 내 정체성 때문이었다. 나를 구성하는 부분들 가운데 나머지는 다 버리고 단 하나만 내보이라는 압력을 받으며, 나는 나의 모든 부분들을 꼭 붙들고 지켜 내는 방법을 터득해야 했다. 내가 같은 여성들을 나를 지탱해 주는 에너지의 원천이라고 생각한다는 이유로 나를 쓰레기라 부른 그 하워드 대학 청년을 직접 만난다면, 난 뭐라 말할 수 있을까? 나는 이 말밖에는 할 말이 없다. 그가 그 자리에 설 수 있었던 것은 바로 나의 에너지, 그리고 나와 비슷한 다른 여성들의 에너지 덕분이라고 말이다. 그런다고 그가 내 얼굴에다 대고 쓰레기 운운하지는 못할 것이다. 대상이 실재하지 않고 관념적으로만 존재하는 상태에서 퍼붓는 비방과 매도만큼 쉬운 일은 없기 때문이다. 복잡하게 얽히고설킨 흑인의 존재와 생존 구조에서 레즈비언과 게이 남성의 존재를 비가시화하는 작태는 흑인 공동체를 파편화하고 약화시킬 뿐이다.

다른 곳에서와 마찬가지로 학계에서도 젊은 흑인 여성을 통제 아래 두려고 점점 더 많이 사용되고 있는 비방이 있다. 자신이 흑인으로서뿐만 아니라 여성으로서도 억압받고 있다는 점을 깨닫기 시작한 젊은 여성들을, 그녀가 자신을 어떻게 정체화하는지에 상관없이, 레스비언이라 부르는 것이다. "커피 타는 것도 싫다, 문서 작성도 싫다, 설거지도 싫다, 그리고 나와 잠자리도 싫다니 뭐야? 너 레즈비언 뭐 그런 거야?" 이렇게 무서운 오명을 뒤집어 씌우면 거의 십중팔구 대부분이 다시 고분고분해진다. 하지만 레즈비언이라는 말이 위협이 되는 이들은, 자신의 섹슈얼리티에 대해 공포를 가진 흑인 여성들, 남들이 자신을 섹슈얼리티로 정의하도록 방기하는 흑인 여성들뿐이다. 우리의 관점에서 투쟁하고 자기 목소리를 내며 정치적으로 감정적으로 서로 긴밀한 유대를 나누는 흑인 여성은 흑인 남성의 적이 아니다. 우리는 스스로를 정의하며 우리 사이의 나양성을 인식하고 존중하는 흑인 여성이다. 우리는 매우 오랫동안 흑인 공동체에 존재해 왔으며, 흑인 공동체가 살아남는 데 핵심적인 역할을 담당해 왔다. 하트 셉 수트Hat Shep Sut[고대 이집트 여성 파라오]부터 해리엇 터브먼Harriet Tubman[1822?~1913, 노예해방운동가], 데이지 베이츠Daisy Bates[1914~99, 민권운동가], 패니 루 해머Fannie Lou Hamer[1917~77, 민권운동가], 로레인 한스베리Lorraine Hansberry[1930~65, 작가이자 민권운동가], 앤트 메이딘Aunt Maydine, 그리고 오늘 여기 모인 여러분까지 말이다.

1960년대에 흑인들은 서로 싸우느라 중요한 것들을 많이 잃어버렸다. 1980년대인 지금 우리에겐 그럴 여유가 없다. 현재 워싱턴 D.C.는 전국에서 유아사망률이 가장 높고, 20세 미만의 흑인 인구 중 60퍼센트가 실직 상태이며, 취직은 점점 더 어려워지고 있고, 린치는 늘어나고 있으며, 투표권을 지닌 흑인들 가운데 지난 선거에서 투표한 이들은 절반도 안 된다.

여러분은 자신이 내뱉은 말을 어떻게 실천하고 있는가? 그게 뭐든 간에 말이다. 그리고 여러분의 말을 듣고 있는 사람은 정확히 누구인가? 맬컴이 강조했던 대로, 우리가 억압받는 게 우리 잘못은 아니다. 하지만 우리가 억압으로부터 해방되지 못하는 것은 우리 잘못이다. 그것이 결코 쉬운 일은 아니겠지만, 우리에겐 배운 게 있고, 우리가 물려받은 것들 중에는 유용한 것들이 있다. 우리에겐 우리보다 앞서 살았던 이들이 준 힘이 있다. 그리고 그 힘으로 우리는 그들보다 더 나아갈 수 있다. 우리에게는 나무도 있고, 물도 있고, 태양도 있고, 그리고 아이들이 있다. 맬컴 엑스는 우리가 읽는 그의 메마른 텍스트 속에 존재하지 않는다. 맬컴은 우리가 그와 공유하는 비전을 따라 행동할 때 내뿜는 에너지 속에 살아 있다. 우리는 현재의 거대한 압력에도 불구하고 단단히 뭉쳐 살아남았을 뿐만 아니라 미래를 만들어 가고 있다. 역사의 일부가 된다는 건 바로 그런 것이다.

· 다시 찾은 그레나다 ·

중간보고서[1]

그레나다에 처음 갔을 때 나는 "고향"home을 찾아간 것이었다. 그곳은 내 어머니가 태어난 곳이었고, 어머니는 항상 내게 그곳을 고향이라 말씀하셨다. 내가 그곳에서 보고 느낀 것들의 이미지들은 아직도 이렇게 선명히 남아 있다.

○ 그랑 앙스 비치는 이른 아침부터 사람들로 북적거렸다. 교복을 입은 아이들이 낡은 책상이 놓인 교실로 곧장 가지 못하고, 신발을 손에 든 채 코코 야자나무의 유혹과 싱그러운 아침 바다 사이에서 무엇을 할지 망설인다.

○ 밑단을 손질한 프린트 드레스를 걸친 늙은 여자가 깡마른 몸을 이끌고 한 손에는 단검을 든 채 해변을 따라 돌고 있다. 큼지막한 높은 고무장화를 신었는데도 단호한 걸음걸이는 결코 흐트러지지 않는다. 흐느적거리는 모자 아래, 나이 들어 희끗해진 초콜릿색 얼굴 사이로 날카로우면서도 여유로운 눈이 반짝인다.

○ 이번에는 한 젊은 여성이 팔꿈치와 허리 사이에 회초리를 끼고,

꼬리가 아래로 처진 것 말고는 염소와 거의 똑같이 생긴 일곱 마리 양을 몰고 간다.

○ "시장에서 생선을 튀기는 뚱뚱한 여자"라는 가게는 정말 이름 대로다. 음식이 진짜 맛있는데, 캠벨 사의 포크앤빈스 캔에다가 철제 손잡이를 단 머그잔에 향긋한 초콜릿차를 함께 내준다.

○ 보름달에 밤 해변이 초록빛으로 빛난다.

내가 처음 그레나다에 온 것은, 1979년 3월 13일 뉴주얼 운동New JEWEL Movement이 무혈 쿠데타를 일으키기 11개월 전이었다. 이 혁명으로 모리스 비숍이 이끄는 그레나다 인민혁명정부가 탄생했다. 이는 미국의 승인 아래 29년에 걸쳐 그레나다를 지배해 온 에릭 게어리Eric Gairy 경의 부패한 체제를 종식시켰다.*

* 1967년 영국으로부터 자치권을 획득한 그레나다는 1974년 에릭 게어리를 초대 총리로 하여 독립했다. 뉴주얼 운동은 1973년, 경제학자 유니슨 화이트맨이 이끄는 '복지·교육·해방을 위한 공동노력'(Joint Endeavour for Welfare, Education, and Liberation, JEWEL)과 모리스 비숍을 주축으로 하는 '인민의회운동'(MAP) 두 단체가 병합되어 조직된 정당이다.
국가 성립 초기부터 집권 우익 여당과 좌익 야당의 갈등은 심각했다. 1976년 총선에서 여당이 근소한 차로 승리했으나 선거 결과가 조작되었다는 의혹이 제기되었으며, 이에 에릭 게어리는 사병 조직인 몽구스 갱단을 투입해 공포 정치를 한다. 이런 와중에 뉴주얼 운동의 당수였던 모리스 비숍은 게어리가 뉴욕의 유엔회의에 참석한 틈을 타 1979년 쿠데타를 통해 권력을 쟁취하고 뉴주얼 운동을 인민혁명

그렌빌의 조그마한 펄 공항에서 뷰리가드와 버치 그로브를 지나 그랜드 에탕 산으로 이어지는 길에, 무지개 빛깔 아이들이 좁다란 길을 따라 마을이 끝나고 산이 시작되는 곳까지 우리를 따라오며 소리친다. 산 쪽으로 양치식물이 지붕널처럼 늘어서 있다. 1978년 그레나다에 포장도로는 단 하나뿐이었다. 인민혁명정부가 통치하는 동안 도로와 버스 노선이 정비되어 이제는 유람선까지 오가는 연락선을 이용하는 관광객보다 버스를 이용하는 승객이 더 많다. 야생 바나나 잎이 비탈길 양옆으로 덤불처럼 펼쳐져 있다. 덤불 안으로 붉은 코코아나무, 황금빛 사과나무, 망고 나무, 복숭아처럼 통통한 육두구 나무 같은 것들이 늘어서 있다. 애넌데 일로 가는 길 위에 빨래 마구니를 머리에 이고 뒷짐을 진 채 흔들흔들 걷는 소녀들을 보니 아프리카에서 본 길들이 생각난다.*

조그만 향신료 섬인 그레나다는 세계에서 두 번째로 육두구를 많이 생산하는 곳이다. 이곳의 코코아는 지방을 45퍼센트나 함유하고 있어 세계시장에서 고가에 팔린다. 그런데 그레나다인

정부로 공표함으로써 여당이 되었다. 비숍은 자주적인 민족주의 노선을 지향하며 미국 레이건 정부를 배격하고 쿠바와의 관계를 모색하며 여러 가지 근대화 정책을 펼쳤으나 (소련과 쿠바의 지원을 받은) 버나드 코드를 위시한 당내 급진 세력이 일으킨 쿠데타에 의해 1983년 처형됐다. 이후 미국은 공산화를 막는다는 명목으로 그레나다를 침공했다.

* 로드는 1974년 여름 가족과 함께 아프리카를 3주간 여행했다.

이 가공한 핫 초콜릿을 마시려면 그 가격의 여덟 배를 지불해야 한다. 모두 수입품이기 때문이다.

내가 두 번째 그레나다를 방문한 이유는, 이제 막 알아 가기 시작한 이 나라가 무참히 짓밟히고 침략당한 일에 대한 애도의 뜻에서였다. 게다가 나는 미국이 그레나다인들로 하여금 침략자들에게 고마워하도록 책략을 쓰고 있다는 사실에 공포를 느꼈다. 1983년 10월 25일, 미국의 그레나다 침공을 둘러싼 비밀 뒤에 숨겨진 거짓과 왜곡에 대해 나는 잘 알고 있다. 지금 『뉴욕 타임스』 뒷면에 난 작은 기사들만 봐도 쉽게 무너져 내릴 그런 구실들 말이다.

1. [그레나다의] 세인트 조지 의과대학[에 다니는 미국인] 학생들이 위험에 처해 있었다는 구실. 이 학교의 공무원들도 이를 부인했고[2] 학생들도 이를 부인했다.[3] 미국 정부는 그레나다 혁명군사위원회의 허드슨 오스틴 장군에게 학생들의 안전을 보장한다는 확약을 이미 받아 놓은 상태였다. 하지만 이 확약은 무시됐다.[4]

2. 미국이 동카리브국가기구 회원국들의 요청을 받아 개입했다는 구실. 이는 그레나다가 다른 섬을 침략했을 경우에나 국제적으로 적법할 것이다.[5] 침략 결정은 전체 7개 회원국 가운데 4개국이 내린 것이다. 개입 요청은 실제로는 미 국무부가

작성해 동카리브해 국가들에 보낸 것이었다.[6]

3. 그레나다의 군사용 공항 건설과 현대식 무기 비축량이 미국의 안전을 위협했다는 구실. 그레나다의 새 공항은 관광객을 수용하려고 지은 민간 공항이다. 이 공항은 25여 년 전에 계획된 것이며, 그 비용 중 절반은 서유럽 국가들과 캐나다 자본을 끌어온 것이었다. 이에 투자한 영국 회사 플레시Plessey에 따르면, 이 공항은 군사용이 아니라 민간 기준으로 지을 계획이었다.[7] 그레나다에 대한 미국의 모든 보고서는 이제 와서 이 공항이 그레나다 관광산업에 필수적이라 강조한다.[8] 무기 "비축량"은 창고 2개 분량도 되지 않았다. 6,300정의 라이플 장총 중 그런대로 현대식이었던 건 400정에 불과했으며, 나머지는 매우 구식이었고 어떤 것들은 고물 수준이었다.[9]

[역사학자] 아서 슐레진저 2세도 지적했듯이, "오늘날 우리는 육군도 해군도 공군도 없는 인구 11만 명이 사는 불쌍한 섬나라를 기습해 놓고선 영광스런 승리 운운한다."[10]

한 무리의 남녀가 외바퀴 손수레에 괭이, 돌망치 등 여러 공구를 가지고 우리 앞에 놓인 길을 고치고 있다. 우리가 지나가자 한쪽으로 비켜 준다. 한 여성이 기다란 낫 손잡이에 몸을 기댄 채, 머리에 감은 수건 끝자락으로 얼굴을 닦는다. 맨발을 한 다른 젊은 여성은 미소를 짓는데 앞니가 하나도 없다. 인민혁명정부는 그레나다에 무상 의료를 도입했고, 더 이상 학비도 없다. 사유지 노동자들과 작은 마을의 소농들 대부분은 평생 처음으로 치과의사를 만났다. 교사 양성과 일대일 교육 프로그램을 실시함으로써 시골 전역에서 문맹률이 떨어졌다.

혁명. 국민이 자신들에게 필요한 것을 스스로 결정한다. 그것을 얻을 수 있는 최선의 방법은 무엇인가. 식량. 치과의사. 의사. 도로. 내가 1978년 그레나다를 처음 방문했을 때, 이 나라의 경작 가능한 땅 중 3분의 1이 부재지주의 소유로 방치된 채 경작하는 사람이 아무도 없는 상태였다. 인민혁명정부는 이런 땅을 경작하겠다는 사람들에게 넘겨주거나 국유화했다. 소규모 바나나 집단 농장, 어업 협동조합, 농공업이 시작되었다. 세계은행은, 미국의 방해에도 불구하고, 그레나다 경제가 성장률과 안정성에서 다른 카리브해 국가들을 압도하고 있다고 보고한다. 실업률은 40퍼센트에서 14퍼센트로 떨어졌다. 그런데 이제 다시 일자리가 없다.

4년 전 미국은 국제통화기금을 통해 그레나다 경제가 더 이상 서구의 금융 지원을 받을 수 없도록 했다. 하물며 게어리의 침공 위협으로부터 그레나다를 보호해 줄 리도 만무했는데, 당시 게어리는 [미국의 보호 아래] 캘리포니아 주 샌디에고에 망명한 상태였다. 지난 29년간 게어리 체제에서 절망적인 수준으로 하락한 그레나다의 인프라를 재건하고자 인민혁명정부가 1979년, 미국에 경제원조를 요청했을 때도, 미국은 어느 외교 대사든 자유재량

대로 사용 가능한 판공비에서 고작 5천 달러를 제공하는 모욕적 처사로 화답했다! 침공 이후인 1983년 현재, 침략자들은 그레나다인들에게 복지(미국이 두 번째로 많이 수출하는 마약이다)를 약속하고 있다. 미국에 머리를 조아리는 조건으로 이제까지 3백만 달러가 제공되었다.

미국의 그레나다 침공으로 인해 우리 각자가 세금으로 치른 이 비용을 5년 전 인민혁명정부가 미국에 경제원조를 요청했을 때 빌려주었더라면, 그레나다인이 감사하는 마음은 진심이었을 테고 수백 명이 목숨을 보전했을 것이다. 그렇지만 그렇게 되면 그레나다는 자결권을 지닌 독립국가가 될 테니 미국은 이를 허용할 수 없었을 것이다. 독립국 그레나다는 카리브해와 중앙아메리카의 유색인에게, 그리고 여기 미국의 우리 흑인에게 매우 나쁜 사례이자 위험한 선례가 될 테니까 말이다.

대다수 미국인들은 모리스 비숍 총리의 암살 사건에 미국이 암암리에 개입한 일과 그 직후 전개된 그레나다 침공에 대해서도 기다렸다는 듯이 승인했다. 이것이 가능했던 것은 인종차별주의로 인해 미국의 도덕적·윤리적 근간이 마치 건부병에 의해 완전히 썩어 버린 나무처럼 철저히 허물어졌기 때문이다. 백인 중심의 미국 사회는 흑인을 비인간화하는 교육을 오랫동안 실시해 왔다. 이들은 이렇게 생각한다. 흑인들의 섬나라라고? 이런, 말도 안 돼! 걔네들이 그렇게 시건방지게 굴지만 않았어도, 우리에겐 일자리도 충분하고 불경기도 없을 텐데 말이지. 흑인 청년에 대한 린치, 흑인 여성에 대한 총질, 60퍼센트에 이르는 흑인 십대 청소년의 실업 상태와 급증하는 실업 가능성, [레이건] 대통령의 민권위원회* 뒤흔들기, 빈곤선 이하의 흑인 가구 수가 20년 전보다 더 증가한 현실. 미국 사회의 현실에서 드러나는 이런 사실들과 인종차별주의를 아무렇지도 않게 무시해 버리는 상황에서, 하물며 작디작은 흑인들의 나라 그레나다에 대한 유린과 강제 합병이 뭐 대수겠는가?

미 국방부는 이길 수 있는 싸움을 오랫동안 갈망해 왔다. 그나마 승리를 경험한 가장 최근 싸움이 1950년대 [한국전쟁 당시] 인천에서 거둔 승리였다. 노란 얼굴의 베트남인들에게 당한 쓰디쓴 패배의 기억을 지워 버리고 대중에게 자국이 힘을 회복했음을 보여주는 데 [그레나다인 같은] 흑인의 피를 짓밟고 저벅저벅 행진하는 미 해병의 이미지보다 더 좋은 게 있겠는가? 해병들은 "우리의 명예를 지키기 위해 싸우네"라고 노래한다. 그렇게 대중의 관심은 불황이나 실업, 베이루트 참사**나 핵무기에 대한 광적인 집착,

* 민권위원회는 1957년 대통령 직속 임시위원회로 설치되었고, 1960년 민권법이 제정되면서 정식 기구가 되었다. 보편적 평등과 사법 정의 등을 구현할 수 있도록 의회와 행정부에 건의하는 이 기구는 1980년에 레이건 행정부가 들어서면서 극단적 보수 인사들로 꾸려졌다.

** 1983년 10월 23일, 레바논 주둔 미해병대 사령부와 프랑스군 사령부 건물이 자살 폭탄 테러로 완전히 붕괴되어 미 해병대원 243명이 사망한 사건. 베트남전 이후 최대의 미군 인명 피해를 낸 참사였다.

[레이건 행정부의 반환경 정책으로] 죽어 가는 바다, 점증하는 침체와 절망에서, [그레나다에서 미군의 오폭으로] 50명이 사망한 정신병원 폭격으로 옮겨 갔다. 심지어 이런 자랑스러운 뉴스조차 이것저것 겉만 번지르르한 이야기들로 치장하느라 일주일 넘게 보도가 보류되었다. 빵과 서커스로 대중의 눈을 가리는 전형적인 수법들.

미국이 카리브해 지역에서 민주주의가 꽃피우는 것에 눈곱만큼이라도 관심이 있다면, 아메리카 전 대륙에서 가장 부패하고 억압적인 통치 체제를 지닌 두 나라 아이티와 도미니카공화국을 계속해서 지지하는 이유는 무엇인가? 그레나다에 대한 미국 정부의 거짓말을 덮어 주는 인종차별주의는 뒤발리에 체제에서 도망쳐 나오다 익사해 마이애미 해변까지 떠내려 온 아이티인 131명의 검은 얼굴을 외면하게 한 인종차별주의와 똑같은 것이다. 또 이 인종차별주의는 남아공 백인 정권의 아파르트헤이트와 "건설적 개입"이라는 구실 아래 이들을 지원했던 레이건 정부에 대해서도 눈감도록 했다. 백인 중심의 남아공은 세계에서 생활수준은 가장 높지만, 흑인 아동 중 50퍼센트가 다섯 살이 되기 전에 죽는 곳이다. 이건 통계적 사실이다. 세계에서 가장 고도로 산업화된 이 나라 미국에서도 흑인 영아 사망률은 백인 영아 사망률의 거의 두 배에 달한다. 백인 중심의 미국은 흑인의 파괴를 당연한 일로 받아들이도록 교육받는다. 그러니 흑인들의 그레나다와 거기 사는 흑인 11만 명의 목숨이 뭐 대수겠는가.

[인민혁명정부가 들어서고] 지난 4년간 그레나다의 실업률은 26 퍼센트 떨어졌다.[11] 1983년 10월 25일, 미국의 커세어 미사일과 해군의 포탄과 박격포가 그레나다의 그렌빌, 세인트 조지[그레나다의 수도], 구야베에 투하됐다. 미 해병대는 "쿠바인들"을 색출한다는 구실로 민가와 호텔을 박살냈다. 지금 [그레나다의] 정부 각 부처는 침묵하고 있다. 국영 농장은 정지 상태다. 협동조합도 유예 상태다. 트루 블루에 있는 통조림 공장은 폭격으로 난장판이 된 채 침묵에 싸여 있다. 침공 다음 날, 실업률은 다시 35퍼센트로 올라갔다. 잠자코 묵종하는 값싼 노동력 풀은 [레이거노믹스의] 공급 중시 경제학이 좋아하는 것이다. 한 달 후 [비군사적 대외 원조를 담당하는] 미국국제개발처가 그레나다를 방문한다. 그들은 그레나다의 미래에 민간 부문의 역할을 강조하면서, (주로 외국계) 민간 기업에 유리한 방향으로 조세제도를 개편하고, 고분고분한 노동운동을 보장해 줄 노동법, 공기업의 민간 매각을 권장한다.[12] 다국적 기업들을 위해 시간당 0.8달러를 받고 마이크로컴퓨터 칩을 조립하다가 실명하는 그레나다 여성들이 나타나기까지는 얼마나 짧은 시간이 걸릴까? 해변에서 만난 한 젊은 여성은 이렇게 말한다. "저는 라디오 방송국에서 일했어요. 하지만 전쟁이 일어나자 그 일자리도 사라졌지요."

그레나다에 아무런 선전포고도 없이 일어난 이 짧은 전쟁은 자기 이익만 중시하는 미국의 대외 정책상 전혀 새로운 것이 아니다. 그레나다 침공은 먼로 독트린이라 불리는 160년 된 외교정책의 실상을 노골적으로 보여 주는 일례일 뿐이다. 먼로 독트린을 명목으로 미국은 1823년부터 지금까지 카리브해와 중앙아메리카의 작은 나라들을 반복적으로 계속해서 침략해 왔고, 다양한 명분으로 이런 침략을 은폐했다. 심지어 소련이 등장하기도 전인 1917년까지 저지른 침략 행위만 해도 38회에 달했다. 예를 들어, 1897년 미 해병대는 미국-스페인 전쟁*을 명목으로 푸에르토리코에 상륙한 이후 그곳을 떠나지 않았다.

1981년부터 미국은 공공연히 그레나다 침공 예행연습을 실시했다. 오션 벤처Ocean Venture 라는 작전명으로 전쟁 연습을 하면서 푸에르토리코의 비에케스 섬에 폭탄을 투하하며 이 지역을 "앰버와 앰버딘스"(그레나다와 그레나다 군도)라고 불렀다. 이 소름 끼치는 전쟁놀이에서 미국은 자국민들이 인질로 잡혀 있는 상황을 연출했다. 우리가 잘 알다시피, 이것이 그레나다 침공을 합리화하는 데 이용된 첫 번째 구실이었다. 그레나다에 있던 미국인들이 정말로 위험에 처했는지를 보자면, 침공 중에나 침공 후에도 그레나다에 계속 남겠다는 의사를 밝힌 미국인은 여전히 5백 명

---

* 쿠바를 둘러싸고 미국과 스페인 사이에 일어난 전쟁. 1853년 미국은 스페인의 식민지였던 쿠바를 매입하려 했으나 스페인은 이를 거절했다. 미국은 쿠바 독립을 지원한다는 구실로 스페인과 전쟁을 일으켰다.

이 넘었다. 우리가 기억해야 할 것은, 오션 벤처 작전이 시나리오 대로 움직이기 시작하자 앰버(그레나다)의 총리 암살을 주문했다는 점이다. 우리는 과연 미 정부와 중앙정보부가 그레나다의 총리 모리스 비숍의 죽음과 직간접적으로 아무런 관련이 없다는 말을 믿어야 할까? 오션 벤처 작전이 실제로 실행되는 데 일조한 쿠데타는* 몇몇 인물들이 꾸민 개인적 음모가 공교롭게도 [미국의 침공을 이틀 앞두고] 실행된 것일까, 아니면, 오랫동안 치밀하게 조율된 교활한 조작 사건이었을까? 미 국방부는 비공개 의회 청문회에서, 비숍을 권좌에서 끌어내린 쿠데타가 발생하기 2주 전에 이미 그 계획을 알고 있었다고 인정했다.[13] 침공에 참여한 특공대는 1983년 9월 23일부터 10월 2일 사이 6일 동안, 공항 점거와 인질 구출, 국방부가 비밀리에 수행하도록 한 기동작전을 연습했다.[14] 한 상원의원의 폭로에 따르면, 침공 다음 날인 10월 26일에 중앙 정보부 요원들이 학생 70명을 대동하고 그레나다에서 빠져나왔다고 한다.[15]

* 그레나다는 1979년 비숍의 주도 아래 게어리의 독재 정권을 무너뜨린 무력 쿠데타로 인민혁명정부가 들어섰다. 그러나 1983년 10월 13일 비숍의 부하 허드슨 오스틴 장군이 쿠데타를 일으켜 비숍과 각료들을 가택연금했다. 10월 19일 비숍을 지지하는 국민들이 대규모 항의 시위를 벌이며 비숍과 각료들의 가택연금을 풀었으나 며칠 후 오스틴 장군이 이끄는 군에 의해 총살당했다. 여기서는 비숍 정부를 무너뜨린 오스틴 장군의 쿠데타를 뜻한다. 오스틴의 쿠데타 정부는 미국의 침공으로 6일 천하로 끝이 난다.

이런 의문점들에 답하기 위해서는 오랫동안 철저한 조사가 있어야 할 것이다.

미 점령군 심리전 부대 P.S.Y.O.P.S.는 발 빠르게 수도인 세인트 조지를 비롯한 그레나다 전역을, 눈이 가려지고 발가벗겨진 버나드 코드*와 허드슨 오스틴 장군의 모습이 그려진 포스터로 도배했다. 이는 그레나다 인민이 (그레나다 인민의 사랑을 받았던) 모리스 비숍을 시해한 이 두 사람을 비웃고 경멸하도록 조장하기 위한 것이었다. 비숍이 살아 있었더라면 그레나다는 그 어떤 침공에도 맞서 끝까지 싸웠을 것임은 모두가 다 아는 사실이었다. 따라서 그의 죽음에 대한 희생양이 필요했다. 뉴주얼 운동당 내부에서 일어난 권력 다툼(그런 게 있었다면 말이다)의 자세한 내막은 아직 알려지지 않았지만, 분명 복잡한 사정이 있었을 것이다. 그러나 몇 달이 지난 지금도 코드와 오스틴은 비그레나다인들로 구성된 "안전보장군"에 의해 세인트 조지에 있는 리치몬드 감옥에 구금되어 있는 상태다. 내가 이 글을 쓰고 있는 지금까지도 그들에 대한 기소나 재판은 진행되지 않고 있으며, 이는 그들과 함께 구금된 40명이 넘는 (도무지 이해할 수 없는 숫자다) 그레나다인들도 마찬가지다.

비숍 체제의 최후에 관여한 것으로 알려진 두 명의 미국인에

---

* 비숍 총리 내각의 부총리였고 비숍의 가택 연금을 명령했으나 3일 만에 오스틴에 의해 제거된다.

대해서는 지금까지도 아무런 이야기가 나오지 않고 있다. 그중 한 명은 여기 미국에서 무기 은닉죄로 수배 중이고, 다른 한 명은 미국과 그레나다 양국의 여권을 가지고 있다.[16] 이 둘은 어디 소속이며 어느 편에서 일하고 있었던 것일까? 그들의 정체는 단 한 번도 누설된 적이 없고(이는 첩보원을 보호하는 데 쓰는 단골 수법이다), 그들의 존재는 『뉴욕타임스』 뒷면에 단 한 줄로 언급될 뿐이다. 주 프랑스 대사인 에번 갤브레이스가 텔레비전에 나와 미국이 "비숍이 죽기 몇 주 전부터" 그레나다에 개입해 왔었다고 공언한 것도 마찬가지다.[17]

그레나다에서 일하고 있던 서독 출신 간호사 레지나 푹스는, 두 명의 미국인이 자신에게 도망자들을 숨겨 주었다는 누명을 씌워 수감된 채 무자비한 심문을 받았다고 증언한다. 푹스를 고발한 두 사람 중 한 명인 프랭크 곤잘레스는 푹스에게 자신을 중앙정보부 요원이라고 밝혔다.[18]

그레나다에서 취해진 조치들은 미국이 원했던 다양한 목적을 충족시켜 주었는데, 특히 다양한 실험의 근거들을 제공해 주었다. 주된 실험 가운데 하나는, 미국인 흑인 병사가 다른 나라 흑인들에게 제대로 총을 겨눌 수 있는가에 대한 미 국방부의 오랜 관심사와 관련된 것이었다. 이는 매우 중요한 문제였는데, 미국의 군산복합체가 제3세계에서 자신의 불안정한 지위를 점점 더 군사력을 동원해 해결하려 함에 따라 그 중요성은 더해 갔다. 제3세계에서 미국은 억압받는 집단들이 수행하는 해방 투쟁들을 묵살하거나, 아니면 거의 언제나 그 반대편을 두둔해 왔기 때문이다. 물론, 더 자잘한 실험들도 있었다. 새로운 무기를 시험해 보는 것 외에도, 해병대원들이 새로운 나치 스타일의 헬멧을 선호하는지에 대한 질문 같은 것도 있었다. 해병들은 이 헬멧을 쓰고서는 면도를 할 수 없다는 이유로 싫어했다. 또 새로운 군복이 열대지방에서 입기에 너무 무거운 것은 아닌가도 실험해 보았는데, 결과는 너무 무겁다는 것이었다.[19]

그레나다에서 활동 중인 심리전 전문가에 의해 교묘히 획책되어, 미 국방부에서 나온 표현들을 들어 보자.

○ 우리는 적시에 그곳에 도착했다.

○ 침공이 아니라 구출 임무다.

○ 소탕할 것.

○ 그곳은 우리 앞마당이었다. 우리에겐 마땅한 권리가 있었다.

○ (그레나다 민병대를 가리켜) 무장 폭도들이다.

○ (오스틴 장군을 가리켜) 인질극을 벌일 만한 이디 아민 같은 유형의 인물이다.

○ 그레나다인들 사이에 유언비어를 퍼뜨리는 사람들을 수감하라.

이런 표현들은 미국 백인들의 눈과 귀에 맞춰 흑인 나라인 그레나다 국민들의 열망을 낮잡기 위해 치밀하게 계산된 것들이다. 미국의 백인들은 흑인들이 자신들을 [언젠가 수적으로] 압도하게 될 위협적 존재라고 우기는 이데올로기Black Menace에 겁을 먹고, 흑인의 진보라는 신화*에 격분하는 사람들이다. 동시에 그들은 흑인의 목숨을 결코 중요하게 생각하지 않는 정부의 행동에 고무된 사람들이다.

심지어 미국의 흑인들도 상당수가 (기껏해야, 명확히 규정되지도 않은, 신화에 불과한) 사회주의라는 유령에 위협감을 느껴서, "그들"이 "우리"에 맞서고 있다는 정부의 주장을 그대로 믿고 있다. 그렇지만 미국의 우리 흑인들 가운데 사회주의의 위협이 우리 삶에서 인종차별주의만큼이나 파괴적인지 진지하게 검토해 본 사람이 있는가? 미디어의 지속적인 조작으로 말미암아, 수많은 미국의 흑인들 역시 솔직히 혼란에 빠졌고, 애국주의라는 잘못된 신기루 아래 흑인들의 나라 그레나다에 대한 "우리의" 침공을 두둔하고 있다.

1984년이 목전이다. 그리고 [오웰이 말한] 이중사고doublethink

---

* 20세기 내내 미국 백인들은 평균 출산율이 상대적으로 높은 유색 인종이 언젠가 자신들을 수적으로 압도할 것이라는 두려움에 시달렸다. 아시아계 미국인에 대해서는 황색 위험Yellow Peril이라며 경계하는 동시에, 모범적 소수 인종Model Minority이라 칭찬하며 순응을 강조하는 이데올로기를 퍼뜨렸다. 여러 소수 인종을 분열시켜 지배하는 전형적 수법이다.

가 우리를 찾아와 우리 머릿속을 뒤죽박죽으로 만들며 우리의 저항에 찬물을 끼얹고 있다.

그레나다 침공은 카리브해 공동체에, 감히 자신의 운명을 스스로 결정하겠다고 나서는 나라가 있다면 어떤 일이 발생하는지 보여 주는 실례가 되었을 뿐만 아니라, 3천만 명의 미국 흑인들에게도 적나라한 경고가 되었다. 조심해라. 우리는 저 아래 그들에게 했던 것처럼 너희에게도 망설임 없이 그렇게 할 것이다. 강제 수용소. 심문소. 미 점령군이 서둘러 지은 독방 감옥. 눈을 가리고 옷이 벗겨진 수감자들. 있지도 않은 유령 같은 쿠바인을 찾는다는 구실로 단행된 가가호호 수색. 서로를 밀고하라는 압력을 받는 이웃들. 우리 외에는 다른 신을 섬기지 말라는 식이다. 도로에 친 바리케이드 앞에도 공항에도, 악명 높은 게어리의 [사병 조직] 몽구스 갱단 일원의 호위를 받는 미군들이 비숍과 인민혁명정부에 동조하는 이들의 명단을 들고 다니고 있다. 정복당한 민중을 진압하고 평정하는 전술들. 재판도 없고 기소도 없고 사법절차도 없다. 복지 운운하지만, 커다란 손실을 입은 기업, 파괴된 집과 죽은 사람에 대한 보상은 없다. "문제를 일으키는 자들"은 감금한다. [미국에 의해] 새로 생긴 라디오 방송국은 록밴드 비치보이스의 음악을 매시간 요란스레 틀어 댄다.

그레나다는 누구의 나라인가?

수백 명의 그레나다인이 묘비도 없는 무덤에 매장되었고, 친척들은 실종되었지만, 아무런 설명을 들을 수 없으며, 이에 망연자실한 생존자들은 "그레나다인들 사이에 유언비어를 퍼뜨린다"라는 이유로 수감되어, 기소를 당할지도 모른다는 두려움으로 겁먹은 채 침묵에 빠졌다. 아무런 선전포고도 없이, 계획적으로 시작된 전쟁이 의도적으로 자행한 만행으로 파괴된 가족과 생명, 그들의 자매, 어머니, 아내, 고아 들에 대해 미국은 전혀 인정하지 않았고, 따라서 아무런 지원도 없었다. 시체 가방에 실려 바베이도스 섬에서 그레나다로, 쿠바로, 다시 그레나다로 이리저리 끌려 다닌 그레나다인들의 사체에 대해서도 아무도 신경 쓰지 않았다. 어쨌든 [누군가의 눈에는] 그들이 어차피 모두 비슷해 보였고, 게다가 너무나도 오랫동안 세계 도처로 실려 다니다 보니, 이제 그들은 곧 소멸되거나, 보이지 않게 되거나, 다른 민족들에게 [본보기가 되는] 제물이 될 것이다.

"그들이 집에다 총질을 해대는 바람에 우리 형이 [그레나다 섬 남쪽 끝의] 캘리스테에서 죽었어요." 이스메가 말했다. "쿠바인들이 거기 살고 있을 거라고 생각해서 쏜 거지요. 우리 아버지는 팔다리를 잃었어요. 그들은 아버지를 바베이도스의 병원에 데리고 갔지만 거기서 돌아가셨지요. 아버지의 시신은 펄 공항까지는 도착했는데, 장례식을 치르려고 아버지를 집에 모셔 오려면 돈을 빌려야 해요."

침공 이후 몇 주가 다 되도록 그레나다인들은 섬 전체에 널려 있는 시체를 묻고 태우고 있다. 실제 사상자 수는 결코 분명히 밝혀지지 못할 것이다. 민간인 사상자 수를 세는 것은 불가능하다. 심지어 모리스 비숍과 살해당한 장관들의 시체도 신원 확인이 제대로 되지 않고 있다. 물론 이는 비숍을 사랑했던 이들이 그를 봉안하지 못하게 함으로써 그에 대한 대중의 기억을 지워 버리는 작업을 좀 더 용이하게 하기 위해서임이 분명하다. 이 작업은 벌써 시작되었다.

미국 언론은 역사상 처음으로, 자국이 일으킨 전쟁에서 무대 연출이 모두 끝날 때까지 출입이 금지되었다. 이는 이 나라에서 군 검열이 이전보다 더 확대되었음을 뜻한다. 이런 사정으로 말미암아 당시 아무도 침공 사체에 주목할 수 없었다. "외과 수술만큼이나 정밀하게" 임무를 수행했다고 했지만, 실은 이는 민간인 가옥과 병원, 라디오 방송국, 경찰서 등에 대한 무차별 폭격 행위를 은폐하려는 시도였다. 미군의 대형 수송 차량들과 민간인 차량들이 찌그러진 채 도로 한쪽에 방치되어 있는 모습을 은폐하기 위한 시도들도 엿보였다. 이 차량들은 좌측통행에 익숙하지 못한 병사가 몰다 민간인 차량과 충돌한 것이었다. 아무런 보상도 없이 가옥과 상점, 여타의 사업들을 무단으로 점유하고 이용하고 파괴한 것이다. 현장을 정리한 후 마침내 미 언론이 허용되었을 때 우리에게 공개된 것은 자신들을 짓밟은 정복자들을 환영하며 미소 짓는 그레나다인들의 사진이었다(우리가 낸 세금은 이런 데 쓰이는 것이었다). 하지만 이 사진들 중에 이웃의 생사를 묻는 사진이나 시골 지역에 퍼져 있는, 양키 제국주의를 끝내자는 구호가 담긴 사진은 전혀 없다. 비숍 없이는 혁명도 없다!

그렇다면 그레나다에서 혁명은 어떤 의미였을까? 그곳에서 혁명은 그레나다 역사상 처음으로 자국이 생산한 과일과 커피를 스파이스 아일 푸즈Spice Isle Foods라는 자국의 브랜드로 가공하는 농공업의 시작을 의미했다. 그제야 그들은 가게에서 자기 땅에서 난 산물을 가공한 통조림을 살 수 있었다. 혁명은 어업과 수산물 가공업의 시작을 의미했다. 열대 과일이 넘쳐 나고 물고기가 풍부한 바다로 둘러싸인 나라에서, 왜 가장 흔한 과일 주스가 [미국] 플로리다 오렌지 주스이며 가장 흔한 생선이 캐나다에서 수입한 염장 생선이어야 한단 말인가?

혁명은 그레나다 섬에 의사가 거의 두 배로(23명에서 40명으로) 증가한다는 뜻이었으며, 모든 구역마다 보건소가 들어서고 처음으로 치과병원이 생긴다는 뜻이었다. 혁명은 1981년 여름 카리브해 전역을 휩쓴 뎅기열이 그레나다에 번지지 않도록 하는 데 성공한 전국청년단체National Youth Organization의 공중 보건을 위한 모기 퇴치 캠페인을 의미했다.[20]

혁명은 캐리아코우 섬의 레스테르라는 마을에 사는 스무 살 청년 린든 애덤스가 일흔세 살의 할머니에게 일대일 프로그램의 일환으로 글을 읽고 쓰는 법을 가르친다는 뜻이었다. 이 프로그램은 대중교육센터가 기능적 문맹*에 반대하며 만든 프로그램이다. 이 일대일 교육 프로그램의 성공은 전 시대를 통틀어 가장 탁월한 교육가 중 한 분이자 세계교회협의회의 수장인 파울로 프레이리의 도움에 힘입은 것이었다. 1981년 비에케스 섬[에 대한 포격]에서 시작된 오션 벤처 작전의 포성이 카리브해 전역에 울려 퍼지던 시기, 그리고 미국이 침공할 것이라는 위협의 악취가 그랜드 에탕의 낮은 산에서부터 하비 베일까지 그레나다 전역에 진동하고 있을 때, 대중교육센터의 최연소 교사 중 한 명인 린든은 이렇게 말했다고 한다. "혁명 이전에 우리는 어둠 속에 있었습니다. 저는 결코 포기하지 않을 것입니다. 그들이 또다시 우리 땅을 점령해 우리를 억압하려 든나면, 서는 그들에게 부역하느니 차라리 죽음을 택할 것입니다." 그 옆에 있던 일흔세 살의 주민과 학생들은 이렇게 대답한다. "레스테르에서 지금 제가 보기에 상황은 상당히 좋아지고 훨씬 더 좋아지고 있어요. 아이들이 얼마나 나날이 발전하고 잘해 내고 있는지 보세요! 저렇게 어린 나이인데도 참 잘하고 있잖아요!"21

그레나다에 상륙해 총격으로 사망한 최초의 미국인 해병을

---

* 조금은 읽고 쓸 수 있으나, 정상적인 사회·경제적 관계 내에서 그것들을 사용할 수 있는 충분한 자질을 갖추지 못한 사람을 포함한 문맹을 말한다. 과거의 문해 교육은 간단한 쓰기·읽기·셈하기 능력만을 갖춘 단순 문맹에 표준을 두었으나 오늘날에는 기능적 문맹을 표준으로 삼는다.

Grenada Revisited

목격한 미국인 의대생은 텔레비전 기자의 유도 질문에 굴하지 않는다. [그레나다가] 고립된 저항군들의 은신처인 것처럼, 산속에 쿠바인들이 숨어 있는 것처럼 [유도하는 질문에] 그는 이렇게 답한다. "오 아니에요. 그는 쿠바인들이 쏜 총에 죽은 게 아니에요. 그가 맞은 총은 노인과 아들이 자기 집에서 쏜 거였어요." 린든 애덤스도 그 옆에 있던 주민도 쿠바인이 아니다. 자기 가정을 지키던 이 노인과 아들도 쿠바인이 아니었다. 그들은 스스로를 정의할 권리가 자신들에게 있다고 생각하고 미국으로부터 독립적인 자국의 미래를 믿었던 그레나다인이었다.

그레나다는 매우 계층화된 사회로, 대다수가 극도로 빈곤한 소작농과 소농이며, 그 외 작지만 증가 추세에 있는 도시 서비스 노동자, 소수의 부유한 중산층, 공무원, 그리고 전통적으로 국내 생산 경제보다는 수출입 경제에 관여해 온 지주계급으로 구성된다. 비숍 정부는 이 서로 다른 집단을 성공적으로 연결하는 다리 역할을 하고 있었다. 피부색 차별colorism과 계급 차별의 문제는 [프랑스와 영국의] 잇따른 식민 지배가 남긴 복잡한 유산으로 지금까지도 그레나다 사회에 심대한 영향을 미치고 있다. 그래서 당연히 그레나다인은 외부에서 피상적인 해결책을 제시하는 걸 극도로 싫어한다. 그레나다인들은 혁명을 통해 이런 다양한 집단의 목적을 한데 결집시킴으로써 미국에 훨씬 더 큰 위협감을 주었다.

평범한 그레나다인들에게 미국은 보고 싶은 친척이 살고 있는 크지만 잘 모르는 그런 나라다. 인민혁명정부가 정보 알리기 캠페인을 하기 전까지 국제 뉴스는 제대로 보도되지 않았기 때문에 그레나다인들은 대개 미국의 국제적 위상과 제도화된 인종차별과 계급 차별의 역사를 알지 못했다. 로널드 레이건에 대해서도 아버지 이미지의 영화배우로만 알고 있었지, 그가 전 세계 개발도상국의 유색인들에게 경제적·군사적으로 억압정책을 펼치고 있다는 것은 모르고 있었다.

그러나 평범한 그레나다인들은 자국의 정치적 문제에 대해서는 매우 적극적이며, 이는 생존의 차원을 넘어선다. 그레나다 어디를 가든 무슨 대화를 하든 모두가 (조심스럽게든 부주의하게든, 무심하세든 진지하세든) 10월에 있었던 사건[미국의 침공] 이야기를 한다.

뉴주얼 내부의 갈등, 비숍의 가택 연금, 그리고 이어서 일어난 그레나다인 1만 명의 시위, 그리고 좀 더 작은 규모의 두 번째 시위로 비숍은 가택 연금 상태에서 빠져나왔다. 하지만 그는 리치몬드 힐에서 다른 각료들과 수백 명의 그레나다인들과 함께 처형됐다. 이후 군대가 단행한 나흘간의 통행금지는 모든 그레나다인의 마음에 극심한 두려움을 남겼다. 당시에는 어떻게든 이 사태를 끝내는 것이 좋아 보였다.

미국이 운영하는 스파이스 아일랜드 라디오는 침공일 오후부터 방송을 시작했다. 대부분의 그레나다인들은 심리전 지휘 부대가 시골 지역에 붙인 포스터와 전단지를 보는 게 전부였다. 사람들 사이에 소문이 무성하게 퍼졌다. 설명할 수 없는 일을 설명하려는 것이었다. 세인트 조지의 한 점원은 미군이 루퍼트 요새를 공습한 이유가 뭔지 들었다며 내게 이렇게 말해 주었다. "러시아인들이 군인들의 우유에 약을 타서 죄다 죽이려 했대요."

그레나다를 위한다는 미국의 미래 계획이 미국을 구원자로 보는 대다수 그레나다인들의 비전을 정당화해 줄지는 두고 볼 일이다. 지금도 이런 관점은 미국 미디어가 우리에게 이야기하고 있는 것만큼 보편화되어 있지는 않다. 세인트 조지에서 방금 실업자가 된 열아홉 살 노동자는 이렇게 말한다. "그들은 자기들이 원하는 일은 죄다 구출 임무라고 이야기하고 있어요. 하지만 전 아직 구출된 적이 없는 걸요." 감사하는 것처럼 보이는 외양 아래 많은 아픔이 있다. "미국인들이 저기 쿠바인들이 살고 있다고 생각"했기 때문에 다치고 죽어 간 아버지, 삼촌, 형제, 딸들이 너무 많다. 그레나다 전역에서 나는 전쟁에 대해 대화를 나눌 때면 항상 표면상의 활기찬 모습 아래 숨겨진, 사람을 무기력하게 만드는 공포와 불신의 효과를 느낄 수 있었다.

내가 침공이 일어나고 6주 만에 그레나다를 다시 찾은 이유는 그레나다가 여전히 살아 있는지 알고 싶어서였다. 나는 이 상황을 우려하는 그레나다계 미국인으로서, 힘센 미국이 이 작디작은 흑인 나라에 저지른 군사적 침공에 대해 취할 수 있는 온당한 입장이 무엇인지 살펴보고 싶었다. 나는 주위를 둘러보며 거리에서, 상점에서, 해변에서, 동짓날 황혼녘의 현관에서 그레나다 사람들과 이야기를 나누었다. 그레나다는 그들의 나라다. 나는 친척일 뿐이다. 나는 열심히 오래 귀 기울여 들어야 하고, 내가 들은 이야기들이 의미하는 바를 깊이 생각해야 한다. 그러지 않는다면, 그레나다의 미래에 대해 외부 세력이 해결책을 제시할 수 있다고 믿는 미국 정부의 성마른 오만과 똑같은 죄를 저지르는 꼴이 될 것이다.

내가 이곳에 온 또 다른 이유는, 그레나다가 이 지구상에서 가장 강력한 나라의 맹공에도 살아남았음을 직접 확인하고 안도하고 싶어서였다. 그레나다는 살아남았다. 그레나다는 멍들었지만 활기로 가득 차있다. 그레나다인은 따듯하고 질긴 민족이다. (내 어머니의 목소리가 귓등을 때린다. "섬 여자들은 양처良妻가 될 수밖에 없어. 무슨 일이 닥치든 그보다 더 나쁜 일들을 많이 봤거든.") 그들은 식민 통치에서도 살아남은 사람들이다. 나는 내가 이 북반구 영어권 국가들 가운데 최초로 흑인이 민중혁명을 성공시킨 나라의 후손이라는 점에 긍지를 느낀다. 그레나다는 잃은 것도 끔찍이 많지만, 모든 걸 다 잃은 건 아니다. 민족의 혼은 살아남았다. 우리에겐 전진뿐, 결코 물러서지 않으리*라는 구호는 지금 이 어둠 속에서 울려 퍼지는 단순한 휘파람 소리 그 이상이다.

* 그레나다 혁명 구호.

• 서로의 눈동자를 바라보며 •

흑인 여성, 혐오, 그리고 분노[1]

고통은 사라지면 어디로 가는 걸까?[2]

미국의 흑인 여성들은 모두 오랜 세월 표현하지 못한 분노로 굴곡진 삶을 살아간다.

흑인 여성으로서 내가 가진 분노는 내 존재의 심장부에 응어리진 늪이자 내가 가장 치열하게 지켜 온 비밀이다. 그 누구보다 감정에 충실한 삶을 살아온 나는 내 삶이 얼마나 이런 분노의 그물로 뒤엉켜 있는지 잘 알고 있다. 분노는 내가 그려 넣은 내 삶의 본질들이 새겨져 있는 감정의 태피스트리를 구성하는 실이며, 들불처럼 솟아올라 내 의식 밖으로 솟구치는, 폭발하기 직전의 펄펄 끓는 뜨거운 샘물이다. 이 분노를 부인하기보다 정확히 어떻게 단련할 것인가가 내 삶의 주요 과제 가운데 하나이다.

다른 흑인 여성은 분노의 원천도 근원도 아니다. 분노하게 되는 그 순간에 다른 흑인 여성과 내가 아무리 그렇게 생각할 만한 상황에 놓여 있다 해도, 나는 이 점을 잘 알고 있다. 그렇다면 이 분노는 왜 유독 다른 흑인 여성들을 향해 아무런 이유도 없이 대놓고 폭발하는 것일까? 왜 나는 그 누구보다도 그녀에게 가장 비판적인 잣대를 들이대고, 그녀가 이에 부합하지 못하면 화가 나는 것일까?

그리고 만약 내가 공격하는 대상 그 이면에 숨어 있는 것이 실은 내 자신의 인정받지 못한 자아라면, 그렇게 서로 주고받는 정념에 의해 타오르는 불은 과연 무엇으로 끌 수 있을까?

•

흑인 여성들 간의 강렬한 분노에 대한 글을 쓰기 시작하면서 나는 이것이 세 개의 기둥을 가진 빙산의 일각에 불과하다는 점을 알게 되었다. 이 빙산의 가장 깊은 토대에 위치하는 것은 바로 혐오, 즉 이 땅에서 태어난 순간부터 우리 흑인 여성들을 향해 이 사회가 퍼붓고 있는 죽음의 저주다. 태어난 순간부터 우리는 혐오의 구렁텅이에 빠져 헤어 나올 수가 없는데, 그 이유는 우리가 흑인이기 때문이고, 여자이기 때문이며, 나아가 그럼에도 감히 살 권리를 뻔뻔하게 주장하고 있기 때문이다. 어릴 적부터 혐오는 우리 내면에 스며들어 마음속 깊이 흡수되기 때문에, 우리는 대개 이 혐오의 정체가 무엇인지, 그것이 어떻게 작동하는지 인식조차 못한 채 살아간다. 이 혐오는 우리가 서로를 대할 때 잔인함과 분노의 메아리로 되돌아온다. 왜냐하면 우리 흑인 여성들은 이 혐오가 찾고 있는 얼굴을 하고 있고, 살면서 너무 많은 혐오를 감내하며 살아온 탓에 잔인함이 몸에 배게 되었기 때문이다.

흑인 여성들의 분노에 대해 이야기하기 전에 우선 나는 이 분노의 원천인 혐오의 침투가 우리에게 얼마나 해악을 끼치는지에 대해, 그리고 이 혐오가 분노와 만나면 우리가 얼마나 잔인해질 수 있는가에 대해 먼저 말해야 한다.

나는 이 점을 내 자신이 다른 흑인 여성들에게 어떤 기대를 품고 있는지 살펴보면서 알게 됐다. 흑인 여성다움에 대해 내 자신이 느끼는 분노의 줄기를 따라가 보면 거기에는 혐오와 멸시가 있었다. 그것이 어디서 오는 것인지, 왜 내게 산더미처럼 쌓이고 있는지를 알아내기 전에, 오랫동안 내 삶 여기저기에 불을 지르고 있던 것은 바로 그 혐오와 멸시였다. 어릴 때는 누구나 자기 삶에 일어난 일이 자기 때문이라고 생각한다. 그래서 나도 어렸을 때는 이런 경멸을 불러일으키는 끔찍하게 잘못된 뭔가가 내 안에 있다고 믿었다. 내가 탔던 버스의 운전사는 다른 사람을 그런 경멸하는 눈빛으로 쳐다보진 않았다. 모든 게 내 탓처럼 느껴졌다. 엄마가 내게 그렇게 하지 말라고 혹은 해야 한다고 경고했던 것들을 내가 지키지 않았으니 비난을 받는 게 마땅하다고 말이다.

내 안에 있는 힘을 찾아내려면, 그 너머에 무엇이 있든 두려움을 헤치고 나갈 각오가 되어 있어야 한다. 내 안의 가장 상처받기 쉬운 부분을 들여다보고 내가 느껴 온 고통을 인정한다면, 내 적들이 그 고통의 원천을 무기로 이용하지 않도록 할 수 있다. 내 적들의 힘을 약화시키기 위해서는 내가 살아온 역사가 그들의 무기로 이용되는 일이 없도록 해야 한다. 내 자신에 대해 내가 받아들이지 않은 것은 그 어떤 것도 나에게 불리한 방식으로, 나를 깎아내리는 데 이용되도록 해서는 안 된다. 지금 이대로의 내 모습, 내가 하는 일, 그리고 내 안에서 당신을 발견하듯 당신도 당신 안에서 내 모습을 환기할 수 있도록 당신에게 내 모습을 새겨 넣는 조각칼이 바로 나이다.

어디를 가나 미국 사회가 내게 들이대는 이런저런 잣대들은 내 자신의 힘을 자각하지 못하도록 가로막는 장애물 같은 것이었다. 그것은 내 에너지를 온전히 창조적으로 이용하기 위해서는 면밀히 뜯어보고 무너뜨려야 하는 장애물이었다. 차라리 인종차별과 성차별의 외적인 발현을 다루는 게 그런 왜곡들이 우리 자신의 의식과 서로의 의식 안에 내면화된 결과를 다루는 것보다는 더 쉬운 일이다.

아주 피상적인 수준 말고는 서로 절대 연결되고 싶지 않아 하는 그 마음의 정체는 대체 무엇일까? 흑인 여성들 사이에 끈질기게 이어져 온 이 불신과 거리감의 연원은 대체 무엇일까?

●

혐오에 대해서는 말하고 싶지 않다. 내게 지각이란 게 생긴 이후로 너무나 많은 백인들의 눈에서 보았던, 차라리 죽음을 바랐을 만큼 모질었던 그 거부의 몸짓과 혐오의 감정은 떠올리고 싶지 않다. 그것은 신문, 영화, 교회 성화聖畫, 만화책, 라디오 프로그램 〈에이머스와 앤디〉에서도 되풀이됐다. 하지만 그때 나에겐 그것을 해부해 볼 도구도, 그것을 명명할 언어도 없었다.

할렘행 지하철 AA선에서 있었던 일이다. 나는 성탄절이라 양손 가득 쇼핑백을 든 어머니의 소매를 꼭 붙잡고 있다. 겨울옷의 축축한 냄새, 갑자기 흔들리는 지하철. 어머니는 한 사람이 겨우 앉을 만한 자리를 발견하고는 겨울옷을 잔뜩 껴입은 내 몸을 눌러 앉힌다. 내 한 쪽 옆에는 신문을 읽는 남자가, 다른 한 쪽 옆에는 털모자를 쓰고 나를 빤히 쳐다보는 여자가 있다. 그녀는 나를 쳐다보며 입술을 씰룩거리다가 시선을 떨구고 나 역시 그녀의 시선을 좇는다. 가죽장갑을 낀 그녀의 손이 내가 새로 산 파란 겨울 바지와 닿은 그녀의 반들거리는 모피 코트를 잡아 자기 쪽으로 휙 낚아챈다. 나는 찾는다. 그녀가 우리 사이에서 본 그 끔찍한 건 뭘까. 바퀴벌레인가. 하지만 내 눈엔 보이지 않는다. 그런데 그녀는 무언가 끔찍한 게 거기 있다고 내게 눈으로 말해 주지 않았던가. 그녀가 그런 식으로 바라봤으니 분명 아주 불쾌한 것이 거기 있겠지. 그래서 나도 내 겨울옷을 내 쪽으로 끌어당긴다. 고개를 들어 보니, 그녀가 여전히 나를 뚫어져라 처다보고 있다. 그녀의 커다란 두 눈과 콧구멍도 보인다. 그제야 나는 우리 사이에 기어 다니는 것이라곤 아무것도 없음을 퍼뜩 깨닫는다. 그녀가 자기 코트에 닿지 않기를 바랐던 것은 바로 나였던 것이다. 그녀가 몸서리치며 일어나 달리는 지하철 손잡이를 붙잡자 모피 코트가 내 얼굴에 스친다. 뉴욕시에서 나고 자란 나는 잽싸게 몸을 움직여 어머니가 앉을 자리를 만든다. 침묵이 흐른다. 내가 무슨 짓을 한 건지 몰라 어머니에게 말을 걸기도 무섭다. 나는 남몰래 겨울 바지 양쪽을 살펴본다. 바지에 뭐가 묻었나? 뭔가 내가 이해 못하는 일이 벌어지고 있는 것 같기는 하지만, 결코 잊지는 못할 것이다. 그녀의 그눈. 그 벌름거리는 콧구멍. 그 혐오.

세 살 때 일이다. 안과의 검안 기계 때문에 눈이 아프다. 이마가 쑤신다. 오전 내내 의사들이 내 눈을 콕콕 찌르고 들여다본다. 나는 높은 철제 가죽 의자에 움츠리고 앉아 겁먹고 우울한 기분으로 어머니를 기다린다. 흰 가운을 입은 젊은 백인 남성들이 검사실 한쪽에서 내 눈이 특이하다며 쑥덕거린다. 그중에 유독 잊을 수 없는 목소리가 하나 있다. 그는 이렇게 말한다. "보아 하니 쟤도 좀 모자란 애 같은데." 모두가 웃는다. 그들 가운데 하나가 내게 다가와 천천히 또박또박 이야기한다. "괜찮아, 꼬마 아가씨, 이제 나가서 기다려." 그가 내 볼을 가볍게 쓰다듬는다. 나는 거칠게 대하지 않은 것에 감사할 뿐이다.

도서관에서 이야기 시간을 진행하는 사서가 『꼬마 깜둥이 삼보』*Little Black Sambo*(1899)*를 낭독한다. 그녀의 하얀 손가락이 까맣고 반들거리는 얼굴에 크고 붉은 입술, 돼지 꼬리 같은 곱슬머리의 소년과 버터 한 무더기가 그려진 동화책을 들고 있다. 내 마음에 상처를 줬던 그림들. 이번에도 내가 잘못된 거겠지 하고 생각했던 내 모습이 기억난다. 왜냐하면 나 말고는 모두가 깔깔거리고 있고, 게다가 시내 도서관이 이 책에 특별상을 수여했기 때문이다. 도서관 사서는 우리에게 이렇게 말한다.

대체 뭐가 문제니? 너무 예민하게 굴지 마!

6학년 때 새로 들어간 가톨릭 학교에서 있었던 일이다. 나는 이 학교 최초의 흑인 학생이다. 백인 소녀들이 내 땋은 머리를 보고 웃는다. 수녀님이 어머니에게 보낸 가정통신문에는 "돼지 꼬리 머리는 학교에서 적절치 않으며" 머리를 "좀 더 적절한 스타일

---

* 스코틀랜드 동화작가 헬렌 배너만이 쓴 그림동화로 인도 소년 삼보("충성스럽고 행복한 흑인 하인"을 뜻한다)가 호랑이 네 마리를 만나 위험에 처하지만 기지를 발휘해 목숨도 구하고 호랑이 버터도 얻게 된다는 이야기다. 1899년 영국에서 처음 출간되었고, 이듬해 미국에서도 출간돼 큰 인기를 끌었다. 흑인 주인공이 영웅으로 등장하는 줄거리에도 불구하고 단순화된 흑인 캐리커처와 인종차별적 삽화 때문에 인종차별적 캐릭터의 대명사가 되었다. 1930년대부터 공공 도서관과 초등학교에서 이 책을 추방하는 운동이 벌어졌으며, 1940, 50년대 추천 도서 목록 대부분에서 삭제되지만 1950, 60년대까지도 널리 읽혔다.

서로의 눈동자를 바라보며

로"빗고 와야 한다고 적혀 있다.

렉싱턴 가에서 렉시 골드만과 함께 있을 때 있었던 일이다. 사춘기의 우리들은 봄기운에 한껏 상기된 얼굴로 학교를 나선다. 우리는 작은 식당에 잠시 들러 물을 달라고 한다. 계산대 뒤의 여자가 렉시를 보고 미소 짓는다. 우리에게 물을 준다. 렉시 것은 유리잔에. 내 것은 종이컵에. 우리는 내 물은 들고 나올 수 있겠네 하고 농담을 한다. 아주 떠들썩하게.

방과 후 아르바이트를 하려고 첫 면접을 보게 된 날. 낫소 가의 한 안경 회사가 우리 학교에 전화를 걸어 학생 한 명만 소개해 달라고 요청한 것이었다. 접수대 뒤의 남자는 내 지원서를 읽고는 나를 쳐다보더니 내 검은 얼굴을 보고 놀란 모양새다. 그의 눈은 내가 다섯 살 때 지하철에서 만난 여성을 떠올리게 한다. 그다음 한 가지가 더 추가된다. 그가 나를 위아래로 훑더니 내 가슴에서 시선이 멈춘다.

•

피부색이 좀 밝은 어머니는 내 생명을 고귀하게 여기지 않는 환경에서도 내가 살아남을 수 있도록 해주셨다. 어머니는 할 수 있는 게 있다면—얼마 되지 않긴 했지만—무슨 방법이든 다 동원했다. 어머니는 피부색에 대한 언급은 결코 하지 않으셨다. 어머니는 매우 용감한 여성으로 서인도제도에서 태어나 뜻하지 않게 미국에 오게 되었다. 어머니는 침묵으로 나를 지키려 했다. 어디선가 나는 다른 사람들이 피부색을 의식하지 않는다는 건 거짓말임을 알게 됐다. 나는 내 두 언니들보다 더 까맸고, 아버지는 우리 중 가장 까맸다. 나는 항상 언니들을 질투했다. 어머니가 언니들은 너무 착한데, 나는 항상 말썽만 일으키는 못된 아이라 생각했기 때문이다. "말썽쟁이 같으니라고." 어머니는 이렇게 말씀하시곤 했다. 언니들은 깔끔한데 나는 단정치 못했다. 언니들은 조용한데 나는 시끄러웠다. 언니들은 예의 바르고 얌전한데 나는 난폭했다. 언니들은 피아노 레슨을 받았고 모범상을 받았다. 나는 아버지 주머니에서 돈을 훔쳤고, 비탈길에서 썰매를 타다가 발목을 부러뜨렸다. 언니들은 예뻤고 나는 까맸다. 못되고 짓궂은, 타고난 말썽꾼. 그게 나였다.

못됐다는 건 까맣다는 뜻일까? 성숙해질수록 점점 더 까매져 가는 내 몸의 갈라진 틈마다 끊임없이 레몬주스를 문질러 대던 기억. 죄 많은 내 검은 팔꿈치와 무릎, 잇몸과 유두, 목주름과 겨드랑이여!

건물 계단에서 나를 뒤에서 붙잡는 손은 검은 손이다. 주먹질을 하고, 비비고, 꼬집고, 내 옷을 잡아당기는 남자애들의 손. 나는 들고 있던 쓰레기봉투를 쓰레기통에 던져 넣고는 홱 돌아서 위층으로 도망간다. 비웃는 소리가 날 좇는다. "그래, 달아나는 게 나을 게다, 요 못생긴 갈색 년아. 거기 서!" 분명 피부색이 문제였다.

어머니는 내가 아주 어릴 적부터 몸소 내게 살아남는 법을 가르치셨다. 그녀의 침묵에서 나는 고독과 분노, 불신과 자기 거부, 그리고 슬픔을 배웠다. 나의 생존은 어머니가 내게 준 무기들을 사용하는 법과 내 안에 존재하는 아직 이름 붙이지 못한 것들에 맞서 싸우는 법을 익히는 데 달려 있었다.

사랑이 줄 수 있는 가장 큰 선물은 생존법이다. 때론 흑인 어머니가 자식에게 줄 수 있는 유일한 선물이 그것밖에 없는 경우도 있는데, 이런 경우 다정함은 잃기 마련이다. 어머니는, 마치 대리석에 분노의 메시지를 새기듯, 세상에 나를 새겨 넣었다. 그런데도 내가 나를 둘러싼 혐오를 이기고 지금껏 살아남은 것은 어머니가 내게 집에서는 어떻게 처신하든, 밖에 나가서는 절대 그래서는 안 된다는 걸 에둘러 일러 주었기 때문이다. 그러나 집 밖에서 살아가는 방식도 마찬가지였기에, 나는 나를 포위한 설명할 길 없는 분노의 늪 속에 빠져 살았으며, 그 분노를 나처럼 자신을 미워하는 가장 가까운 사람들에게 쏟아부었다. 물론 당시에는 이 점을 깨닫지 못했다. 분노가 쓰디쓴 응어리로 내 안 깊숙이 자리 잡고 있고, 내가 그것을 절감할 때마다 가장 애먼 이들, 나처럼 힘 없는 이들에게 쏟아 낸다는 걸 말이다. 내 첫 친구는 내게 이렇게 물었다. "왜 그렇게 항상 공격적인 거니? 너는 그렇게밖에 친구를 사귈 줄 모르는 거니?"

•

그토록 많은 혐오를 겪고 살아남았으면서도 그것을 계속 견디며 살아가는 존재가 도대체 흑인 여성 말고 또 있을까?

•

남북전쟁 직후의 일이다. 뉴욕시 110번가에 위치한 회색 벽돌 병원에서 한 여성이 비명을 지르고 있다. 건강한 흑인 여성을 남부에서 여기까지 데려온 것이다. 이름은 모른다. 아기를 막 출산하는 참이다. 그렇지만 과학의 가면을 쓴 호기심이 그녀의 다리를 묶어 두었다. 태아는 엄마의 뼈에 가로막혀 태어나지도 못한 채 죽었다.

아칸소 주 리틀록의 엘리자베스 엑퍼드*는 일곱 살 때 어디 있었을까? 어느 화창한 월요일 아침, 네가 처음 학교에 가던 날, 어느 백인 여성이 너에게 침을 뱉는다. 너의 분홍색 스웨터 위로 하얀 혐오가 흘러내린다. 곱게 땋아 분홍 리본으로 높이 묶은 너의 경쾌한 머리 위로 이 백인 여성은 비뚤어진 입을 놀려 극악무도한 말들을 퍼붓는다.

* 훗날(1957년) 리틀록의 백인 전용 학교인 센트럴 하이스쿨에 등교 운동을 펼치게 될 9인의 흑인 학생 가운데 하나이다. 인종 분리 사회였던 미국에서 인종 통합 학교가 시작된 것은 1953년, 연방대법원의 브라운 대 토피카 교육위원회 판결부터였다. 로드는 그 이전에 흑인 전용 학교에 다니던 소녀가 감내해야 했던 혐오를 묘사하고 있다.

눔불로는 집으로 다시 돌아오기 위해 화물 트럭이 그녀를 버리고 간 으스스한 곳에서부터 닷새를 걸었다. 그녀는 비 내리는 남아공의 케이프타운에 맨발로 서있다. 그곳은 한때 그녀의 집이 있던 곳이지만, 지금은 불도저 자국만 남아 있다. 그녀는 한때 식탁을 덮었던, 물에 젖은 판지 조각을 집어 들어 등에 업은 아기의 머리를 가려 준다. 그녀는 곧 체포되어 보호구역으로 보내질 것이고 그곳에서 그녀는 자신이 쓰던 언어조차 사용할 수 없을 것이다.* 그녀에겐 남편 근처에 사는 것조차 허락되지 않을 것이다.

미국 독립혁명 2백주년 기념일[1976년 7월 4일]의 워싱턴 D.C. 풍만한 두 흑인 여성이 집 앞 인도에 되는 대로 쌓아 둔 가재도구들을 지키고 있다. 가구, 장난감, 옷이 한 무더기. 한 여성이 무심히 장난감 말을 신발 끝으로 흔든다. 길 건너 건물의 벽면에는 한 층 높이의 검은 글자로 이렇게 쓰인 간판이 붙어 있다. "하느님은 너희를 혐오한다."

애디 매 콜린스, 캐롤 로버슨, 신시아 웨슬리, 데니스 맥네어. 열 살도 안 된 이 네 명의 흑인 소녀들이 앨라배마 주 버밍햄의 교회 주일학교에서 마지막 가을 노래를 부른다. 폭발이 그친 후 남

---

* 남아공에서는 아파르트헤이트 정책에 따라 백인들만의 전용 거주 지역이 만들어졌고, 흑인들은 불법거주금지법(1951)을 통해 슬럼가를 철거하고 '타운십'으로 내쫓았다. 또 아프리칸스어매개법(1974)을 통해 블랙스테이트 밖에서는 영어와 아프리칸스어를 50대 50으로 사용하도록 규정했다.

은 나들이용 에나멜가죽 신발. 누구 발에 신겨 있던 것인지 아무
도 알 수가 없다.*

•

이토록 맹렬한 적대감을 온몸으로 흡수하면서도 여전히 사람 노릇
을 할 수 있는 인간존재가 또 있을까?

•

우리 흑인 여성들에게는 다호메이 왕국의 여전사들부터 [지금의 가나
지역에서 영국의 식민 지배에 맞섰던] 아샨티 왕국의 야아 아산테와아Yaa
Asantewaa[1840경~1921] 여왕과 [노예 해방운동에 헌신한] 자유해방 투
사 해리엇 터브먼, 그리고 지금도 서아프리카에서 경제적으로 막강
한 힘을 지니고 있는 여성상인회까지, 권력을 활용하고 공유해 온 역
사가 있다. 우리에게는 전원이 여성 각료로 구성된 베냉의 퀸 마더스
Queen Mothers부터 오늘날의 '좋은 죽음을 위한 여성 모임'Sisterhood of

* 1963년 9월 15일, 당시 민권운동의 중심지였던 버밍햄의 한 침례
교회에 백인 우월주의자들이 다이너마이트를 던져 네 명의 흑인 소
녀가 사망한 사건을 말한다. 이 사건은 1964년 민권법 통과에 결정
적인 역할을 했다.

the Good Death까지 친밀한 관계를 유지하고, 서로를 돌보고 지지해 온 전통이 있다. '좋은 죽음을 위한 여성 모임'은 브라질 여성 노인들의 공동체인데, 탈출한 노예였던 이 여성들은 노예 상태에 있는 다른 여성들에게 피난처를 제공했고 지금은 서로를 돌보며 살아간다.[3]

우리는 검고 여성적인 것이라면 무엇이든 혐오하고 경멸하는 사회에 태어난 흑인 여성들이다. 우리는 강하고 질긴 존재들이다. 또 우리에겐 깊은 상처가 있다. 모두 아프리카 여성이었던 우리는 우리 손으로 땅을 풍요롭게 일구던 때가 있었다. 우리는 왕을 호위하는 제1선에 섰을 뿐만 아니라 대지가 풍요롭게 열매를 맺도록 했다. (으스스한 늪지대에서 총을 겨누었던 해리엇이 말한 대로) 우리 스스로를 위해, 왕을 위해 싸웠던 우리는 죽이는 힘이 창조하는 힘보다 약하다는 것을 잘 알고 있다. 죽이는 힘은 새로운 것의 시작이 아니라 끝내는 힘이기 때문이다.

분노: 과도하거나 오도된 것일 수 있을지언정 반드시 유해한 것만은 아닌 불쾌의 정념. 혐오: 아주 싫어하는 감정이 적의와 결합된 감정적 습관 혹은 마음의 태도. 분노는 잘 활용하면 파괴적이지 않지만, 혐오는 파괴적이다.

인종차별주의와 성차별주의는 어른이 쓰는 말이다. 미국에서 흑인 아이들은 살면서 이런 왜곡들을 피할 수 없는데, 이런 것들을 표현해 줄 언어가 없는 경우가 너무나 많다. 하지만 인종차별과 성차별 모두 정확히 혐오로 인지되기는 한다.

이들은 매일 혐오를 밥 먹듯 먹고 자란다. 흑인이라는 이유로, 여성이라는 이유로, 충분히 흑인답지 않다는 이유로, 누군가 꿈에 그리던 여성이 아니라는 이유로, 즉 내가 나라는 이유로. 누구나 이 같은 혐오를 계속 겪다 보면 결국 내 적의 혐오를 내 친구의 사랑보다 더 중시하게 된다. 그 혐오에서 바로 분노가 생겨나며 분노는 강력한 연료가 된다.

그리고 정말로 어떤 때 보면 분노만이 나를 살아 있게 만드는 것 같다. 분노의 불꽃은 결코 사그라들지 않고 밝게 타오른다. 그러나 분노는 죄책감처럼 불완전한 형태의 지식이다. 혐오보다 더 유용하긴 하지만 여전히 한계를 지닌다. 우리의 차이를 명료히 인식하는 데 분노가 도움이 되긴 하지만, 장기적으로 보면 분노만으로 길러진 힘은 미래를 창조하지 못하는 맹목적 힘이다. 그것은 과거를 파괴할 수 있을 뿐이다. 이런 힘은 앞에 놓인 것에 집중하지 않고 뒤에 놓인 것, 분노를 만들어 낸 것, 즉 혐오에 초점을 맞춘다. 혐오는 미움 받는 이들이 죽기를 바라는 소망이지 다른 존재가 살기를 바라는 소망이 아니다.

매일 혐오를 밥 먹듯 먹고 자란다는 것은 결국 사람들과의 모든 만남이 혐오의 부산물인 부정적 정념과 강렬한 분노, 그리고 잔인함으로 얼룩지게 된다는 것을 뜻한다.

아프리카 여성인 우리는 우리의 혈통이 이야기하는 바대로 우리 여성 선조들이 서로에게 품었던 다정함을 잘 알고 있다. 우리가 추구하는 것은 바로 이런 연결성이다. 우리에게는 서로의 상처를 보듬고, 서로의 자녀를 키워 주며, 서로의 전투에 나서 주고, 서로의 땅을 경작해 주고, 태어나서 죽을 때까지 서로의 삶의 경로를 보살펴 주었던 흑인 여성들의 이야기가 있다. 우리는 우리 모두가 열망하고 꿈꾸는 삶, 즉 우리가 연결되어 서로를 지지해 주는 삶이 가능하다는 것을 알고 있다. 이런 가능성을 보여 주는 흑인 여성들의 문학 작품은 점점 더 풍성해지고 있다. 그러나 우리가 비슷하다는 이유만으로 우리 흑인 여성들이 자동적으로 서로 연결되는 것은 아니며, 우리가 진정으로 서로 소통할 수 있는 가능성이 쉽게 실현되는 것도 아니다.

흔히 우리는 흑인 여성이 서로 연결되어 서로를 지지하고 지원하면 좋겠다는 생각에 말로만 환호한다. 우리가 이 가능성을 가로막는 장벽을 아직 넘지 못했거나 실재하는 흑인 자매애의 힘을 실현하지 못하게 하는 분노와 두려움을 온전하게 탐구하지 않았기 때문에 말로만 그러는 것이다. 우리에게 꿈이 있음을 인정한다는 것은 우리가 꾸는 꿈과 현재 처한 상황 사이에 거리가 있음을 인정하는 것이다. 우리가 꿈꾸는 것이 무엇인지 인정할 때 우리가 맞이할 미래의 현실에 구체적인 형태를 부여할 수 있다. 그 꿈을 실현하기 위해 부지런히 움직이며 현재를 꼼꼼히 들여다보고 있다면 더더욱 그렇다. 우리는 서로가 연결되어 있다고 자만하거나 자기애를 흉내만 내는 것에 적당히 안주할 수 없다. 서로의 분노가 두렵다는 이유로 서로를 계속 외면하고만 있을 수도 없다. 다른 흑인 여성의 눈을 똑바로 바라보지 않는 게 존경의 표시라는 거짓말을 계속 믿고만 있을 수도 없다.

나는 나를 이해해 주는 당신 없이 홀로 살아가려 했던 게 아니다.[4]

1

내가 내 심장박동 소리를 느끼고, 입안의 맛을 아는 것처럼, 나는 내 안에 자리 잡은 분노에 대해서도 잘 알고 있다. 상처받는 것보다는 화를 내는 게 더 쉽다. 내가 가장 잘하는 건 분노다. 뭔가를 계속 열망하기yearning보다는 분노를 터뜨리는 게 더 쉽다. 우리가 서로를 필요로 한다는 사실을 받아들임으로써 백인들의 세상을 위협하기보다는, 당신 안에 존재하는 나를 십자가에 못 박는 일이 더 쉽다.

우리 흑인 여성들은 공유하고 있는 똑같은 경험이 너무나 많다. 하지만 이런 공통성에도 불구하고 우리는 왜 서로 친하게 지내지 못하고 오히려 그 친숙함으로 인해 더 날카롭게 벼려진 무기를 가지고 서로의 목을 겨누는 것일까?

나는 내가 만난 흑인 여성이 나의 직접적인 필요나 욕망에서 조금만 어긋나도, 또는 내게 보여야 할 적절한 반응에서 아주 조금만 벗어나도 분노를 느끼곤 하는데, 이는 내게 깊은 상처를 준다. 이 분노는 자포자기라고밖에는 볼 수 없는 감정, 너무 절망적인 나머지 무모하게 표출되는 감정이다. 이 분노는 나의 고통을 가리는 가면이다. 가장 흔들림 없이 함께여야 할 우리가 그토록 분열되어 있는 데 대한 나의 고통, 내가 그녀를 필요로 하는 만큼 그녀가 나를 필요로 하지 않을지 모른다는 데 대한 나의 고통, 그녀가 혐오하는 대상을 쳐다보는 퉁명스런 시선으로, 사실 나도 그녀를 왜곡해서 보았기에 너무나 잘 아는 그런 시선으로, 나를 바라보는 데 대한 나의 고통 말이다. 지워 버릴 것인가 아니면 지워질 것인가!

　나는 공립 도서관 접수대 뒤 두 발짝쯤 떨어진 자리에 앉아 있는 흑인 여성 사서가 날 봐주기를 기다리며 서있다. 젊고 자신감 있는 모습이 아름다운 그녀는 읽고 있는 책에 푹 빠져 있는 것처럼 보인다. 나는 안경을 똑바로 고쳐 쓰며, 그녀가 혹시나 나를 보지 못했을까 봐 팔찌를 살짝 흔들었지만, 나는 그녀가 나를 보았다는 걸 알고 있다. 나를 보지 못했다면 아무런 미동도 없었을 테지만, 그녀는 천천히 고개를 들어 위쪽을 쳐다본다. 그녀의 시선이 나를 스치며 눈동자엔 적대감이 어리고, 나는 죄인이 된 듯한 난처함을 느낀다. 남성 고객 두 명이 내 뒤로 들어선다. 그러자 그녀는 일어나서 내 쪽으로 다가온다. "네." 그녀는 아무런 억양 없이 말하지만, 시선은 조심스레 딴 곳에 둔다. 이런 여자애는 내 평생 본 적이 없다. 나는 내 안에서 긴장감이 이는 걸 느끼며 속으로 이렇게 생각한다. "그래 네가 말하는 예의라는 게 이런 거구나."

　나를 무시하듯 곁눈질로 힐끗 쳐다보는 그녀의 얼굴은 무례함을 넘어 그야말로 예술의 경지에 이르렀다. 왜 그녀의 시선은 미끄러지듯 나를 건너뛴 걸까? 그녀는 무엇을 봤길래 그토록 화가 난 걸까? 그녀에게 혐오감을 불러일으킨 것은 무엇일까? 그녀의 시선이 나의 시선을 피해 갈 때, 나는 왜 그녀의 얼굴을 한 대 갈기고 싶을까? 왜 그녀는 내 자매의 얼굴을 한 것일까? 도대체 왜 아래로 젖혀진 내 딸의 입술 같을까? 왜 퇴짜 맞은 애인의 화난 눈동자 같을까? 왜 나는 밤에 당신을 고이 안고 있는 꿈을 꾸는 걸까? 내가 가장 싫어하는 동물들의 먹잇감으로 당신의 팔을 던져 주려고? 끔찍한 밤마다 당신을 위해 불침번을 서면서 나는 무슨 생각을 하는 걸까? 오, 자매여, 우리가 함께 거닐고 싶었던 저 어둡고 풍요로운 땅은 어디에 있단 말인가?

　혐오는 4분의 3박자로 타전된 목소리로 말했다. 지저분한 글자체로 인쇄된 모양새가 나와 당신에게 내가 죽거나 당신이 죽어야 한다는 말을 전하기엔 딱 맞다. 우리는 그간 누구의 미래상을 파괴해 왔던 걸까 ― 당신의 얼굴일까 나의 얼굴일까. 어느 쪽이든 한 쪽이 없다면 나는 어떻게 우리의 미래상을 다시 볼 수 있을까 ― 한 쪽이 없다면 나도 없다.

내가 당신을 신뢰한다 해도 당신은 공포심에, 스스로를 지키려는 마음에, 우리의 검은 살점을 창백한 용의 먹이로 던져 줄 것인가? 아니면 갈 곳을 잃어 공포나 혐오의 다른 얼굴이 되어 버린 사랑으로 형제의 제단에 순결한 아이를 바칠 것인가?

지독한 침묵의 공격을 끝없이 기록하는 말없는 야수. 썩어 가는 살점. 이 어두운 굴속에서 무엇이 자랄 수 있으며, 어떻게 아이는 희생 제물에서 거짓말쟁이가 되는 걸까?

거실에 작은언니와 내가 마주 앉아 있다. 내가 진지하게 이야기하는 동안 언니는 의자 안으로 더 파고든다. 그럴수록 나는 언니에게 더 다가가 언니를 그토록 고통스럽게 하는 나에 대한 생각을 바꾸려 한다. 천천히, 신중하게, 그리고 냉정하게 그렇게 나는 아무리 뼈아픈 말이라도 한 마디도 놓치지 않고 들으려 하는데, 언니는 이렇게 말한다. "네가 무슨 말을 하든 난 관심 없어. 듣고 싶지 않다고."

나는 당신이 나를 여동생으로도, 동지로도 원하지 않았기 때문에 느꼈던 분노를 결코 극복하지 못했다. 나는 당신에게 심지어 고양이만도 못한 존재였다. 당신도 내 존재가 느닷없이 나타나 느꼈던 분노를 전혀 극복하지 못했다. 그리고 내가 다르지만 그리 다르지 않아서 생기는 분노도. 언니와 눈이 똑같은 여자가 있다. 엄마의 사랑을 쟁취할 기회를 잡기도 전에 내가 태어났다는 사실 때문에, 마치 누구라도 그럴 거라는 듯이, 나를 결코 용서하지 않았던 언니 말이다. 큰언니와 광대뼈가 똑같은 여자가 있다. 큰언니는 주도하기를 좋아하는 성격이지만, 배운 것이라곤 순종밖에 없어서 지금은 타인을 순종으로, 수동적 비전으로 조종하려 든다.

스스로를 아직 받아들이지 못했으면서 어떻게 타인에게 그것을 기대하겠는가? 내가 타인에게 하듯이 당신을 내칠 수는 없다. 그러면 나는 당신을 파괴해 버릴 수도 있다. 내가 그래야만 할까?

우리는 스스로를 사랑하지 않기에 서로를 사랑하지 못한다. 우리가 서로의 얼굴에서 자신의 얼굴, 우리가 늘 갈망해 온 그 얼굴을 보기 때문이다. 우리는 살아남았고, 살아남았다는 것은 우리 안에 더 많은 자아에 대한 욕망을 키우기 때문이다. 우리가 갈망해 온 동시에 지우고 싶어 하는 얼굴.

왜 우리는 서로 눈을 맞추지 않는 걸까? 우리가 서로의 눈동자에서 기대하는 것은 배신인가, 아니면 인정인가?

단 한 번만이라도 우리가 모든 흑인 여성들이 흘린 피로 불어난 강이 우리를 집어삼키는 고통을 느껴 본다면! 내 외로움 깊숙이 위치한 분노를 부표 삼아 떠있는 내가 할 수 있는 거라곤 살기 위해 더 멀리 헤엄쳐 나가는 것밖에 없을 것이다.

어떤 상황에 영향을 줄 수 없을 때는 가만히 있는 것이 지혜로운 행동이다.[5]

미국에서 모든 흑인 여성은 평생 씻어 낼 수 없는 혐오를 수 차례 경험하고도 살아남은 것이다. 어릴 적 동네 슈퍼에서조차 자그마한 흑인 아기 모양의 캔디가 우리를 시험에 들게 한다. 우리는 백인들이 우리 아이들의 신발에 침을 뱉고도 바람에 날린 것인 양 모른 체하는 짓에도, 분홍색 살색 반창고에도, 옥상 위에서 벌어진 강간 미수와 슈퍼 점원의 더듬는 손가락에도, 주일학교에 온 우리 딸들이 [폭탄 테러로] 산산조각 나도 살아남았다. 그리고 우리는 이 모든 증오를 자연스러운 일로 받아들였다. 우리는 혐오를 곱씹어 넘겨야 했고, 우리의 세포들은 죽지 않기 위해, 그것을 먹고사는 법을 익혀야 했다. 미트리다테스 왕은 비소를 조금씩 먹어 [독에 대한 면역력을 키움으로써] 자신을 독살하려는 자들로부터 자신을 지켰다지만, 나라면 [독을 삼킨] 그 왕의 입술에 입을 맞추며 인사하는 것조차 싫었을 것이다! 지금 우리는 [그 왕처럼] 혐오를 몸속에서 중화하는 법을 터득했기 때문에, 혐오는 존재하지 않는다고 부정하고 있다. 그러나 혐오를 삼키는 과정에서 우리는 사랑할 때조차 서로에게 맹렬한 분노를 토해 내게 된다.

나는 혐오를 본다.
나는 그 안에 빠져 허우적대고 있다.
거의 내 삶이 시작된 순간부터
그것은 내가 숨 쉬는 공기였고
나의 일용할 양식이었으며, 내가 지각하게 된 것들도 온통 그것으로 채워져 있었다.
내 존재를 늘 따라다니는 단 한 가지
그것은 바로 그들의 혐오……
나는 이렇게나 젊은데, 내 역사는 그렇게나 길구나.[6]

흑인 여성들은 서로에게 상처를 주기보다는 스스로에게 상처를 내는 경우가 많아서 그로 인한 출혈의 고통은 어디서나 흔한 일이다. 내가 정글에서 — 굶주린 채 울부짖으며 자기 발톱을 씹어서라도 덫을 벗어나려 몸부림치는 암컷 늑대를 보며 — 내 살점을 뜯어 먹도록 배운 것이라면, 그래서 내 피를 마시는 것이라면, 목이 마른데도 당신이 내 가슴 위로 시든 꽃처럼 죽은 팔을 늘어뜨릴 때까지 당신의 피를 마시지 말아야 할 까닭은 무엇이란 말인가? 그러면 나는 당신의 죽음을 슬퍼하며 울고 있겠지. 오 나의 자매여, 나는 우리의 죽음을 한탄하고 있을 것이다.

우리 중에 방어적인 분노와 경멸의 분위기에서 벗어나 있는 사람이 있을 때, 우리에게 다가오면서 일말의 불신이나 머뭇거림도 없고, 서로에게만 특별히 신랄하고 의심스러운 잣대를 들이대며 평가하는 색안경 낀 시선도 없고, 경계심도 없을 때, 그녀에게 가장 먼저 쏟아지는 반응은 순진하다는 비웃음이다. 이는 취조를 받기 전에 먼저 공격함으로써 스스로를 보호할 준비가 되어 있지 못하다는 뜻이다. 어리둥절하다는 말보다 순진하다는 말을 듣는 게 우리 사이에서는 훨씬 더 모욕적인 일이다.

텅 빈 계절, 텅 빈 도시, 텅 빈 집, 텅 빈 방에서 텅 빈 속을 채우기 위해 자기 심장을 뜯어 먹는 흑인 여성들, 그리고 우리에게 언젠가 봄은 돌아오지 않으리. 우리는 그 누구보다도 먼저 자기 살의 맛을 배웠다. 우리에게 허용된 게 그것뿐이었기 때문이다. 그래서 서로에게 우리는 표현할 수 없을 정도로 소중하면서도, 헤아릴 수 없을 만큼 위험해지고 말았다. 나는 너무나 거대하고 뿌리 깊은 분노, 우리의 마음을 좀먹는 분노에 대해, 그래서 그것을 녹이고 분해하고 해소하는 데 가장 필요한 것을 파괴하는 분노에 대해 쓸 것이다. 이제 우리는 서로의 눈동자를 똑바로 바라보며 말하고자 한다. 우리의 말이 길 잃은 여자의 날 선 목소리처럼 아린 맛을 낼지라도 우리는 말할 것이다.

2

한 흑인 여성이 있다. 그녀는 열심히 일하며 자기 삶에 최선을 다했고, 아이들을 먹이고 입히고 사랑하며 그들이 마로니에 열매처럼 껍질 속에 갇히지 않도록 하는 데도 온 힘을 쏟았다. 그녀는 처음부터 스스로 아이들을 죽이거나, 아니면 결국은 죽음의 땅, 백인들이 만든 미로 속으로 보내야 한다는 사실을 알고 있었기 때문이다.

나는 추수감사절 날 식탁에 둘러앉아 딸이 하는 말을 듣고 있었다. 딸은 대학에 대해, 그리고 자신을 보이지 않는 존재로 간주하는 시선이 주는 공포에 대해 이야기했다. 수년간 나는 내 딸이 그들 손에, 때로는 영예롭게, 때로는 하찮게 죽는 꿈을 꾸고 있었다. 딸은 선생님들이 간단한 질문조차 이해하려 들지 않는다고, 마치 자신을 양성이지만—이건 별 힘이 없다는 뜻이다—볼썽사나운 종양이라도 되는 듯 바라본다고 했다. 딸은 흐느낀다. 나는 안아 준다. 딸에게 나는 대학이 삶의 전부가 아님을, 그리고 가족이 곁에 있다는 걸 기억하라고 말한다. 하지만 딸을 그 유령들의 소굴로 들여보낸 건 나다. 그러면서 내가 가르쳐 준 건 겨우 발걸음을 재게 하는 법, 휘파람 부는 법, 사랑하는 법, 그리고 도망치지 않는 법뿐이다. 도망쳐야만 할 때도 있지만, 그것만으로는 결코 충분치 않으니까.

우리 흑인 여성들은 자녀를 혐오 속에 빠뜨린다. 우리 자신의 젊을 날을 혼란스런 당혹감으로 불태웠던 그 혐오 말이다. 우리가 자녀들에게 좀 더 효율적인 자기만의 새로운 생존 비법을 터득하도록 가르쳐 놨다고 믿으면서 말이다. 사체들에 사슬로 줄줄이 묶여 있던 노예선에서 우리 흑인 여성들은 아이를 낳으면 바로 죽였지만, 나는 아이가 태어나자마자 절망에 빠진 내 이빨로 두근거리는 그 조그만 심장을 찢어 목숨줄을 끊어 놓지 못했다. 그래서 나는 바로 이 순간에 다다른 것이다.

힘이 커지면 그에 맞서는 힘도 커지는 법이다.[7]

나는 가만히 앉아 부당한 세상에 대해 딸아이가 하는 말을 듣고 있다. 딸은 그 모든 것에도 불구하고 그 세상에 다시 들어가기로 결정했다. 왜냐하면 세상에 대한 자신의 앎을 무기로 세상을 변화시킬 수 있다고 생각하기 때문이다. 나는 딸아이를 잡아채 작디작은 나의 보호망 속으로 다시 밀어 넣고 싶은 고통스런 욕구를 간신히 억누르며 딸의 말을 듣는다. 나는 가만히 앉아서 딸이 상처를 받으면서도 조금씩 조금씩 자신이 진정 원하는 것을 해내는 모습을 바라본다. 물론, 그 와중에도 나는 딸아이에게서 분노가 치솟았다가 사그라드는 것을 느낀다. 그 분노가 나를 향해 있다는 것도 느낀다. 왜냐하면 나는 딸을 도울 수도, 대신할 수도 없으며, 게다가 딸은 내가 그러는 것을 허락하지도 않을 것이기 때문이다.

모든 어머니는 딸이 떠나는 것을 보게 된다. 흑인 어머니들은 딸이 그녀의 앞길에 용암처럼 널브러져 있는 혐오들을 넘으며 희생을 치르게 될 것임을 안다. 모든 딸은 어머니가 떠나는 것을 보게 된다. 흑인 딸들은 그 일로 그 어떤 믿음으로도 뚫을 수 없는 고립을 경험하게 될 것임을 안다.

지난달 어떤 흑인 여성이 어머니의 죽음으로 인한 슬픔과 박탈감으로 울기에 나는 그 여성을 꼭 안아 주었다. 위로할 길 없는 그녀의 상실감과 감정적 공허함이 입 밖으로 터져 나온다. 그것은 다른 어떤 흑인 여성에게도 허락하지 않을, 그 누구도 가까이 다가설 수 없는 혼자만의 공간에서 나온 것이다. "세상엔 두 종류의 사람이 있어요," 그녀가 말했다. "어머니가 있는 사람과 없는 사람이요. 저는 이제 어머니가 없네요." 그녀가 하는 말을 들으니 이런 생각이 들었다. 이제 그녀를 제대로 알고 있는 사람은 없겠구나. 이제 다시 그녀를 믿어 줄 사람, 그녀가 믿을 만한 사람은 이 세상에 없겠구나. 나는 그녀의 외로움에 사무친 울음 속에서 흑인 여성들과 우리 어머니들 사이의 사랑의 원천을 느낄 수 있었다.

혐오에 길들여진 흑인 소녀들은 자신이 아닌 다른 존재가 되고 싶어 한다. 왜냐하면 그녀는 (엄마를 제외한) 다른 모든 사람들이 생각하는 모습 — 혐오스럽고, 못생겼으며, 보잘것없는, 축복받지 못한 존재 — 만을 반영하고 있기 때문이다. 우리는 남자가 아니고 백인이 아니기 때문에, 그래서 엄마 말고는 그 누구에게도 없어도 그만인 존재로 여겨졌던 것이다.

우리 흑인 여성들이 엄마한테만 기대했던 인정과 포용을 우리 스스로에게 베푸는 법을 터득한다면, 서로를 훨씬 더 투명하게 바라보며 서로의 문제에 훨씬 더 솔직해질 수 있을 것이다.

•

나는 흑인 여성들이 얼마 되지도 않는 만남 속에서 그토록 자주 서로에게 가혹하게 구는 것에 대해, 서로를 이러쿵저러쿵 평가하고 잔인하리만치 친해지지 않으려는 그 몸짓에 대해 생각하곤 한다. 나도 죽기 살기로 다른 흑인 여성에게 반기를 들고 싶을 때가 가끔 있다. 그냥 무시하자, 말을 말자, 기웃거리지 말자, 직접 상대하지 말자고 되뇌곤 한다. 이는 그녀가 내게서 받은 모욕감으로 말미암아 내게 잔인하게 반응함으로써, 단지 나를 자극할 뿐만 아니라, 나를 파괴할지도 모르기 때문이다. 아니면 나도 똑같은 이유로, 똑같이 잔인한 반응으로 그녀를 파괴할 수도 있다. 서로에 대한 두려움은 똑같다.

일단 내가 흑인 여성으로서 갖는 내 삶의 독특한 존재 조건들을 온전히 흡수할 수 있다면, 그리고 그것이 내 두 아이에 의해 또 우리 흑인 집단의 역사 속에서 몇 배 더 풍부해질 수 있다면, 그래서 내가 중압감에 비틀거리지 않게 된다면 — 흑인 여성이라는 것 자체가 물, 햇빛, 바위처럼 [자연스러운 일이지] 축하받을 일 같은 건 아니다 — 내 목소리가 가혹할 리는 없을 것이다. 이제는 나 스스로 깨닫기 위해 노력할 필요가 있다. 가혹함이 가장 향해서는 안 될 곳, 즉 내 자매들을 향해 발휘되지 않도록 말이다.

왜 흑인 여성들은 유독 서로에 대해서 분노와 실망의 목소리를 담아 두고 있는 걸까? 죽일 듯이 서로를 공격할 때, 우리는 대체 누구를 파괴하려고 그러는 걸까? 우리는 서로가 공유하고 있는 공통분모를 최소한으로 축소하고, 우리가 가장 사랑하고 아끼는 것, 자신의 것으로 인정하지 않으면서도 상대방으로부터는 맹렬하게 방어하는 문제적 자아를 애써 지워 버리려 한다.

우리 사이의 이 잔인함, 이 가혹함은 우리가 태어날 때부터 우리 몸에 주입된 혐오가 남긴 유산이다. 우리에게 혐오를 주입한 이들의 의도는 죽음을 주입하는 데 있었다. 하지만 우리는 꼼꼼히 따져 보지도 않은 채 그것에 적응했고, 그것을 받아들였으며, 사용법을 익혔다. 그리고 이로 인해 우리는 대가를 치렀다! 풍파를 견뎌 내기 위해서 우리는 바위가 되어야 했고, 이제는 가장 가까운 이들에게 서로 상처를 주고 있다.

내가 만나는 흑인 여성의 얼굴이 내 어머니의 얼굴이나 나를 죽이는 자의 얼굴이 되지 않게 하려면 어떻게 방향을 바꿔야 할까?

당신을 사랑했어. 당신 꿈도 꿨지. 꿈속에서 몇 시간이고 당신에게 말을 했어. 꿈속에서 우리는 목화 나무 아래 앉아 어깨동무를 하고 있었지. 서로 머리도 땋아 주고, 등에 오일도 발라 주었지. 그런데 거리에서나 우체국에서나 메디케이드[저소득층을 위한 의료보험] 데스크에서 당신과 마주할 때마다 나는 당신 목을 비틀고 싶어져.

우리는 살면서 격분할 일이 너무 많다. 이 격분은 계속 증식하며 우리를 갈라놓는다.

○　흑인 여성들은 이런 말을 듣는다. 넌 이보다 더 나은 존재가 될

수도 아닐 수도 있지만, 흑인 남성, 다른 여성, 다른 인간과 똑같이 평등한 존재는 될 수 없어.

○ 내게 한 백인 페미니스트 학자가 『나의 등이라 불리는 이 다리』[8]가 출판되어 너무 반갑다며 그 이유를 이렇게 밝힌다. 이 책 덕분에 피부색이 다른[흑인이 아닌] 사람으로서는 도무지 누그러트릴 수 없는 흑인들의 가혹한 비판을 마주하지 않고도, 인종차별주의에 대해 다룰 수 있게 되었다고. 말인즉슨, 흑인에 대한 자신의 공포나 혐오에 대해 성찰하지 않아도 되고, 흑인 여성들의 분노를 더는 상대하지 않아도 된다는 것이다. 그러니 항상 험상궂게 찡그리고 있는 너희 더럽고 천한 얼굴 저리 치워라!

○ 내 딴에는 매우 인내심 있게 잘 대해 줬다고 생각했지만, 사실 인종차별주의자였던 슬라이드 영화 제작자. 마음 같아서는 그 빌어먹을 작자에게 호되게 쏘아붙이고 싶었지만, 인종 문제에 대한 그의 무지에 대해 내가 어떻게 생각하는지, 그리고 그의 영화가 의미가 있으려면 어떻게 수정해야 하는지 찬찬히 설명해 주었다. 아마 그는 흑인 이미지를 재현하는 법에 대해 뭔가 얻어 간 게 있을 것이다. 그래 놓고 나는 집에 돌아와 초대장에 오자가 있다는 이유로 사랑하는 이에게 집안을 부숴 버리기라도 할 것처럼 길길이 날뛰며 화를 냈다. 정작 화를 내야 할 곳은 따로 있는데도 말이다.

○ 여성과 아동을 학대한 죄로 유죄 선고를 받은 흑인 남성. 군대에서 사람을 죽이도록 훈련받은 그는 사형수 감방에서 일기장에 이렇게 쓴다. "나는 벤츠를 몰며 100대 대기업 임원 사무실에 앉아 있을 법한 그런 사람인데 말이지." 맞는 말이다. 그가 흑인만 아니라면 말이다.

흑인 여성들이 그들에게 느끼는 분노를 자신에게 그리고 서로에게 표출하지 않으려면 어떻게 해야 할까? 어린 시절 스트라스버그 거위 고기를 억지로 먹었을 때처럼 강제로 투입된 이 독약에서 나는 어떻게 스스로 해방될 수 있을까? 나는 분노의 구토를 하게 될 때까지 아무 영양가도 없는 이 독약을 억지로 먹어야 했다. 억지로 거위 고기를 먹으라며 내 어깨를 밀어붙이던 우리 언니……. 우리는 각자 파괴의 기술을 배웠다. 그들이 우리에게 허락한 건 그게 전부다. 하지만 우리는 우리의 언어로 서로를 다시 발견하고 있다.

우리가 오염된 말들에 둘러싸여 있다면, 온전한 삶의 모델을 만들어 내기는 어려울 것이다. 그렇다고 불가능한 것은 아니다. 어쨌든 우리는 살아남았고, 거기엔 다 이유가 있다. (내가 이 세상에 미친 영향을 어떻게 설명할 것인가?) 나는 제대로 된 질문을 찾는 데서 시작하려 한다.

레오라[심리상담사]에게,

두 흑인 여성이 분석적 관계 또는 치유적 관계에 들어간다는 것은 기본적으로 불안한 미지의 여행을 시작한다는 뜻입니다. 흑인 여성인 우리 사이의 특수한 소통 과정의 동학을 검토하는 데에는, 우리 자신 말고는 그 어떤 원형도, 모델도, 객관적으로 접근 가능한 다른 경험도 존재하지 않습니다. 그러나 이 같은 소통 과정은 그것에 깊숙이 수반된 다른 모든 심리적 문제들에도 영향을 미칠 수 있습니다. 제가 당신의 전문가적 도움을 받아 해보고 싶은 것이 바로 이 소통 과정을 꼼꼼히 살펴보는 것입니다. 저는 이 일이, 서로를 의도적으로 불신하면서도 서로를 욕망해 온 우리의 역사뿐만 아니라, 우리 사이의 유사성과 차이를 세심히 살피며 차근차근 나아가는 일이라는 점을 알게 되었습니다.

지금까지 시도된 적도 없고 언급된 적도 없는 까닭에, 이 같은 성찰은 고통스러운 일이고, 또 모든 심리 분석 작업에서 나타나는 취약점들뿐만 아니라 우리가 백인 남성이 지배하는 세계에서 살아남은 흑인 여성이기 때문에 만나는 온갖 함정으로 가득 차 있어요. 이 일은 자주 회피되었던, 중요하지 않거나 핵심을 벗어난 것이라 여겨진 분석 작업을 수행하는 일이지요. 예를 들면 이런 거예요. "내가 흑인이든 백인이든 그게 왜 중요하죠?" 저에게 이렇게 말한 선량한 백인 여성 심리상담사들이 얼마나 많았는지 몰라요. "내가 남자인지 여자인지가 왜 중요하죠?"라고는 절대 반문하지 않을 거면서 말이죠.

또 예를 들게요. 저는 당신 위의 슈퍼바이저가 누구인지 모르지만, 흑인 여성이 아닐 거라는 점은 확신할 수 있어요.

그래서 우리 사이의 이 영역이 절실하면서도 낯설고 무섭게 느껴져요. 여기에는 각자가 개인적으로 경험한 인종차별 역사의 뇌관들이 널려 있죠. 이런 건 우리가 선택한 것은 아니지만, 각자가 그로 인한 상처를 갖고 있어요. 그리고 이 뇌관은 사람마다 다 달라요. 하지만 우리는 모두가 인종차별주의적이고 성차별주의적인 체계 안에서 살아가는 흑인 여성들이기 때문에 서로 공유하는 역사도 있어요. 그래서 이 여행의 어떤 부분은 당신 것이기도 해요.

제 자아에는 문제가 있는 곳이 많아요. 물론 훈련받은 유능한 상담사인 당신에겐 새로운 문제가 아닐 테지요. 저는 당신이 용감한 여성이라 생각하고, 그 점을 존중해요. 하지만 당신이 받은 훈련이 우리 사이에 작동하는 얽히고설킨 욕구와 공포, 불신, 그리고 절망과 희망을 탐색하는 데 걸맞은지는 잘 모르겠어요. 분명히 그런 것들을 깊이 있게 분석할 만큼은 아닐 거예요. 우리는 남자도 백인도 아니기 때문에 이런 종류의 연구 대상이 될 가치가 없다고 여겨져 온 집단이에요. 그래서 우리에게는 지금 우리 자신밖에 없어요. 우리 자아를 이용해 우리 흑인 여성들 사이에 존재하는 그 무엇이 우리에게 어떤 영향을 미치는지 그리고 우리가 함께 도모하는 일에 어떤 영향을 미치는지 좀 더 깊이 탐구하고 설명해 볼 용기가 있든 없든 말이죠.

서로의 눈동자를 바라보며

만일 여기서 우리가 이런 탐구를 하지 않는다 해도, 결국은 각자 다른 곳에서 언젠가는 이 작업을 하게 될 거예요.

아직은 그 작업을 가지고 뭘 할지 모르겠어요. 하지만 제 삶과 일에 도움이 되게 하고 싶다는 것만은 분명해요. 단지 안도감을 느끼려고 이 작업을 하는 건 아니에요. 이 작업이 얼마나 멀리 나갈 수 있을지, 당신의 삶과 일을 조명해 볼 수 있을지 잘 모르겠지만, 그렇게 될 수 있다는 점만은 분명해요. 지각한 것들에 미처 질서를 부여하기도 전에 이렇게 인식할 수 있는 건 시인에게 내린 저주이자 축복이지요. 그건 카오스와 같은 거예요.

하지만 새로운 세상은 카오스에서 탄생하는 법이지요.

서로의 눈동자를 바라보며 곧 만나요.

오드리가

3

최근 나는 주변에서 죽음과 상실을 너무 많이 겪어서 때론 마치 그 어떤 은유나 상징도 없이 단 하나의 관용구에만 갇혀 있는 느낌이 든다—고통이라는 말과 거기 꼭 붙는 견디라는 말이 그것이다. 분노에도 이와 동일한 문제가 있다. 최근에 분노할 일이 너무 많아서 그것을 처리하는 내 시스템이 느려지고 효율성도 떨어지고 있는데, 이 문제는 내게 가장 중요한 소통의 문제에도 슬슬 영향을 미치고 있다.

흑인 여성보다는 백인 여성과의 소통이 오히려 더 쉬운 것도 아마 이런 이유에서일 것이다. 심지어 정서적으로 전혀 진전이 없는 관계라 해도 그런데, 이는 백인 여성들과는 중간 깊이의 소통만 가능하고 유지할 수 있는 탓에, 자아 인정을 둘러싼 자아들 사이의 관계에 정서적 한계점이 존재하기 때문이다.

그런데 내가 그 누구보다도 깊은 관계를 맺고 있는 백인 프랜시스와는 왜 그렇지 않은 걸까? 프랜시스와 나의 관계는 깊을 뿐만 아니라 서로를 전적으로 포용하는 관계다. 즉 서로의 차이를 뭉개거나 흡수하지 않고도 하나가 될 수 있는 그런 관계다. 우리의 사랑은 쉽고 단순하며 받아들이기 편한 것들에만 안주하지 않고 오랜 세월 힘써 노력하고 서로 대결하면서 다져진 것이다.

그러나 대체로 흑인 여성과 백인 여성 사이에서 보편적으로 가능한 중간 깊이의 관계는, 정서적으로 직접적인 관계를 맺고자 하는 두 흑인 여성들이 대면하게 되는 욕구와 분노보다는 덜 위협적이다. 그와 같은 욕구와 분노는 아직 탐구되지 않은 채 뒤엉켜 있다. 이는 두 흑인 여성이 맺는 관계의 맥락이 어떠하든 그렇다. 이 점은 연인 사이에서뿐만 아니라 사무직 노동자들이나 정치 활동가들 사이에서도 마찬가지다. 하지만 흑인 여성들 사이에서 새로운 자아 비전과 가능성이 출현하기 위해서는 이처럼 뒤엉켜 있는 욕구와 분노의 실타래가 풀려야만 한다. 내가 지금 여기서 말하고 있는 것은 사회적 관계인데, 그 까닭은 연인인 여성들뿐만 아니라 연인이 아닌 여성들 사이의 관계의 동학을 살펴보는 것이야말로 중요한 일이기 때문이다.

나는 이렇게 자문하곤 한다. 인종차별주의에 맞서 싸워야 한다는 핑계로 훨씬 더 다루기 어려운 다른 고통을 회피하고 있는 것은 아닐까? 이것이야말로 인종차별에 맞선 나의 투쟁 에너지를 갉아먹고, 명민한 생각을 방해하며, 예측하지 못한 스트레스를 주고, 실망스러운 상황을 연출하는 게 아닌가? 백인은 결코 진심으로 우리를 인정하지 못한다. 예를 들어, 지금 현재 흑인 여성과 백인 여성이 맺고 있는 그런 어중간한 관계에서 인종차별주의가 완전히 뿌리 뽑힌다면 그 관계가 더 깊어지긴 하겠지만, 결코 (지식과 전통과 역사를 공유하고 있는) 흑인 여성들끼리 서로에게 바라는 그런 독특한 욕구를 충족시켜 줄 수는 없을 것이다. 여기에는 두 가지 매우 상이한 투쟁이 관련돼 있다. 하나는 백인이 지닌 인종차별주의에 맞선 전쟁이고, 또 하나는 우리 흑인 여성들 사이를 갈라놓는 인종차별주의의 구조를 직시하고 이를 헤쳐 나가는 투쟁이다. 이 두 투쟁은 절대 똑같은 것이 아니다.

하지만 때론 연이은 상실감으로 말미암아 둔한 통증보다는 정당하게 느껴지는 분노가 더 나은 것 같기도 하다. 이제는 내 딸도 성장해 내 품을 벗어나고 있고, 친구들도 이리저리 떠나가고 있다.

······ 겉으로 보기엔 똑같이 무르익은 것처럼 보일지라도, 자연은 저마다의 독특함을 자랑하며, 차이는 점점 더 분명해져 간다.[9]

나 스스로도 감히 하지 못했던 일―스스로를 받아들이고, 믿어 주고, 변화를 생각할 수 있는 충분한 공간을 마련해 주는 것―을 다른 흑인 여성들에게 얼마나 자주 요구했던가? 그녀에게 차이와 의심, 불신과 오래된 고통을 뛰어넘으라고 얼마나 많이 이야기했던가? 눈을 감은 채 절벽을 뛰어넘도록 훈련받은 어느 동물처럼, 그녀가 혼자서 우리 사이의 저 끔찍한 간극을 뛰어넘어 줬으면 하고 기대했던 적은 얼마나 많은가? 또 이렇게 자문해야 하는 걸 나는 또 얼마나 자주 망각했던가?

나만 아는 언어로 당신에게 다가가려 한 것은 아닌가? 당신은 당신만을 구원해 줄 수 있는 언어로 나에게 다가오고 있는 것은 아닌가? 내가 우리 사이의 차이를 가로질러 당신의 말을 경청하려 든다면, 당신도 나의 말을 경청하게 될까?

우리는 과연 이런 문제들을 탐구하고 있는 걸까? 아니면, 서로가 결핍된 상태, 그리고 미열처럼 끈질기게 지속되며 우리를 점점 쇠약하게 만드는 그 결핍의 고통을 당연한 것으로 견디며 혼자 고립되어 은둔하는 삶에 안주하고 있는 것일까?―우리는 보통 서로의 웃음소리, 어두운 피부색에서 오는 편안함, 나눔, 내 모습을 있는 그대로 인정받는 것에 대한 열망을 외면하고 있는 게 아닐까? 왜냐하면 그렇게 되면 곧 서로의 결여를 인정해야 하니까 말이다.

우리가 이처럼 반복적으로 서로를 핍박하고, 회피하며, 잔인하게 굴고, 비판하는 까닭이, 우리에게 흑인 여신과 흑인 여성 영웅이 없기 때문인가? 우리 자신과 어머니들의 훌륭함이 이미 우리의 피와 뼈를 이루고 있는데도 그것을 알아보지 못해서인가? 분명 혐오는, 우리 안에 있는 힘, 즉 우리의 아름다움을 감추고 그것을 추한 것이라고 왜곡한다.

나는 정말 간절히 바란다. 흑인 여성들이 나를 잘 알기도 전에, 혹은 내가 하는 말을 듣기도 전에 분노와 경멸로 말미암아 나를 외면해 버리는 일이 없기를. 또 내 말에 동의하지 않는다 해도 내게서 등을 돌리는 일이 없기를. 우리는 결국 똑같이 빌려온 소리를 가지고 조합을 다르게 하는 것에 대해 이야기하고 있는 것이다.

우리 사이의 차이를 탐구할 때 때때로 나는 전쟁터에 나가는 듯한 느낌을 받는다. 내가 내줘야만 하는 것 가운데 최선의 것 — 나 자신 — 을 들고 진군하여 떨리는 마음으로 내가 다가가고 싶은 모든 흑인 여성들을 포괄하는 범위 안으로 뛰어드는 것이다. 이 모습이 그녀에게는 뭔가 다르게 느껴지는 걸까? 내가 배신당하지는 않을까, 거절당하지는 않을까, 비웃으며 비난하지는 않을까 잔뜩 겁을 집어먹고 있을 때 그녀도 동시에 내가 그녀를 재단하고 있다고 느끼는 걸까?

내가 알고 지내는 흑인 여성들은 대부분 내가 너무 많이 운다고, 그것도 너무 공개적인 데서 그런다고 생각한다. 이들은 울면 나약해 보이고, 그러면 중요하지 않아 보인다고 충고한다. 마치 이런 나약함이라는 특징이 가장 쉽게 내버릴 수 있는 것이어서가 아니라, 우리가 힘을 얻기 위해 꼭 내버려야만 할 것처럼 말이다.

나는 내 자아 안에 있는 끔찍한 이미지와 싸우며, 그 이미지를 직시하고 인정한다. 이제까지 이 이미지가 나를 파괴하지 못했다는 것도, 그리고 앞으로도 그것이 나를 파괴하지 못할 것이라는 것도 알고 있다. 그것에 대해 터놓고 이야기하고, 그것이 내게 얼마나 상처를 주었는지를 받아들인다면 말이다. 내 어머니는 내게 살아남는 법을 가르쳐 주었지만, 동시에 내가 흑인이라는 것에 대한 공포심도 심어 주었다. "백인을 믿지 마라. 그 사람들이 우리에게 도움 되는 짓을 할 리 없다. 또 너보다 검은 사람도 믿지 마라. 그들의 마음은 얼굴만큼이나 검단다"(그런데 우리 집안 세 자매 중 가장 검은 나에게 이런 말을 하는 건 무슨 뜻일까?). 나는 심지어 지금도 이에 대해 이야기하는 게 고통스럽다. 우리 모두는 이와 같은 메시지를 얼마나 많이, 얼마나 다양한 목소리로, 얼마나 다양한 방식으로 들어 왔던가? 그리고 우리는 이런 메시지가 전하는 게 무엇인지, 그것이 얼마나 파괴적인지 인식조차 못하면서, 어떻게 그것을 우리의 의식에서 지울 수 있단 말인가?

4

강해지려면 무엇이 필요할까? 학습된 잔인함?

다음과 같이 말하는 목소리가 있기 마련이다. 즉, 흑인 여성들은 항상 서로를 도우며 살았다고, 그렇지 않냐고! 이것은 우리 내면의 갈등이 드러내는 역설이다. 우리에게는 강력하면서도 오래된 유대와 상호 의지의 전통이 있으며, 이 같은 전통은, 자기혐오로 발생된 분노와 의심에 맞서고 있는, 우리 한 사람 한 사람의 기억 속에 면면히 존재한다.

세상이 찡그린 얼굴로 못마땅하다는 듯이 나를 가로막을 때 내게 발 디딜 곳을 다시 마련해 준 사람은 바로 자매였다.[10] 이 노랫말을 듣고 있으면, 나는 내가 간절히 느끼고 싶었지만 그럴 수 없었던 어떤 것 때문에 가슴 저린 커다란 상실감을 느끼게 된다. 왜냐하면 내게는 노랫말에 나오는 그런 일이 일어나지 않았기 때문이다. 그런 자매가 있는 흑인 여성들도 있다. 그렇지 않은 여성들의 경우, 바위처럼 굳건한 자매들의 지지에 기댈 수 있다는 느낌은 꿈이고 지향점이다. 우리는 그 꿈이 가능하긴 하지만 동시에 우리 사이에 놓인 두려움과 의구심의 현실을 뛰어넘어야 한다는 점에서 매우 문제적이기도 하다는 점을 알고 있다.

우리의 분노, 그것은 생존의 불꽃처럼 잠시 파르르했다가 내리깐 눈꺼풀 뒤에 숨어 있거나, 그렇지 않으면 가장 부적절한 순간에 우리 눈에서 불타오른다. 연인의 다리 사이에서 천장을 올려다볼 때, 혹은 강의 중간에 노트 위로 어리는 분노 때문에, 나는 생각의 흐름이 끊기곤 한다. 또 마트에서 야채를 담을 때, 실업수당 창구에서 양식을 작성할 때, 라고스[나이지리아의 옛 수도] 출신 사업가의 손에 끌려 억지로 브로드웨이 한복판에서 택시에서 내려야 했을 때, 문을 열자마자 다른 이가 날 밀치며 가게로 들어갈 때, 몇 분의 1초밖에는 서로 눈을 마주치지 못할 때—몹시 화가 난 매서운 자매들. 어릴 적 내 딸은 항상 내게 이렇게 묻곤 했다. "엄마, 화났어?"

우리 흑인 여성들은, 너무나도 자주 자신의 분노를 엉뚱하게 허비한다. 그냥 묻어 두거나, 다른 사람의 것이라고 하거나, 아무런 반향도 일으키지 못할 인종차별주의와 성차별주의의 바다에 거칠게 던져 버린다. 또 서로의 얼굴에 분노를 퍼붓다가도 고개를 숙이며 주먹을 피한다. 그러나 대체로 우리는 그것을 공개적으로 드러내지 않거나, 누구도 다가설 수 없는 뻣뻣한 정중함 속에 가둬 놓는다. 사회 통념에 어긋나거나 온당치 못하다고 여겨지는 격렬한 분노는 이름도 없이 영원히 비밀로 간직된다. 우리의 마음은 자기 자신에 대한 그리고 서로에 대한 격분으로 가득 차 있음에도, 우리 자신이 분노의 원인으로 지목될까 두려워 이 분노를 자세히 들여다보지 못했다. 또한 이 분노를 별것 아닌 일상사라 하거나, 심지어는 외톨이를 자처하기도 했다. 분명히, 평생 우리가 분노를 올바르게 활용할 수 있는 기회는 충분하다. 우리는 손쉽게 대결을 피할 수 있다. (상대적으로) 명확하고 감정적으로 덜 얽혀 있는 상황에서는 분노를 살펴보기가 훨씬 더 쉽다. 진짜 자신을 노출할 필요가 없는 어중간한 관계에서는 분노를 표현하기가 훨씬 쉽다. 그렇지만 서로를 속속들이 알고 싶은 갈망, 무언가를 진정으로 나누고 싶은 갈망, 서로의 분노를 함께 공유하고 싶은 자매에 대한 갈망은 언제나 채워지지 않는다.

백인들의 무시와 날선 공격, 젠더 혐오와 폭력은 견디기 힘든 일이다. 자신을 비추는 거울 속에서 떨쳐 버리지 못했던 어떤 얼굴을 내 얼굴 속에서 보고 있을지 모르는, 혹시나 자신들의 것이 아닐까 두려워하는 형상을 내 눈 속에서 보고 있는 흑인 여성들이 내게 보이는 거부반응과 씨름하는 일은 더 힘들다. 현재 혹은 앞으로 만나게 될 남성 동반자를 잃을지도 모른다는 불안 심리로 말미암아 흑인 여성들 사이에는 이 같은 두려움이 더 심하다. 남자가 있는 것이 성공의 유일한 척도라고 배웠기 때문이다. 그러나 흑인 남성은 대부분 결코 우리 곁에 머물지 않는다.

•

한 흑인 여성이 앉아서 다른 흑인 여성을 조용히 바라본다. 그녀의 겉모습, 행동거지, 인상을 재단하는 것이다. 사실, 그녀의 저울 위에

올라간 것은 그녀 자신이다. 그녀는 불가능한 것을 재고 있다. 그녀는 자신이 전적으로 되고 싶지 않은 자아를 재고 있다. 그녀는 모순을 인정할 수 없다. 그러니 자신의 아름다움도 인정할 수 없다. 그녀는 이 여성이 사라지길 소망한다. 그녀는 이 여성이 흑인 여성이 아니길, 다른 사람이기를 소망한다. 그녀는 자신의 존재를 긍정하기 어렵다. "왜 똑바로 날지를 못하니?" 그녀는 다른 여성에게 이렇게 말한다. "너 때문에 우리 모두가 욕먹는다는 거 모르겠니? 내가 해도 확실히 그거보다는 잘하겠다. 잘 좀 보이게 해봐. 백인 여자애들은 잘하잖아. 가르쳐 줄 사람을 데려와야겠구나." 이 말을 듣는 여성은 아무 말도 하지 못한다. 그녀는 바닥으로 추락하지 않기 위해 안간힘을 쓴다. 눈물을 쏟지는 않을 것이다. 그녀의 눈물은 이미 말라 버렸다. 대신 그녀의 눈물은 날카로운 돌이 되어 첫 번째 여성의 가슴에 박힌다. 그리고 그 상처가 아문 후 그녀는 그것을 자신의 고통의 원천이라 한다.

5

다음과 같은 자기보호의 신화들은 서로를 다정하게 대하고 이해해 줄 필요가 가장 절실한 곳에서, 우리를 갈라놓고, 서로를 가혹하고 잔인하게 대하도록 만든다.

1. 정중하고 예의바르게 행동하기 위해서는 서로를 똑바로 쳐다 봐서는 안 된다. 특히, 상대방을 평가하는 듯한 시선은 최대한 감춰야 한다. 어떻게 해서든, 오해의 소지가 있는 표현은 피해 야 한다. "입술이 참 예쁘네요"라는 말은 "저 큰 입술 좀 봐!" 로 들린다. 우리는 또한 서로 분명한 거리를 유지해야 한다. 우 리 사이에 거리가 있어야 나는 당신 같지 않은 존재가 되고 당 신은 나 같지 않은 존재가 되기 때문이다.

   사람들 사이에 아무런 연결점이 없을 때, 분노는 사람들을 더 가깝게 연결시키며 모아 준다. 그렇지만 문제적이거나, 위협적 이거나, 우리가 미처 인식하지 못한 수많은 연결점들이 존재할 경우, 분노는 사람들을 분열시키고 서로 멀어지게 만든다.

2. 외부인에 맞서 때때로 우리가 서로를 보호해 준다는 이유로, 우 리 사이에 일어나는 폄하와 무시를 들여다봐서는 안 된다는 거 짓 믿음이 있다. 외부인에 맞서 서로를 편들어 주는 것과 서로 를 아끼는 것은 매우 다른 것이다. 보통 그것은 "가재는 게 편"

의 경우에 해당한다. 그렇다고 해서 우리가 그 비슷한 존재를 고마워해야 한다거나 우리가 비슷해져야 한다는 뜻은 아니다. 이는 심지어 그 비슷함이 생사를 가르는 경우일 때도 그렇다. 나를 쓰레기-같은-흑인-여성이라고 재단하는 백인 세계의 평가를 내가 진심으로 받아들인다면, 결국 나는 내가 진짜 아무 쓸모없는 존재라는 것을 마음속 깊이 믿게 될 것이다. 하지만 이렇게 깊이 흡수된 혐오를 정면으로 마주하기는 매우 어려운 일이다. 당신이 나와 비슷하다는 이유로 당신을 아무 쓸모가 없는 존재라고 여기는 게 더 쉽다. 따라서 내가 당신과 비슷하다는 이유로 내 편을 들어 주는 거라면, 그것은 당신이 그저 나와 똑같이 아무 쓸모없는 존재임을 보여 줄 뿐이다. 이것은 모두가 패배할 뿐인 입장이자, 그 누구도 편들어 주지 못하는 쓸모없는 경우이다. 누군가는 그 대가를 치러야겠지만, 내가 치르지만 않으면 된다는 식이다. 내가 나의 가치를 인식할 수 있을 때라야, 비로소 나는 당신의 가치를 알아볼 수 있다.

3. 완벽함이라는 것은 우리가 스스로와 서로에게 마땅히 기대할 수 있는 바이며 가능한 것이라는 믿음. 그리고 인간다움의 유일한 조건이라는 믿음. (이 거짓 믿음으로 인해 외부 제도가 우리를 얼마나 잘 이용해 먹는지를 생각해 보라!) 당신이 나와 비슷하다면, 당신은 충분히 훌륭한 사람이기 위해서, 나보다 훨씬 더 훌륭

한 사람이 되어야 한다. 그런데 당신은 그렇게 될 수 없다. 당신이 얼마나 훌륭한 사람이든 상관없이, 딱 나처럼 흑인 여성이기 때문이다. (그녀는 자신을 뭐라고 생각하는 걸까?) 다른 이들이 제시한 아이디어라면 수용하거나 최소한 검토해 볼 의향이 있는 아이디어라 해도 그것이 나의 거울 이미지인 당신에게서 나온 것이라면, 그게 뭐든 관용의 대상도 될 수 없다. 당신이 완벽함에 대한 그들의 환상에 맞지 않는다면, 그리고 흑인 여성이라는 이유로 당신이 결코 그 환상 속 이미지에 맞을 수 없다면, 당신은 나의 거울 이미지다. 우리는 서로에게 충분히 훌륭한 적이 없다. 당신이 지닌 모든 흠은 나 자신의 위협적인 부적절함을 확대해 비추는 반영물이 된다. 적이 우리를 혼란에 빠뜨리기 전에 먼저 내가 당신을 공격해야 한다는 식이다. 그렇지만 적은 어쨌든 우리를 공격할 것이다.

오 어머니, 왜 우리는 뿌연 칼과 먼지 앉은 창으로 무장했던 걸까요? "자, 어쨌든 당신은 자신이 뭐라고 생각하는가?" 당신은 내가 만나게 될까 봐(결코 만나지 못할까 봐) 가장 두려워하는 나이다.

6

우리 자신과 우리의 감정을 무시하고 의심하도록 가르친 언어는, 우리가 서로를 무시하고 의심하는 데 사용하는 언어와 동일하다. 너무 예뻐/너무 추해. 너무 흑인스러워/너무 백인스러워. 다 틀렸다. 나는 이미 알고 있다. 누가 이렇게 말하는가. 듣자 하니 당신 말은 너무 미심쩍다. 당신은 그들의 언어를 한다. 당신은 그들의 언어를 하지 못한다. 당신은 스스로 자신을 뭐라고 생각하는가? 자신이 가장 훌륭하다고 생각하는가? 그렇다면 내 앞에서 꺼져 버려.

우리는 우리 사이에 놓인 인위적 거리를 없애는 것도, 창조적인 대화를 위해 우리의 실제 차이를 검토하는 것도 거부하고 있다. 우리가 서로 소통하기엔 내가 너무 달라. 이는 말하자면, 내가 당신이-아닌 존재로 나를 확립해야만 한다는 뜻이다. 분노로 가는 길은 서로의 눈에 자신이 어떻게 비칠지 두려워하는, 표현되지 못한 마음으로 포장되어 있다. 미국에서는 우리 흑인 여성들이 아무것도 걸치지 않은 채 서로를 경험하도록 허용되지 않는다. 우리는 온갖 신화, 고정관념, 외부의 기대, 다른 이들이 만들어 놓은 규정을 잔뜩 껴입은 채로 서로를 만난다. "당신은 나의 준거집단입니다만, 나는 당신과 일해 본 적이 없습니다." 그런데 어떻게 나를 재단하는 걸까? 당신과 같은 흑인? 당신보다 더 흑인다운 흑인? 충분히 흑인답지 못한 흑인? 내가 어떤 사람이든 나는 여러 모로

부족한 존재로 규정될 것이다…….

우리는 결코-충분히-훌륭하지-못한 존재로 규정되는 흑인 여성이다. 내가 이걸 극복하려면 당신보다 훌륭한 존재가 되어야 한다. 내 스스로에게 충분한 기대를 건다면, 아마도 나는 그들이 생각하는 우리 모습과는 다른 존재, 당신과는 다른 존재가 될 수 있을 것이다. 내가 충분히 다른 존재가 된다면, 아마 나는 더 이상 "검둥이 년"이 아닐 수도 있다. 내가 당신과 충분히 달라진다면, 나는 당신을 그토록 필요로 하지 않을 것이다. 나는 강해질 것이고, 최고가 될 것이며, 모든 면에서 탁월한 존재가 될 것이다. 감히 그밖에 다른 존재는 되려 하지 않기 때문이다. 인간 취급을 받을 만큼 훌륭해지는 것이야말로 내게 유일하게 주어진 기회다.

내가 있는 그대로의 나라면, 당신은 나를 받아들이지 못한다. 하지만 당신이 나를 받아들인다면, 그것은 내가 당신이 되고 싶은 존재라는 뜻이다. 그러면 나는 "진짜"가 아니게 된다. 그리고 당신도 마찬가지다. 그렇다면 진짜 흑인 여성은 도대체 누구인가?

우리는 죄책감을 유발하는 우리의 비밀을, 우아한 옷, 값비싼 화장, 미백 크림(그렇다, 아직도 이걸 쓰고 있다!), 곧게 편 머리 뒤에 소중히 묻어 두려 한다. 우리 중에서 규정된 겉모습으로부터 벗어난 이들을 향한 살인 본능은 정확하고 치명적이다.

생각건대, 우리는 내부자처럼 행동하지만 외부자처럼 느끼고, 흑인 여성에 대한 자기 거부를 극복했다고 생각하지만, 여전히 껴안고 있다. 정치 활동은, 아무리 올바르고 필요한 것이라 해도, 우리의 영혼을 구원하지 못한다. 그렇지만 정치 활동을 하지 않는다면, 사실 우리가 어떤 변화를 가능하게 할 만큼 충분히 오래 살아남으리라 희망할 수도 없다. 스스로 힘을 기르는 것이야말로, 가장 심층적인 정치 활동이자, 가장 어려운 과업이다.

우리 여성들 사이에 존재하는 혼란스러운 감정에 이름을 부여하려 하지 않을 경우, 우리는 수백 가지 비생산적 방식으로 감정풀이를 하며 상처를 주게 된다. 오랜 고통에서 나오는 감정을 말하지 못한다면 결코 그 고통을 넘어설 수가 없다. 마치 우리들끼리 침묵의 비밀 서약을 맺은 듯, 성찰을 거치지 않은 그 고통을 표출하면, 우리가 표출하지 않은 채 쌓아 둔 분노 속에 내장되어 있던, 오랫동안 묵혀 둔 다른 상처들이 함께 나오기 때문이다. 어린 시절부터 폄하된 자아가 알고 있는 대로, 이 분노는 너무 일찍부터 시작된 생존 투쟁의 적막함 속에서 학습된 잔인함으로 단단히 무장되어 있다. "흥, 이것까지 받을 수 있을까!"하며 이어지는 다즌스 Dozens라는 [말싸움] 게임은 언뜻 보면 우호적인 경쟁과 욕설로 이루어진 흑인들의 놀이로 보이지만, 실제로는 조금도 머뭇거리지 않고 언어폭력을 가르치는 의미심장한 훈련이다.

생존법을 배우느라 우리가 치른 대가 중 하나는 어린 시절이다. 우리는 어린이로 살 수가 없었다. 한동안 놀면서 사는 것이야말로 어린이의 권리인데, 흑인 아이에게는 모든 행동이 치명적으로 심각한 결과를 가져올 수 있다. 흑인 소녀의 경우 더욱 그렇다. 버밍햄에서 폭탄 테러로 죽어 간 네 명의 어린 흑인 소녀의 유령에게 물어보라. 악명 높은 애틀랜타 살인 사건 피해자인 에인절 레나어, 레토냐 월슨, 신시아 몽고메리에게 물어보라. 이 세 소녀를 죽음에 이르게 한 사건은 지금까지도 미결 상태다.

가끔 이런 생각이 든다. 내 스스로 흑인 여성인 나를 향해 겨누었던 그 모든 혐오를 한꺼번에 경험하고 거기 내포된 의미를 내 의식 속으로 받아들인다면, 나는 그 암울하고 끔찍한 무게에 눌려 죽었을 것이다. 그래서 어떤 자매가 예전에 나한테 이렇게 물었던 걸까? "백인은 감정을 느껴, 흑인도 그러니?"

미국에서는 대체로 백인들이 자신의 감정을 성찰해 볼 시간과 공간이 더 많은 게 사실이다. 이 나라에서 흑인은 가장 즉각적이고 물질적인 층위에서 생존을 위한 고된 노동에 지속적으로 참여해야 했다. 하지만 그렇다고 해서 흑인들이 자신의 감정을 성찰해 볼 필요가 없다고, 이런 감정들은 우리를 고정관념화하거나 어린애 취급하는 데 활용되기 때문에 중요하지 않다고, 이런 감정들은 우리의 생존에 중요하지 않다고 생각해서는 안 된다. 또 감정을 깊이 느끼지 않는 것이야말로 노력을 통해 획득한 미덕이라 생각해서도 안 된다. 그건 우리 감정에 시한폭탄을 장착한 채 살아가는 것이나 다름없다.

살면서 나는 고통pain과 괴로움suffering을 구분하기 시작했다.

고통은 사건이고 경험이다. 그것은 어떤 식으로든 인식되고, 명명되고, 활용되어야 한다. 그 목적은 경험을 뭔가 다른 것, 힘이나 지식이나 운동으로 전환하는 데 있다.

반면 괴로움이란 성찰과 소화 과정을 거치지 못한 고통을 반복해 겪는 악몽이다. 자의식의 차원에서 인식하지 못한 채 고통을 겪을 때, 나는 이 고통을 **활용**해 나올 수 있는 힘, 즉 고통을 넘어갈 수 있도록 불을 붙여 줄 힘을 빼앗긴다. 나는 가까운 무언가가 고통을 촉발할 때마다, 계속 반복해서 그 고통을 다시 떠올려 겪는 나 자신을 저주한다. 이것이 괴로움이다. 괴로움은 벗어날 수 없는 것처럼 보이는 악순환이다.

실로, 오래된 고통을 경험할 때 나는 온 힘을 다해 내 몸을 콘크리트 벽에 찧는 것만 같다. 그러나 나는 내가 이미 그 고통을 모두 겪고 살아남았음을 되새긴다.

흑인 여성은 자기 보호와 생존을 위해 끊임없이 다른 것들을 살펴봐야 한다는 이유로 자신들 사이에 놓인 분노를 자세히 살펴보지 않는다. 게다가 우리에게는 스스로를 찬찬히 살펴볼 에너지도 충분치 않다. 분노를 살펴보지 않는 이유는 때로 그 분노가 너무 오래된 것이라 우리가 그게 무엇인지 알지 못하기 때문이다. 또는 고통을 겪는 것보다 괴로움을 겪는 것을 더 자연스럽게 생각하기 때문이다. 또한 때로 분노를 살펴보는 과정에서 발견하게 될 것을 두려워하기 때문이다. 때로 우리 스스로 그렇게 할 자격이 없다고 생각하기 때문이다.

백인 여성이 지하철에서 내가 옆에 앉자마자 코트를 자기 쪽으로 당기면서 반감 가득한 표정을 드러낸다. 나는 바퀴벌레를 보았나 생각한다. 내가 그녀의 눈동자에서 본 것은 혐오다. 그녀는 내가 자신의 눈동자에 서린 혐오를 알아봐 주길 바란다. 그녀는 아이인 내가 그녀가 살고 있는 세계에 속하지 못한 존재라는 점을 눈치 채길 원한다. 그때 내가 어른이었다면, 그 표정이 무엇인지 알아보고 아마도 비웃거나 으르렁거리며 화를 내거나 상처를 받았을 것이다. 하지만 그때 나는 다섯 살 어린애였다. 나는 그 반감을 보았고 생생하게 기억하지만, 그것이 무엇인지 제대로 이름 붙이지 못했다. 그래서 이 경험은 불완전한 채로 남는다. 이렇게 되면 이 경험은 고통이 아니라 괴로움이 된다.

당신이 나를 보는 순간, 당신이 당해 왔으면서도 결코 느끼지 못했던 혐오가 낳은 분노가, 이름 붙이지 못한 그 모든 분노가, 당신 마음속에서 흘러나온다는 것을 내가 알고 있는데, 나를 보자마자 시선을 거두는 당신의 태도가 나는 참 싫다는 말을 어떻게 당신에게 전할 수 있을까?

그래서 우리는 서로에게 끌리면서도 서로를 경계하며, 적에게라면 결코 기대하지 않을 즉각적인 완벽함을 서로에게 요구한다. 그러나 우리는 우리가 물려받은 이 같은 괴로운 일을 끝낼 수 있고, 고립과 분노와 고통으로 위장한 이 쓸쓸한 몸짓에 대한 묵인도 물리칠 수 있다.

흑인 여성이 내게 보내온 편지들에는 이런 질문이 많다. "저는 왜 이렇게 저주받은 존재처럼 느껴질까요, 왜 이렇게 고립감을 느낄까요?"이 말은 끊임없이 은밀하게 발설된다. 그러나 우리는 이 각본을 바꿀 수 있다. 우리는 스스로를 돌보는 법mother ourselves 을 배워야 한다.

이 말은 흑인 여성에게 무엇을 뜻할까? 나를 정의할 권한은 나 자신에게 있음을 분명히 하고, 엄마한테만 기대했던 그런 포용의 시작점, 즉 성장에 대한 깊은 관심과 기대를 스스로에게 쏟아부어야 한다는 뜻이다. 이는 나의 생존을 위해 헌신함으로써, 내 안에 있는 그리고 다른 흑인 여성의 자아 안에 있는, 나 자신의 가치를 긍정한다는 뜻이다. 다른 한편, 그것은 내가 나의 가치와 진정한 가능성을 알게 됨에 따라 내 안에서 가능한 것을 철저히 추구하되, 다른 것에 안주하려 하지 않는다는 뜻이다. 동시에 내가 가능한 것과 흑인 여성이 인간임을 증명하라고 바깥세상이 내게 강요하는 것을 분별하고 구분해야 한다는 뜻이다. 크고 작은 나의 성공을 인정할 수 있음을, 그리고 내가 실패할 때조차 스스로에게 너그러울 수 있음을 뜻한다.

우리는 우리 자신을 이해할 수 있어야, 서로를 이해할 수 있다. 과장이나 무시, 비난 없이, 우리가 썩 잘해 내지 못했을 때에는 인내심과 이해심으로, 우리가 잘했을 때에는 깊이 이해하고 인정하는 마음으로 서로를 바라볼 수 있을 때, 우리는 우리 자신을 이해하기 시작한다. 우리 스스로를 돌본다는 것은 우리 스스로를 정의함으로써 탄생하는 것을 사랑할 줄 알게 된다는 뜻이다. 성공할 때에도 실패할 때에도 스스로에게 친절하게 대하고 당당한 자세를 유지하는 법을 배우며, 성공이든 실패든 그것에 엉뚱한 이름을 붙이지 않도록 노력한다는 뜻이다.

시간의 성격을 존중하면 가식으로 공허함을 가릴 필요가 없다.[11]

우리는 서로의 창조적인 측면을 인정하고 키워 줘야 한다. 이는 무엇이 창조될지를 알고서 하는 일이 아니다.

우리가 서로에 대한 두려움이 줄어들고 서로를 좀 더 소중히 여긴다면, 우리 자신뿐만 아니라 서로의 눈동자에 어린 인정해 주는 마음을 소중히 여기게 되며, 자기 자신과 서로를 바라보는 비전들 사이의 균형을 맞추게 될 것이다. 돌보기Mothering. 우리가 어떤 사람이 될 것인지 선택하는 힘이 우리에게 있음을 인정하는 것, 그리고 이 힘이 우리가 살아가는 현실에서 사람마다 다를 수 있음을 아는 것. 그리고 오로지 이 힘을 활용함으로써만 우리가 효과적으로 이런 현실을 바꿀 수 있음을 아는 것. 돌본다는 것은 약하고 겁먹고 손상된 것의 잔여물을 — 전혀 경멸하지 않고 — 보듬어 주는 것을 뜻하며, 생존과 변화를 도모하기 위해 사용할 수 있는 것을 지켜 내고 응원함을 뜻하며, 차이를 서로 함께 탐색하는 데 힘을 쏟는 것을 뜻한다.

베냉의 퀸 마더 궁전에 있는 아름답고 절묘한 조각상이 생각난다. 조각상에 붙은 제목은 "손의 힘"이다. 이 조각상에는 퀸 마더, 여성 신하들, 실용적이고 물질적인 모험에서 성공을 거둔 인간의 힘을 칭송하며 주위에 빙 둘러선 여왕의 투사들을 담은 그림이 있다. 이 그림은 무엇이든 그것으로 대단한 것을 이루어 내는 능력을 찬양한다. 다호메이에서 이 힘은 여성의 힘이다.

7

자아 존중감은 이론적으로 말해 봐야 별 효과가 없다. 그런 척하는 것도 마찬가지다. 아름답고 무표정한 얼굴로 살아온 여성은 번뇌 속에서 죽을 수 있다. 나는 나 자신을 똑바로 응시하고, 현재의 내가 아닌 것을 경험하는 고통을 무릅쓰며, 현재의 내 모습이 선사하는 달콤함을 맛보는 법을 배울 수 있다. 나는 (그것을 좋아하든 싫어하든) 내 안의 다양한 부분들과 친하게 지낼 수 있다. 우리가 대부분의 시간 동안 자기 자신을 다정하게 대하기보다 이웃의 어리석은 남편들에게 더 친절하게 군다는 점을 인정하자. 우리는 거울을 들여다볼 수 있으며, 한때 백인 혹은 자기가 아닌 다른 존재가 되고 싶어 했던 격정에 휩싸였던 작은 흑인 소녀를 사랑하는 법을 배울 수 있다. 이 소녀가 이런 격정에 휩싸였던 것은 그녀에게 허용된 것이라고는 인종의 총합, 즉 피부, 머릿결, 무릎과 팔꿈치 색의 총합밖에 없었기 때문이며, 분명컨대 이런 것들이 인간다운 것으로 여겨지지 않았기 때문이다.

흑인 여성인 우리 스스로를 사랑하는 법을 배우는 일은 "흑인은 아름답다"라는 단순화된 주장을 넘어선다. "흑인은 아름답다"고 생각하는 것이 좋은 출발점이긴 하지만, 흑인 여성으로서 스스로를 사랑하는 것은 흑인의 아름다움에 대한 피상적 이해를 넘어 더욱 심층적 차원으로 나아간다. 그렇지만 우리 스스로와 서로를 되찾으려는 탐색이 "흑인은 아름답다"는 구호에 머무른다면, 자아에 대해 또다시 피상적 평가를 내리는 것일 뿐이다. 즉 오래된 낡은 틀에 거의 똑같이 해로운 틀을 하나 더 쌓아 올리는 식의 자기평가를 하는 것일 뿐이다. 이런 식의 평가는 피상적인 차원에서 멈추기 때문에 해롭다. 확실히 이것은 전혀 힘을 길러 주지 못한다. 힘 기르기empowerment란 우리 스스로와 서로에게 도움이 되도록, 우리가 하는 일과 미래에 도움이 되도록 강해지는 것이다. 힘 기르기는 이런 자기 탐색의 결과이다.

나는 당신을 사랑하기에 앞서, 당신의 사랑을 받아들이기에 앞서, 나 스스로를 사랑하는 법을 배워야 한다. 당신은 나를 사랑하기에 앞서, 나의 사랑을 받아들이기에 앞서, 당신 스스로를 사랑하는 법을 배워야 한다. 우리가 서로에게 다가가기에 앞서 우리가 사랑받을 가치가 있음을 알자. 우리가 가치 없는 존재라는 느낌을 가리기 위해 "당신을 원하지 않아," "상관없어" 혹은 "백인은 감정을 느껴, 흑인도 그래"라는 식으로 말하지 말자. 끊임없이 사랑하지 않기와 감추기를 조장하는 환경에서, 우리의 불만족을 해결 불가능한 것이라 우기고 우리에게 꼭 필요한 것을 획득 불가능한 것이라 규정함으로써 서로에 대한 우리의 욕구를 발설하지 말라고 경고하는 환경에서, 스스로를 사랑하며 스스로를 가치 있는 존재로 긍정하기란 대단히 어려운 일이다.

이제까지 우리는 서로를 친절하게 대하는 법을 배운 적이 없다. 세상 모든 사람에게는 친절하면서 우리들끼리는 그러지 못했다. 다른 흑인 여성을 친절하게 존중하는 마음으로 대하는 법도, 스쳐 지날 때 다정하게 미소를 띠며 대하는 법도 거의 없었다. 단지 그녀가 흑인 여성이라는 이유만으로, 우리가 비슷한 결점들을 공유하고 있기 때문에 서로를 잘 알고 있다는 이유만으로 말이다. 다른 흑인 여성을 칭찬하며 그녀의 특별함을 인정해 준 가장 최근은 언제인가? 우리는 서로를 다정하게 대하는 것이 습관이 될 때까지 서로를 다정하게 대하는 법을 의식적으로 골똘히 연구해야 한다. 우리는 태어나면서부터 갖고 있던 흑인 여성들의 서로에 대한 사랑을 도난당했기 때문이다. 그렇지만 우리는 서로를 너그럽게 대함으로써 우리 스스로에게도 너그러워지는 연습을 할 수 있다. 우리 안의 포용하기 가장 어려운 부분에 너그러워짐으로써 서로에게 너그러워지는 연습을 할 수 있다. 또한 우리 각자 자기 안

에 있는 용감하고 멍든 어린 소녀에게 더 많은 것들을 주고 엄청
난 노력의 대가에 대한 기대는 줄임으로써, 서로에게 너그러워지
는 연습을 할 수 있다. 우리는 그녀의 빛뿐만 아니라 어둠까지도
사랑할 수 있고, 완벽에 대한 광적인 집착을 잠재우며, 자신이 원
하는 일을 실현할 수 있도록 격려해 줄 수 있다. 그렇게 한다면 우
리는, 그녀가 우리에게 얼마나 많은 것을 가르쳐 줬는지, 이 세상
을 좀 더 살 만한 세상으로 만드는 데 얼마나 많은 일을 하고 있는
지 좀 더 깨닫게 될 것이다.

　이 과정이 그리 길지 않을 거라고, 어렵지 않을 거라고 생각
한다면 오산이다. 그렇다고 이 과정이 가능하지 않다고 생각하는
건 죽겠다는 것이나 다름없다. 우리가 스스로 무장하고 서로 무장
해 준다면, 따로 또 함께하는 우리는 이 긴밀한 사랑 안에 제대로
발을 딛고 서서, 불가능한 것 혹은 항상 불가능해 보였던 것을 서
로에게 말할 수 있다. 이것이야말로 진정한 변화를 향해 가는 첫
걸음이다. 우리가 서로에게 진실을 말한다면, 그 진실은 마침내
우리에게 불가피한 것이 될 것이다.

미국의 흑인 레즈비언 페미니스트 오드리 로드(1934-92)는 1950년대
후반부터 30여 년간 미국 여성운동과 페미니즘 이론, 퀴어 운동과
담론을 형성한 이론가이다. 그녀는 일찍이 1980년대에 초국가적 흑
인 디아스포라 페미니스트 조직화에도 크게 기여했다. 미국에서 로
드는 레즈비언임을 공표하고 1960년대부터 왕성하게 시를 쓰기 시
작하면서, 백인과 남성들로 이루어진 문단 주류의 문을 부순 최초의
흑인 여성 시인이다. 시인으로서 명성이 높았던 로드는 1970년대
미국에서 가장 널리 알려진 흑인 페미니스트였다.

　시인인 로드는 1968년에 흑인 대학인 투갈루 대학에서 흑인
청년들과 시창작 워크숍을 하면서 당대 흑인 민권운동에 만연한
성차별과 성폭력 문제에 적극적으로 개입한다. 특히 흑인 사회에
도 만연한 동성애 혐오 문제에 대한 로드의 개입은 동성애 혐오와
이성애주의가 여성 혐오와 연결되어 작동하는 방식을 이론적으
로 규명한 선구적 문헌들을 남겼으며, 1970년대 초기 퀴어 운동
과 담론을 형성하는 데도 크게 기여했다. 퀴어 페미니스트로서 로
드가 흑인 공동체에 개입한 활동은 1970년대 후반 맹렬하게 터진

'성차별 논쟁'에서 잘 드러나며(「표면에 흠집 내기」, 「성차별주의」), 흑인 여성들 사이의 감정적 동학에 대한 세심한 분석(「서로의 눈동자를 바라보며」)에서 정점에 달한다.

로드는 페미니스트 지식인으로서도 선구적인 일을 많이 했다. 가장 큰 업적은 이론적 혁신이다. 로드의 글은 당대의 비판 이론과 페미니즘 이론이 그간 사용해 오던 관점과 방법론을 낡은 것으로 만들어 버린 새로운 관점과 지평을 열었다(이에 대해서는 뒤에서 자세히 설명하겠다). 로드의 이런 공헌은 로드의 시보다 산문에서 더 잘 드러난다. 이 책 『시스터 아웃사이더』는 로드의 이론적 공헌을 자세히 담은, 이제는 페미니즘 고전의 반열에 오른 책이다. 또한 뉴욕시립대 교수로 재직하며 학생들을 가르친 로드는 인종 문제를 다루는 교과목의 도입과 강의, 여성학과 흑인학의 설립, 유색 여성 문학 교과목의 도입과 확대, 흑인 교수진의 제도적 확대에 힘썼다. 흑인 퀴어 페미니스트 지식인으로서 로드의 면모는 1974년 시 〈흑인학〉Blackstudies*에 압축적으로 요약되어 있고, 이 책에서 자세히 펼쳐진다.

로드는 학계 밖에서도 퀴어 페미니스트 활동가로 많은 일을 했다. 몇 가지만 꼽아 보자면, 로드는 1970년대 중반 거의 최초의

---

* 로드의 삶에서 중요한 전환점을 기록한 이 시는 젠더 문제와 인종 문제에 대한 교차적 관점을 제시하고 페미니즘 연구와 인종 연구의 결합을 주장한 작품이다.

흑인 레즈비언 페미니스트 단체인 '콤바히 리버 콜렉티브'에 참여했다(이들은 1974년 「흑인 페미니스트 선언문」을 발표한다). 이어 1976년 레즈비언 문예지 『상황들』*Conditions*의 창간 멤버로 참여해 레즈비언의 사회적 존재를 가시화하는 일에도 힘을 기울인다. 이 문예지에 로드는 레즈비언 엄마로서의 경험을 공유하는 「남자아이」를 발표함으로써 당시 레즈비언 공동체가 암묵적으로 전제한 억압적 선택지(분리주의)를 비판하고, 퀴어 운동은 미래 세대를 위해서 더 좋은 세상을 만들어 가는 일상적 활동에도 중요한 역할을 할 수 있음을 강조한다. 다음 해(1977년) 로드는 당대 가장 활발하게 활동하던 페미니스트들과 함께 페미니스트 문예지 『크리설리스』*Chrysalis*를 창간해 여성들이 집단적으로 목소리를 내고 이를 공유하는 일에 힘썼다.

1970년대에 로드가 가장 널리 알려진 흑인 페미니스트였다는 점은 그녀가 백인 중산층 이성애자 여성이 주류를 이루었던 당대 페미니즘 운동과 이론의 최전선에서 레즈비언 흑인 여성으로서 싸울 수밖에 없었음을 의미하기도 한다. 『크리설리스』시 분야 편집장이었던 로드는 유색 여성 시인들을 발굴하고 그들의 시를 출간하는 일에 힘썼다. 이는 유색 여성이 문단에서 (그리고 페미니스트 문예지에서조차) 공적 지면을 얻는 일은 수많은 장애물을 통과해야 하는 매우 어려운 일임을 로드 스스로가 자기 경험으로부터 너무 잘 알고 있었기 때문이기도 하다. 이런 편집 방향으로 인해 로드와 백인 여성 위주로 구성된 이 문예지 편집진과의 갈등은 점점 더 깊어 간다. 이 갈등은 여성 억압을 규명하기 위해서는 시보다 산문이 더 적합하다는 계급 문제와 관점 차이로 인해 더 고조되었다. 이 와중에 로드는 여성운동과 페미니즘 이론 내부의 백인 중심성과 중산층 중심성을 공개적으로 통렬하게 비판하는 글들을 쓰게 되는데, 그중 대표적인 것이 바로 「메리 데일리에게 보내는 공개서한」이다.

　인종차별 문제를 둘러싼 백인 페미니스트들과 로드의 갈등은 1980년, 1981년 미국여성학회 연례 학술대회에서도 더 심화되어 반복된다. 이런 상황에는 로드가 흑인/유색 여성 페미니즘 진영의 대표성을 지닌 인물로 여겨졌던 당시의 특수한 맥락, 당시 여성운동과 페미니스트들의 주류 구성원이 압도적으로 백인이었다는 점, 그리고 구색 맞추기 정치가 여성운동과 학계에서도 가동되었다는 점 역시 기억해야 한다. 로드는 여성으로서의 공통성을 강조하는 당대 여성운동과 페미니스트 학계, 그리고 자매애에 동조하는 지배적 분위기에 맞서 싸운다. 그러면서 여성으로서의 경험을 정교하게 이해하고, 이에 기반해 여성들 사이의 차이를 인식 가능한 것으로 만들고, 그리하여 좀 더 포용적이면서 더욱 급진적인 페미니즘 이론과 정치를 제시한다. 여성 억압은 인종, 계급, 섹슈얼리티, 나이, 학력, 시민권 상의 지위 등에 따라 더욱 복잡하게 작동한다는 점을 보자는 것이다. 그래야 여성들이 지닌 주체적 능력과 힘을 발휘할 수 있다는 것이, 백인 페미니스트들과 싸우며 로드가 제시한 핵심 주장이다.

대표적으로 시몬 드 보부아르의 『제2의 성』 출간 30주년 기념 학술대회에서 발표한 「주인의 도구로는 결코 주인의 집을 무너뜨릴 수 없다」와 그다음 해 발표한 「나이, 인종, 계급, 성」, 그리고 (1980년 미국여성학회의 기조연설 초청을 구색 맞추기 정치라 보고 이를 거부하고 인종차별을 의제로 삼을 것을 강력히 주장하여 마침내) 1981년 대회에서* 기조연설로 발표한 「분노의 활용」은 주류 페미니스트들의 개량주의를 비판한다. 이 세 편의 글에서 로드는 여성의 연대를 강조하는 자매애 정치는 유색인 여성과 퀴어 여성을 억압한다는 점을 폭로한다. 즉 로드는 자매애 운운하는 백인 페미니스트들의 이론과 정치가 개량주의적인 것임을 규명한다. 인종차별과 계급 차별과 동성애 혐오를 인식하지 못하는 개량주의를 넘어 페미니즘 정치와 이론을 더욱 급진화해야 한다는 것이다.

이제까지 소개한 로드의 삶의 여정과 투쟁이 고스란히 담긴 『시스터 아웃사이더』는 여성들의 말하기와 글쓰기가 지닌 사회적·정치적 의미와 그 힘을 집중적으로 규명하는 세 편의 에세이로

---

* 1981년 미국여성학회 연례 학술대회는 이후 로드를 위시하여, 글로리아 안잘두아, 세리 모라가, 바버라 스미스, 글로리아 헐 등이 유색인 페미니즘을 주창하며 교차성 이론을 정교화하는 기폭제가 된다. 1980년대에 출판된 이들의 책도 이제는 페미니즘의 고전이 되었다.

시작한다. 「시는 사치가 아니다」, 「침묵을 언어와 행동으로 바꾼다는 것」, 「성애의 활용」은 여성의 말에 힘과 의미를 부여함으로써 여성임을 긍정하는 페미니즘 존재론을 제시한다. 여성의 힘은 여성이라는 점에서 나온다. 여성은 오랜 가부장제의 속박 아래 있었지만 동시에 남성 지배의 생존자이다. 이 책이 제시하는 페미니즘, 그리고 우리 각자의 여성주의적 힘과 행동은 우리가 성차별적 사회에서 생존하면서 치른 대가를 우리 자신의 입장에서 자세히 살펴보고 그것을 명명하고 언어화할 때 시작되며 자라난다. 그러하기에, 강요된 침묵을 깨고 "침묵을 언어와 행동으로 바꾸"며 말을 하는 "여성들에게 시는 사치가 아니다." 여기서 시란 여성의 몸, 마음, 경험, 삶, 감정, 의미를 부정하는 온갖 지배와 왜곡에 맞서 스스로의 경험에 의미를 부여하며 되찾아 오는 언어와 말하기와 글쓰기를 뜻한다. 요즘이라면 미투 말하기, 함께 듣고 함께 말하는 위드유라 부를 것이다.

이런 말하기와 글쓰기는 오랫동안의 침묵을 깨고 자기를 공개적으로 드러내는 행위이며, "침묵을 언어와 행동으로 바꾸는" 일이다. 이런 생존과 변화의 행동은 우리가 강요된 침묵의 시간을 통과하며 고통 속에서 우리 자신을 만났음을 내포한다. 그리고 우리는 공개적으로 말을 하기 시작하면서 다시 두려움(공포)이라는 난관을 마주한다. 그렇지만 "침묵은 우리를 보호해 주지 않는다." 이 점을 기억하며 말하는 우리는 우리가 하는 말에 힘이 있음을 경험한다. 그리고 그것은 우리 스스로뿐만 아니라 다른 여성들이 우리가 하는 말에 귀를 기울이며 함께 말할 때 더 강력한 것이 된다. 이 책의 저자도 자신의 말하기가 언어를 찾아내는 듣기의 과정이자, 우리가 하고 있는 말에 새로운 의미를 부여하는 일이었다고 고백한다. "여성들이 내 말 좀 들어 달라고 울부짖는 곳에서, 우리는 그들의 언어를 적극적으로 찾아내 함께 읽고 서로 나누며, 그들의 말이 우리의 삶과 어떤 관련이 있는지 살펴야 할 책임이 있"다(52).

로드의 페미니즘 존재론은 여성들이 (단순히 가부장제의 피해자가 아니라) 역사를 일구고 바꾸어 낸 주체이며, 무엇보다 여성들이 지닌 힘과 지식의 원천은 성애에 있음을 강조한다. 삶을 "풀어야 할 문제"로 바라보는 남성 중심적 세계관에 맞서 로드는 삶을 "서로 소통하고 경험하는 것"이라고 본다(40). 그리고 "우리가 느끼는 감정을 소중히 여기고, 우리에게 숨겨진 힘의 원천을 존중하는 법"(40)을 배우고 실천함에 따라 여성으로서 우리가 지닌 힘과 지식은 증대한다.

로드는 성애를 여성이 지닌 힘의 핵심 원천이라고 강조한다. 이것은 로드의 레즈비언 섹슈얼리티에서 나온 것이다. 성애를 여성의 "힘과 앎의 원천"(69)이라고 본 로드는 여성을 성적 착취의 대상으로 만들 뿐만 아니라 우리가 지닌 감정적·지적 힘을 "남성을 위해서만 쓰도록"(70) 배치하는 권력 구조를 분석한다. 특히 「성애의 활용」이 여성사 학술대회에서 발표되었다는 맥락을 고려

한다면, 로드의 성애 이론의 혁신성은 더욱 분명해진다. 버크셔 여성사 학술대회는 남성 영웅과 남성의 투쟁만 기록할 뿐인 역사 학계에서 한줌의 여성사학자들이 조직한 학술대회였다. 이렇게 모인 여성사학자들 앞에서 로드는, 여성을 일차적으로 젠더와 섹 슈얼리티에 의한 피해자로만 보던 당대 페미니스트들의 지배적 관점을 뒤엎고, 각자 자기 안에 힘을 지닌 존재로 재정의하며 그 힘은 바로 억압된 섹슈얼리티에서 나온다는 점을 강조한다.

『시스터 아웃사이더』는 로드의 사상적 핵심과 삶의 궤적을 담고 있을 뿐만 아니라, 1970, 80년대 미국 페미니즘이 진화한 역 사를 고스란히 기록한 책이기도 하다. 이 책은 로드가 당대 백인 페미니스트들의 인종차별주의와 흑인 민권운동의 마초 문화와 공개적으로 싸우면서 발표한 글들이 모여 있다. 특히 「서로의 눈 동자를 바라보며」는 로드가 미국 사회에서 흑인 여성으로서 경험 한 가장 어려운 문제를 다룬 글이자 이 책에 실린 글들 중 가장 심 오한 분석과 통찰을 담은 글이다.

이론적으로 볼 때 『시스터 아웃사이더』는 크게 세 부분으로 나눌 수 있다. 첫째, 앞서 언급한 세 편의 글(「침묵을 언어와 행동으 로 바꾼다는 것」, 「시는 사치가 아니다」, 「성애의 활용」)은 가장 억압된 것에서 가장 강한 힘의 원천을 찾아내는 페미니즘 존재론을 제시 한다. 페미니즘 존재론은 여성을 주체로 정의한다. 여성은 자기 자신의 삶의 주체이며, 주체로서 여성은 자신과 사회를 바꾸어 온 역사의 주체이자, 지금 여기의 사회 변화를 일구는 주체이다. 이런 정의는 여성을 남성과의 관계로만 규정하는 남성 지배 담론을 탈피하는 출발점이다.

로드가 제시한 페미니즘 존재론은 여성들이 따로 또 함께 말하는 것, 서로를 경청하는 가운데 다시금 새로워진 자기 정의와 인식론에 도달하는 과정을 통해 구축된다. 로드는 이런 과정을 "시"라고 명명한다. 로드의 페미니즘 시학은 여성임을 긍정하는 페미니즘 존재론을 공적으로 표현하고 나누는 개인적·집단적 과정이다. 페미니즘 존재론의 내용과 정치적 힘은 우리가 여성임을 긍정하며 개인적·집단적 힘을 기르는 과정에서 더욱 풍성해진다. 여성 개개인의 표현은 개인과 집단의 힘을 강화시킨다. 이는 우리가 다른 여성의 말을 경청하는 이유, 다른 여성이 쓴 책을 읽는 이유이기도 하다.

둘째, 로드는 흑인 여성의 관점과 경험을 바탕으로 미국 사회의 권력 구조를 분석한다. 이런 분석에서 핵심적인 것은 바로 교차적 관점과 접근틀이다. 실로 로드는 여섯 편의 글—「표면에 흠집 내기」, 「성차별주의」, 「메리 데일리에게 보내는 공개서한」, 「주인의 도구로는 결코 주인의 집을 무너뜨릴 수 없다」, 「나이, 인종, 계급, 성」, 「분노의 활용」—에서 교차성을 선구적으로 이론화한다. 이 글들에서 로드는 여성 혐오와 동성애 혐오가 인종차별, 나이 차별, 계급 차별 등과 맞물려 작동하면서 서로를 강화하는 권력 구조를 분석한다.

페미니즘 이론사에서 보면, 로드의 교차성 이론은 1980년대까지 페미니즘 이론이 주로 젠더만을 권력 구조로 인지하던 단계였다는 당시 맥락을 반드시 고려해야 한다. 즉, 로드가 이 책에 실린 글들을 쓰던 당시는, 여성들이 인종, 계급, 섹슈얼리티, 시민권상의 지위, 학력, 나이 등에 따라 질적으로 다른 젠더 억압을 경험한다는 점이 아직 분명하게 인식되지 못하던 시절이었다. 젠더 권력 구조가 다른 항목들에 기반을 둔 여러 권력 구조에 의해서 복잡하게 강화된다는 점을 인식하고, 이런 교차적 권력 구조를 공적으로 규명하는 작업을 시작한 이들은 당시 아직 극소수였다. 동시에 점점 더 많은 여성이 여성운동과 페미니즘에 참여하던 시절이기도 했다. 로드가 이 책에서 선구적으로 교차성을 이론화한 것은 지금이야말로 여성들 사이의 차이를 인식하는 일이 가장 긴급한 때라고 판단했기 때문이다. 로드는 여러 억압의 교차성을 분석함으로써 여성들 사이의 차이를 인식 가능하게 했다. 다시 말해 로드의 교차성 이론은 차이의 이론이자 페미니스트 정치학이기도 하다.

이를 통해 로드는 현대 페미니즘 이론과 비판 이론이 그간 사용해 온 틀을 낡은 것으로 만들어 버린 불귀不歸의 지점을 형성했다. 즉, 이 책은 권력 구조와 사회제도를 분석하고 여성의 경험에 기초해 지식을 생산하는 모든 연구는 교차적 관점, 즉 여러 억압의 교차성에 대한 이해 없이는 더 이상 진전될 수 없음을 기록한 역사적 책이기도 하다. 이 책이 페미니즘 이론의 고전이 된 이유는 이 때문이다.

페미니즘 존재론과 시학, 교차성 이론과 차이의 이론에 이어 이 책을 구성하는 세 번째 부분은 관계론이다. 「분노의 활용」, 「1960년대로부터 배울 점」, 「서로의 눈동자를 바라보며」는 우리가 따로 또 함께 사회를 바꾸려 노력하면서 부딪히는 심리적 난관을 살펴보는 글들이다. 로드의 시학은 여성임을 긍정하는 존재론이고, 로드의 교차성 이론은 이 시학을 가동하는 정치학이다. 시학과 정치는 여성 개인의 힘과 집단의 힘을 길러 준다. 그런데 우리도 경험한 대로, 자기 변화는 곧장 사회 변화로 이어지지 않으며, 사회 변화가 나의 변화를 촉발하지 않을 때도 많다. 로드의 관계론은 감정 연구를 통해 자기 변화와 사회 변화를 연결한다.

「분노의 활용」은 로드의 교차성 이론이 관계론으로 옮겨 가는 전환점을 보여 주는 글이다. 이 글에서 로드는 인종차별, 계급차별, 동성애 혐오 같은 의제를 둘러싸고 백인 페미니스트들이 보이는 회피적 반응에 맞서 경청의 정치적 공간을 만들어 낸다. 그러면서 로드는 죄책감이 회피, 무시, 외면, 자기보호의 심리 기제이자 현상유지를 조장하는 감정적 구실로 사용되는 양상을 분석한다. 또한 인종차별과 동성애 혐오로 인해 우리가 경험하는 분노도, "침묵을 언어와 행동으로" 바꿀 수 있는 것과 마찬가지로, 여성들 사이의 생산적 대화와 저항을 위한 에너지로 사용될 수 있음을 역설한다. "정확한 대상에 초점을 맞춘 분노는 진보와 변화를 촉진하는 강력한 에너지원이 될" 수 있다(217). "분노에는 정보와 에너지가 장전되어" 있다(218). 인종차별주의에 대응하는 여성들이 표현하는 분노란 페미니스트 동료들 사이의 "왜곡된 관계를 슬퍼하는 감정"이며, 이런 분노를 표출하는 이유와 목적은 "변화"에 있다(221). 우리가 차별을 경험하며 느끼는 분노를 언어화하고 그 원인과 맥락을 명명함으로써 인식의 장으로 끌어올리려면, 먼저 분노하는 여성들의 말을 경청해야 한다. 경청은 "단 한 명의 유색 여성이라도 속박 아래 있다면" 나는 "자유롭지 못"하다(228)는 것을 인식해야 가능한 정치적 행동이다.

「1960년대로부터 배울 점」은 교차성 이론을 감정 연구로 심화하는 이론적 전환점에 있던 로드가 전투적 흑인 운동가였던 맬컴 엑스를 새롭게 평가한다는 점에서 매우 인상적인 글이다. 이 글을 쓴 1982년은 노동운동을 비롯한 여러 사회운동이 쇠퇴하고 신자유주의 정책이 본격적으로 시작된 소위 "포스트" 운동의 시대의 시작점이었다. 이 글에서 로드는 이런 1980년대 초의 상황에 필요한 혁명적 흑인상이 무엇일지를 청년 세대와 함께 탐구하려한다. 로드는 1960년대 흑인 민권운동을 지배한 흑인 민족주의 담론을 페미니즘의 입장에서 비판하며 이런 역사로부터 무엇을 배울 수 있는지 질문한다. 우리보다 앞서 살았던 이들의 생존을 둘러싸고 우리는 어떤 의미를 부여할 것인가. 우리보다 앞서 투쟁했던 여성들과 현재 우리의 관계는 무엇인가. 이런 질문을 로드는 맬컴 엑스 주간에 자신의 연설을 들으러 온 대학생들과 함께 나눈다.

「분노의 활용」, 「1960년대로부터 배운 것」, 「서로의 눈동자를 바라보며」에 제시된 로드의 감정 연구는 교차성 이론이 실천되지 않던 당대의 맥락에서 나온 것이다. 이 세 편의 글에서 로드는 교차적 억압을 특징으로 하는 권력 구조의 심리적 근간, 즉 여성 혐오, 인종차별, 동성애 혐오, 계급 차별을 분석한다. 「서로의 눈동자를 바라보며」는 그 심리적 구조가 바로 흑인 여성 혐오임을 규명한다. 심층 심리 차원에서부터 매우 조밀하면서도 매우 거대하게 작동하는 혐오의 감정 정치를 날카롭게 분석한 이 글에서 로드는 억압적 권력 구조와 사회 불평등이 지속되는 이유가 사람들이 스스로와 서로에 대해 느끼는 감정을 왜곡하고 마비시키며 특정한 방식으로 그것을 느끼도록 규율하는 데 있다고 말한다.

미국 사회를 떠받치는 심리적 구조로서의 흑인 여성 혐오는 흑인 여성 개개인의 마음속에 자기혐오로 자리 잡는다. 흑인 여성의 자기혐오는 흑인 여성들끼리의 다정한 관계에 대한 갈망을 키우지만 이 갈망은 결코 채워지지 못한다. 이 갈망의 뿌리는 자기혐오이기 때문이다. 대신 이 자기혐오는 흑인 여성들 사이에서 "학습된 잔인함"(320), 거리 두기, 분노로 표출되는 악순환을 불러온다. 자신을 부정하는 자기혐오는 흑인 여성 혐오를 내 안에 내면화한 것이기에 흑인 여성들 사이의 유대 관계도 가로막는다.

이 악순환을 깨고 흑인 여성들 사이의 깊은 유대를 가능케 하는 심리적 분투, 나아가 미국 사회의 흑인 여성 혐오를 부수는 저항은 자기혐오에 빠진 자기 자신을 인식하고 돌보는 데서 시작된다. 스스로를 돌보는 행위는 흑인 여성들에게도 자기 변화의 출발점이며, 흑인 여성 혐오에 기초한 미국 사회를 변혁으로 이끄는 혁명의 출발점이다. 그리고 이렇게 지배 구조로 인해 식민화되고 망가지고 부식된 우리의 내면을 돌보는 일, 그럼에도 불구하고 살아남은 우리의 현재 모습을 포용하는 일은, 대단한 용기와 인내와 시간을 요하는 고통스러운 일이자 그만큼 절실한 일이다.

로드의 교차성 이론이 감정 연구로 완성된다는 점은 권력 구조와 감정 정치의 밀접한 상관성을 증명한다. 그렇다면 "내 느낌이 맞아"(74)라고 긍정하는 순간은 저항의 시작점이 될 수 있다. "내 느낌이 맞아"라고 공개적으로 말하는 순간, 그리고 이 말이 다른 사람들에게 닿아 공명하는 순간, 권력 구조에 균열점이 생기기 시작한다. 권력은 감정 규율을 통해 사회 불평등을 관리하는 탄탄한 구조를 지녔지만, 이런 구조도 발화 의지의 집단적 표출로 인해 균열점이 생길 수 있다. 우리가 요즘 미투 혁명을 통해 매일 목격하는 것처럼 말이다.

이 책을 출간한 이후 로드는 유럽과 카리브해 지역의 흑인 여성들을 만나며 초국가적 흑인 디아스포라 페미니스트 활동을 조직하는 데 더 많은 힘을 기울인다. 암의 재발로 이 활동을 계속 이어나가지는 못했지만, 로드가 조직화에 기여한 이 초국가적 흑인 여성 조직은 지금도 활발히 활동하고 있다. 이 책의 「다시 찾은 그레나다」는 로드의 초국가적 활동도 예고한다.

마지막으로 이 책에 대해 몇 가지 더 언급하자면, 「에이드리언 리치와의 대화」는 시인으로 활동하다 산문으로 영역을 넓히기까지 로드의 작가로서의 여정을 담고 있다. 로드의 개인적 삶의 궤적을 보고 싶은 독자는 이 대화를 읽는 것으로 이 책을 시작해도 좋다. 레즈비언 엄마로서 아들을 기르며 마주한 도전과 어려움을 이야기하는 「남자아이」는 우리가 우리 아이들, 후속 세대와 어떻게 관계를 맺을 것인지에 대해서도 시사하는 바가 크다.

로드는 1950년대에 일찍이, 지금은 LGBTQ 운동의 요람이 된 뉴욕 그리니치빌리지를 들락거리며 무엇보다 자신을 레즈비언으로 정체화한 페미니스트였다. 퀴어 페미니스트이자 활동가로서 운동하며 글을 쓴 로드는 1970년대 초기 퀴어 운동과 담론을 형성한 인물 중 한 명이고, 유색 여성으로서 자신이 퀴어임을 공개적으로 표명하고 활동한 몇 안 되는 최초의 여성들 중 한 명이다. 그런데 이 책에는 퀴어 활동가로서 로드의 면모나 그녀의 퀴어 이론을 보여 주는 글들이 누락되어 있다. 그래서 우리는 스펠만 칼리지에 보관된 오드리 로드 아카이브의 허락을 구해 로드의 퀴어 페미니스트로서의 면모를 보여 주는 가장 대표적인 글 세

편을 뽑아 이 책에 추가했다.

추가로 수록한 글 중 첫 번째 글인 「이 무시는 언제 끝날 것인가」는 1979년에 열린 제1회 유색인 레즈비언·게이 전국대회에서 했던 기조연설문이다. 이 글은 여러 가지 면에서 이론적·정치적으로 중요한 사항을 담고 있다. 우선 이 글은 흑인 레즈비언 여성들과 흑인 게이 남성들이 킹 목사가 주도한 1963년 워싱턴 행진의 주체였음을 기록한다. 로드가 기조연설자로 참여한 이 대회가 1979년에 열린 제1회 레즈비언·게이 권리선언 워싱턴 행진의 일부로 열렸다는 점은 퀴어 이슈가 곧 시민권 이슈임도 천명한다. 또한 '유색인' 레즈비언·게이 전국대회가 열렸다는 점은 초기 퀴어 담론과 운동의 백인 중심성도 폭로한다. 이 글은 1970년대 게이 해방전선 등의 전위적 운동과 담론에서 탈피해 과거와 현재 비가시화되어 망각된 퀴어 존재와 미래의 퀴어 주체까지 하나의 공동체로 연결하는 퀴어 역사를 천명한다는 점에서도 의미심장하다.

「1983년 워싱턴 행진 연설」은 킹 목사가 주도한 1963년 워싱턴 행진 20주년을 기념한 행진에서 로드가 유색인 레즈비언·게이 전국연합을 대표해 한 연설이다. 이 짧은 3분 연설에서 로드는 퀴어 운동이 사회정의, 일자리, 평화, 자유를 추구하는 사회운동의 일부이며, 흑인 퀴어 운동은 여러 대륙에서 억압받는 이들이 해온 투쟁과 긴밀히 연결된 투쟁임을 강조한다.

「억압의 위계란 없다」는 로드의 산문 중 가장 강렬하게 퀴어 억압을 분석한 글이자 억압의 동시성과 교차성을 가장 간명하게 논의한 글이다. 독자들은 이 짧은 글에서 명징한 분석과 강렬한 주장의 힘을 한껏 느낄 수 있을 것이다.

•

이 책을 번역하고 출판하는 과정에서 도움을 주신 많은 분께 감사드린다. 젠더 사회학의 고전 『흑인 페미니즘 사상』과 마찬가지로 일찍이 이 책을 번역하자고 제안한 이는 주해연 교수였다. 그 후 출판사를 찾지 못한 채 10년이 흘렀고, 메갈리아의 등장, 강남역 살인 사건의 충격, 미투 운동이 널리 퍼지고 여성들이 대규모로 일상에서부터 분명히 말을 하기 시작했다. 이 책이 마침내 번역 출판된 것은 최근 용기 있게 말하기 시작한 여성들 덕분이다. 이 책을 흔쾌히 출판해 준 후마니타스와 편집자 이진실 선생님, 그리고 안중철 편집장께 감사드린다. 두 분은 번역 초고를 꼼꼼하게 교정하며 훨씬 더 좋은 책으로 만들어 주었다. 두 선생님께 많은 것을 배우며 즐겁게 일할 수 있었다. 로드의 퀴어 페미니스트로서의 면모를 보여 주는 글 세 편을 추가할 수 있도록 허락해 준 스펠만 칼리지 아카이브Spelman College Archives에 감사드린다. 또 로드를 소개하는 자신의 글을 실을 수 있도록 흔쾌히 허락해 준 사라 아메드Sara Ahmed와 실버프레스Silver Press에 감사드린다. 이 책의 추천사를 쓴 동료 킬조이 페미니스트들께 감사드린다. 권김현영, 정희진, 한채윤 세 분의 추천사는 이 글에 담지 못한 로드의 사상과 삶을 다른 시각에서 이해하는 길을 보여 준다. 로드의 페미니즘 이론과 역사적 의의에 대한 자세한 논의는 필자의 글도 참고할 수 있다.* 힘들었던 시절, 이 책을 함께 번역한 주해연 교수께 깊은 감사의 마음을 전한다.

모쪼록 이 책이 독자들에게 스스로의 마음을 보살피는 기쁨을 선사하고 따로 또 함께 힘을 기르는 데 기여하기를 희망한다.

2018년 5월

박미선

* 박미선, 2018, "미국 흑인 페미니스트 오드리 로드의 교차성 이론과 감정 연구" 『미국학』, vol. 41, no. 1, pp. 33-63.

추천의 글(2007)

1 Cheryl Clarke, *The Days of Good Looks: Prose and Poetry, 1980-2005*(New York: Carroll & Graf, 2006).

초판 해제(1983)

1 *The Feminist Renaissance*에 실린 인터뷰에서 인용.

2 *The Cancer Journals*(Aunt Lute Books, 1980), p. 25.

시는 사치가 아니다

1 이 글은 *Chrysalis: A Magazine of Female Culture*, no. 3(1977)에 처음 실렸다. [이 글 은 시인인 로드가 쓴 첫 산문으로 로드 자신은 「서로의 눈동자를 바라보며」와 이 글을 자신이 쓴 산문 중 가장 핵심적인 글로 꼽았다.]

2 "Black Mother Woman"에서 인용. 이 시는 *From A Land Where Other People Live* (Broadside Press, Detroit, 1973)에 처음 실렸고, *Chosen Poems: Old and New*(W. W. Norton and Company, New York, 1982), p. 53에도 포함되어 있다.

침묵을 언어와 행동으로 바꾼다는 것

1 이 글은 1977년 12월 28일 시카고에서 열린 미국현대어문학협회 학술대회의 '레 즈비언 문학' 세션에서 발표했던 글이다. *Sinister Wisdom* 6호(1978)와 *The Cancer Journal* (Spinsters, San Francisco, 1980)에도 실려 있다.

표면에 흠집 내기 · 여성과 사랑을 가로막는 장벽에 대한 단상들

1   *The Black Scholar*, vol. 9, no. 7(1978)에 처음 실렸다.

2   Iris Andreski, *Old Wives Tales: Life-Stories of African Women*(Schocken Books, New York, 1970), p. 131.

3   Melville Herskovits, *Dahomey*, 2 vols.(Northwestern University Press, Evanston, Illinois, 1967), 1:320-322.

성애의 활용 · 성애의 힘에 대하여

1   이 글은 1978년 8월 25일 마운트 홀리요크 대학에서 열린 제4회 버크셔 여성사 학술대회에서 처음 발표됐다. 팸플릿 형태로 Out & Out Books와 Kore Press에서도 출간된 바 있다.

성차별주의 · 흑인 가면을 쓴 미국의 병폐

1   이 글은 Robert Staples, "The Myth of Black Macho: A Response to Angry Black Feminists", *The Black Scholar* vol. 10, no. 8(March-April 1979)에 대한 답변으로 같은 잡지, 다음 호에 다음과 같이 실린 바 있다. "The Great American Disease" *The Black Scholar* vol. 10, no. 9(May-June 1979)

2   Robert Staples, "The Myth of the Black Matriarchy," *The Black Scholar*, vol. 1, no. 3-4 (January-February 1970).

3   Mary McAnnaly, *We Will Make a River* (West End Press, Cambridge, MS., 1979), 27.

메리 데일리에게 보내는 공개서한

1   *Gyn/Ecology: The Metaethics of Radical Feminism*(Beacon Press, Boston, 1978).

남자아이 · 흑인 레즈비언 페미니스트의 응답

1   이 글은 *Conditions: Four*(1979)에 처음 실렸다.

2　Audre Lorde, "School Note," *The Black Unicorn*(W.W. Norton and Company, New York, 1978), p. 55.

에이드리언 리치와의 대화

1　이 인터뷰는 1979년 8월 30일 매사추세츠 주 몬태규에서 녹음된 세 시간짜리 테이프를 편집한 것이다. *Woman Poet: The East*(Women-In- Literature, Reno, Nevada, 1981)의 객원 편집자인 마릴린 해커(Marilyn Hacker)가 기획했으며, 여기에 일부가 수록되었고, *Signs*, vol. 6, no. 4(Summer 1981)에도 실렸다.

2　*The First Cities*(Poets Press, New York, 1968).

3　*New York Head Shop and Museum*(Broadside Press, Detroit, 1974), pp. 52-56.

4　*Cables to Rage*(Paul Breman, Heritage Series, London, 1970).

5　이 시는 다음 시집에 처음 수록되었다. *From a Land Where Other People Live* (Broad side Press, Detroit, 173). 이후 다음 시선집에 수록되었다. *Chosen Poems: Old and New*(Norton, New York, 1982), pp. 39-40.

6　미나 쇼네시Mina Shaughnessy(1924-78)는 당시 뉴욕시립대 교육·향상·지식 프로그램(SEEK Writing Program)의 책임자였다.

7　뉴욕시립대의 보상 교육 프로그램인 '교육·향상·지식 프로그램'(Search for Education, Elevation, and Knowledge)을 말한다. 1960년대와 1970년대 초에 많은 작가들이 이 프로그램에 교사로 참여했다. [1960년대에 베이비부머 세대가 대학 교육을 받을 나이로 접어들자 빈곤층을 포함한 광범위한 계층을 아우르는 대학 교육 수요에 대응하기 위해 시작된 정책으로 지금도 시행 중이다.]

8　[로드의 자서전] 『자미: 내 이름의 새로운 스펠링』*Zami: A New Spelling of My Name*을 가리킨다. 이는 1982년, Persephone Press에서 처음 출판되었고, 1983년 Crossing Press에서 재발간됐다.

9　*The Black Unicorn* (Norton, New York, 1978).

10　"Need: A Choral of Black Women's Voices," *Chosen Poems*, p. 115.

11　「표면에 흠집 내기」.

12　*The Black Unicorn*, pp. 108-110.

13　「침묵을 언어와 행동으로 바꾼다는 것」.

14　*The Black Unicorn*, p. 31.

주인의 도구로는 결코 주인의 집을 무너뜨릴 수 없다

1 이 글은 1979년 9월 29일 뉴욕에서 열린 『제2의 성』[출간 30주년 기념] 학술대회의 "개인적인 것과 정치적인 것" 세션에 대한 논평이다.

나이, 인종, 계급, 성·차이를 재정의하는 여성들

1 이 글은 1980년 4월 앰허스트 대학에서 열린 코플랜드 콜로키움에서 발표된 글이다.

2 Kalamu ya Salaam, "Rape: A Radical Analysis, An African-American Perspective," *Black Books Bulletin* vol. 6, no. 4(1980).

3 미출간시, <요점>Outlines에서 발췌[로드 사망 후 출간된 시집 The Collected Poems of Audre Lorde(New York: Norton, 1997)에 실려 있다].

분노의 활용·인종차별주의에 대한 여성의 대응

1 이 글은 1981년 6월 코네티컷 주 스토스에서 열린 미국여성학회 컨퍼런스에서 발표한 기조연설문이다.

2 이 연작시 중 한 편이 *Chosen Poems: Old and New* (New Yorkk: Norton, 1978), pp. 105-108에 실려 있다.

3 Cherríe Moraga and Gloria Anzaldúa, ed. *This Bridge Called My Back: Writings by Radical Women of Color*(Kitchen Table: Women of Color Press, 1984). 초판은 1981년 출간.

4 <여러분 한 사람 한 사람을 위해>(For Each of You)에서 발췌. 이 시는 *From A Land Where Other People Live*(Detroit: Broadside, 1973)에 처음 실렸으며 *Chosen Poems: Old and New*(New York: Norton, 1982), p. 42에도 실렸다.

억압의 위계란 없다

1 여성평등권을 증진시키려 했던 연방법들을 폐지하는 내용을 골자로 1981년 뉴라이트에 의해 제출된 이 법안은 여성과 남성이 학교에서 함께하는 활동들이나 가정폭력에 시달리는 여성들을 보호하는 법을 폐지하고, 살림을 하는 기혼 여성에 대한 세금을 인하하는 등의 내용을 포함하고 있었다[결국 국회를 통과하지는 못했다].

1960년대로부터 배울 점

1   이 글은 1982년 2월 하버드 대학에서 맬컴 엑스 주간에 했던 강연을 기반으로 했다.

다시 찾은 그레나다 · 중간보고서

1   나는 1983년 12월 말, 일주일을 그레나다에서 보냈다. 이 시기는 내 부모님이 약 60년 전에 떠나온 그레나다, 흑인들의 나라 카리브해 섬을 미국이 침공한 지 2개월쯤 되던 때였다[미국은 1983년 10월 25일 기습 침공을 개시했으며, 전투는 12월 15일 종결됐다]. 이곳을 처음 찾은 것은 5년 전이었고, 이번이 두 번째 방문이다. 이 글은 중간보고서이며 이 책의 다른 모든 글이 이미 조판 중인 상황에서 쓴 글이다.

2   P. Tyler, Washington Post(1983/10/10). A14면.

3   A. Cockburn, Village Voice(1983/11/08), 11면.

4   B. D. Ayers(New York Times, 1983/10/22). A5면. J. McQuiston, New York Times (1983/10/26), A20면.

5   조약문, New York Times(1983/10/26), A19면.

6   S. Taylor, New York Times(1983/11/03), A19면.

7   A. Lewis, New York Times(1983/11/03). A. Cockburn, Village Voice(1983/11/08), 10면.

8   S. Mydans, New York Times(1984/01/15), 9면.

9   Christian Science Monitor(1983/10/26).

10   A. Schlesinger, Jr., Wall Street Journal(1983/10/26).

11   C. Sunshine, ed. Grenada: The Peaceful Revolution(E.P.IC.A., Washington, D.C., 1982).

12   C. Sunshine, The Guardian(1983/12/28).

13   E. Ray, B. Schaap, "U.S. Crushes Caribbean Jewel," Covert Action Bulletin #20, winter, 1984, 11면.

14   같은 글, 13면.

15   같은 글, 5면.

16   S. Taylor, New York Times(1983/11/06), 20면.

17   같은 글.

18   Washington Post(1983/11/21).

19   CBS 저녁뉴스(1983/12/18).

20   *Grenada: The Political Revolution*, p. 89.

21   *Carriacou: In the Mainstream of the Revolution*(Fedon Publishers, St. Georges, Grenada, 1982), pp. 54-57.

서로의 눈동자를 바라보며 · 흑인 여성, 혐오, 그리고 분노

1   이 글은 *Essence* vol. 14, no. 6(October, 1983)에 축약본 형태로 실린 바 있다. 앤드리아 캐난, 프랜시스 클레이튼, 미셸 클리프, 블랑슈 위센 쿡, 클레어 코스, 이본 플라워스, 글로리아 조셉, 에이드리언 리치, 샬럿 쉬디, 주디 시몬스, 바버라 스미스에게 감사를 표하고 싶다. 이들의 통찰과 지지가 없었다면, 나는 이 글을 완성하지 못했을 것이다. 마지막으로 셰일라 블랙웰 핑크니Sheila Blackwell Pinckney(1953-83)의 영전에 이 글을 바친다.

2   글로리아 조셉(Gloria Joseph) 박사의 시에서 인용.

3   사멜라 루이스(Samella Lewis)의 미출간 글에서 인용.

4   Barbara Smith and Beverly Smith, "Letters from Black Feminists, 1972-1978." *Conditions: Four*(1979).

5   『주역』(周易)에서 인용.

6   Dothard Simmons, "Nigger," *Decent Intentions*(Blind Beggar Press, New York, 1983).

7   『주역』에서 인용.

8   Cherríe Moraga and Gloria Anzaldúa, *This Bridge Called My Back: Writings by Radical Women of Color*(New York, Kitchen Table: Women of Color Press, 1981)

9   『주역』에서 인용.

10   Bernice Johnson Reagon, "Every Woman Loved a Woman." 스윗 허니 인 더 락에서 부른 노래에서 인용.

11   『주역』에서 인용.

The First Cities. Poets Press, 1968. Poetry.

Cables to Rage. Broadside Press, 1970. Poetry.

From a Land Where Other People Live. Broadside Press, 1973. Poetry.

The New York Head Shop and Museum. Broadside Press, 1974. Poetry.

Coal. Norton, 1976. Poetry.

Between Our Selves. Eidolon, 1976. Poetry.

The Black Unicorn. Norton, 1978. Poetry.

Uses of the Erotic: The Erotic as Power. Out & Out Books, 1978. Nonfiction.

The Cancer Journals. Spinsters Ink, 1980. Nonfiction.

Zami: A New Spelling of My Name. Crossing Press, 1982. Fiction.

Chosen Poems Old and New. Norton, 1982. Poetry.

Sister Outsider. Crossing Press, 1984. Nonfiction.

Our Dead Behind Us. Norton, 1986. Poetry.

Apartheid U.S.A. & Our Common Enemy, Our Common Cause: Freedom Organizing in Eighties (with Merle Woo). Women of Color Press, 1986. Nonfiction.

I Am Your Sister: Black Women Organizing Across Sexualities. Women of Color Press, 1986. Nonfiction.

Burst of Light. Firebrand Books, 1988. Nonfiction.

Need: A Chorale for Black Women Voices. Women of Color Press, 1990. Poetry.

Hell Under God's Orders: Hurricane Hugo in St. Croix-Disaster and Survival (with Gloria I. Joseph and Hortense M. Rowe). Winds of Change Press, 1990. Nonfiction.

Undersong: Chosen Poems Old and New. Norton, 1992. Poetry.

Out There: Marginalization and Contemporary Cultures (with Russell Ferguson and Joell Hooks). The New Museum of Contemporary Art, 1992. Nonfiction.

The Marvelous Arithmetics of Distance. Norton, 1993. Poetry.

The Collected Poems of Audre Lorde. Norton, 1997. Poetry.

· 함께 읽으면 좋을 후마니타스의 책 ·

원본 없는 판타지
/페미니스트 시각으로 읽는 한국 문화사

오혜진·박차민정·이화진·정은영·김대현·한채윤·허윤·이승희·손희정·안소현·김효진·김애라·심혜경·조혜영 지음, 오혜진 기획, 2020

2018년, 열 차례에 걸쳐 열띤 호응 속에 진행된 "페미니스트 시각으로 읽는 한국 현대 문화사" 강좌를 바탕으로 다시 쓴 열 편의 원고와 새롭게 추가된 네 편의 글을 하나로 묶었다. 열네 명의 작가들이 영화, 미술, 대중잡지, 대중가요, 로맨스소설, 순정만화, TV 드라마, 동인지, 소셜미디어, 팟캐스트, TV 예능, 디지털게임 등 온갖 장르와 매체를 넘나들며 시끄러운 질문들을 흥미로운 방식으로 제기한다.

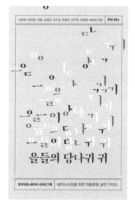

을들의 당나귀귀
/페미니스트를 위한 대중문화 실전 가이드

조혜영·최태섭·오수경·허윤·손희정·최지은·오혜진·김주희·심혜경 지음, 손희정·한국여성노동자회·임윤옥·김지혜 기획, 2019

한국여성노동자회의 임윤옥·김지혜 활동가와 페미니스트 문화연구자 손희정이 여러 대중문화 연구자들을 만나 대담한 동명의 팟캐스트를 바탕으로 만들어졌다. TV 예능, 드라마, 케이팝, 영화, 소설, 게임, 인터넷 커뮤니티 등의 다종다양한 분야를 가로지르며, 최근 미디어와 대중문화 속 성평등 이슈를 관통하는 중요한 메커니즘을 분석한다. 버닝썬 게이트와 연예계 미투운동을 예견하는 듯한 책 내용 때문에 '예언서'라는 이야기가 나오기도 했다.

배틀 그라운드
/낙태죄를 둘러싼 성과 재생산의 정치

백영경·이유림·윤정원·최현정·나영·류민희·김선혜·조미경·
황지성·박종주·나영정·최예훈 지음, 성과재생산포럼 기획,
2018

활동가, 연구자, 변호사, 의사들로 구성된 성과재생산포럼
이 대한민국 형법 제27장 '낙태의 죄' 이면에 숨어 있는 성
과 재생산권의 주요 맥락들을 분석한다. 국가와 사회가 관
리하고 간섭해 온 우리의 몸이 '배틀그라운드'라고, 그에
맞서야 하는 우리가 있는 이곳이 전장戰場임을 선언하며
장애인, 성소수자, 이주 여성 등이 교차하는 지점에서 성과
재생산권을 이야기한다.

그런 여자는 없다
/국민여동생에서 페미나치까지

게릴라걸스 지음, 우효경 옮김, 2017

1985년부터 지금까지 30년 넘게 고릴라 가면을 쓰고 게릴
라식 시위를 펼쳐 온 페미니스트 활동가 그룹 게릴라걸스
가 유머와 위트로 써낸 여성에 대한 고정관념의 역사. 롤리
타(≒국민여동생)에서부터 밸리걸(≒된장녀), 페미나치
(≒꼴페미)에 이르기까지 오해와 편견을 먹고 자라난 'ㅇ
ㅇ녀'들의 계보를 보여 준다.

광주, 여성
/그녀들의 가슴에 묻어 둔 5·18 이야기

이정우, 광주전남여성단체연합 (기획), 2012

5·18 당시 간호사, 시장상인, 여공 등으로 현장을 지켰던
여성들의 목소리를 담았다. 시민군에게 줄 주먹밥을 싸고,
부상자를 치료하고, 시신을 수습했던 그녀들의 삶을 전면
화하며 저항의 의미를 다시 쓴다. 당시 방송차를 타고 광주
시민들에게 현장의 실상을 알리는 데 힘썼던 전옥주 씨와
5·18 당시 수습대책위 활동을 했고, 항쟁 이후에는 교육 운
동과 민가협 활동에 헌신한 현 오월어머니집 이사 이귀님
씨를 비롯한 여러 계층의 여성들의 구술이 담겨 있다. 거대
한 폭력 앞에 선 그녀들은 어떻게 삶을 지켜냈을까. 한강의
『소년이 온다』는 이 책에 대한 헌사로 시작된다.

작별 일기
/삶의 끝에 선 엄마를 기록하다

최현숙 지음, 2019

요양보호사이자 사회복지사로서 쪽방촌 독거노인들을 돌보던 저자가 삶의 끝자락에 선 자신의 치매 노모 곁에서 하루하루 써내려간 천일 간의 일기를 모았다. '독한' 관찰자를 자처한 딸의 시선으로 한국 사회에서 한 여성이 늙고 병들고 죽음으로 들어가는 기나긴 과정을 세세히 그려낸다. 어린 시절 불화했던 아버지, 그리고 나와는 다른 삶을 살았던 어머니와 천천히 거리를 좁혀 가며 조금씩 상처를 치유해 나가는 저자의 솔직한 자기 고백들은 우리 모두의 부모와 나 자신의 늙어감을 돌아보게 한다.

여공 문학
/섹슈얼리티, 폭력 그리고 재현의 문제

루스 배러클러프 지음, 김원·노지승 옮김, 2017

1989년 여름, 한국을 찾은 호주 여학생은 또래의 십대 여공들을 만났다. 미싱을 돌리던 거친 손으로 밤이면 〈테스〉의 책장을 넘기며 문학을 이야기하고 작가를 꿈꾸던 여공들. 그 열정에 매료된 저자는 이십년 후 이 책을 들고 다시 한국을 찾았다. 부르주아적 여성성이 결핍된 존재이자 '쉬운 여자'로만 재현되던 그녀들이 어떻게 자기 목소리를 내며 우뚝 설 수 있었는지, 그 흥미진진한 역사가 펼쳐진다.

소금꽃 나무

김진숙 지음

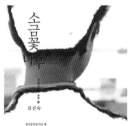

이제는 노동문학의 고전으로 자리 잡은, 한국 최초의 여성 용접공 김진숙의 에세이집. 한진중공업 85호크레인에 오르기 전의 해고 노동자 김진숙, 가슴 울리는 추도사로 사라져 간 노동자들의 삶을 되살려 낸 김진숙, 푸른 작업복을 입은 조선소 유일의 여성 용접공 김진숙의 이야기.

내가 살 집은 어디에 있을까?
/떠돌이 세입자를 위한 안내서

한국여성민우회 지음, 2015

반지하와 옥탑을 전전하며 살아온 떠돌이 세입자들의 셋방살이 이야기와 그들이 전해 주는 실전용 노하우를 함께 엮었다. 2011년 민우회에서 만들어진 반지하 여성 세입자들의 모임 '반만 올라가면 일층'과 2014년 민우회가 인터뷰한 비혼여성 세입자들의 이야기를 기반으로 완성됐다. 오늘도 내 살 집을 찾아 헤매는 떠돌이 세입자들에게 집을 보는 매의 눈과 그 어떤 집에서도 인간답게 살아남는 방법을 전수한다.

뚱뚱해서 죄송합니까?
/예뻐지느라 아픈 그녀들의 이야기

한국여성민우회 지음, 2013

'용모 단정', '원조 얼짱', '착한 몸매' 원하는 세상을 다양한 방식으로 살아 온 여성 24인의 인터뷰를 담았다. 전신 지방 흡입을 한 빅뷰티에서부터 7년간 식이 장애로 고생하며 마른 몸을 갖게 된 오뷰에 이르기까지 현대 한국 사회가 요구하는 외모 조건으로 인해 다양한 외모 관리를 실천해본 경험을 가진 다양한 몸의 여성들이 그 주인공이다. 이들은 과연 무엇 때문에 성형이나 다이어트 결심을 하게 되었으며, 그런 실천 이후 어떤 삶의 변화를 겪는 것일까? 이 책은 성형한 여성들을 타자화하는 기존의 시선에서 벗어나 외모 지상주의 사회의 당사자이자 피해자로 살아가고 있는 여성들의 솔직한 고백을 통해, 그들을 그렇게 만들어 온 미디어와 의료산업, 의류업계의 행태와 일상에서 우리가 무심코 던지는 몸과 외모에 대해 지적들을 돌아보고, 그것이 한 개인에게 남기는 다양한 효과에 대해 살펴본다. 여기에는 허영에 가득찬 여성상이란 없으며 "내면의 아름다움을 추구해야 한다"는 비현실적인 훈계도 없다. 단지 어릴 적 가족이나 친구 등 가까운 이들로부터 받은 상처, 외모도 스펙이 되어버린 직장에서 겪는 외모 차별, 갖가지 성형 수술을 선택하고 경험하며 느낀 대한민국 성형외과 의료계의 현실, 성형 이후 발생하는 또 다른 불만과 자기혐오의 재생산 등 그녀들의 내밀한 이야기가 있을 뿐이다.

우리의 소박한 꿈을 응원해 줘
/이랜드 노동자 이야기

김순천, 권성현, 진재연 엮음, 2008

카트로 바리케이드를 치고 홈플러스 매장을 점거한 채 투쟁가를 부르던 여성 비정규직 노동자들을 기억하는가. 생계를 책임져야 하는 여성들의 노동운동, 불매운동을 통한 시민과의 연대, 정규직과 비정규직의 연대 등 지금 들어도 두 눈 크게 뜨게 만드는 새로운 세상을 보여 주었던 그녀들의 이야기. 노동조합의 '노'자도 몰랐던 이들이 노동조합티를 입고 일해도 불법이 아니라는 법조문을 외우고 또 외우며 목동점을 재점거할 때는 아이 낳을 때보다 무서워 청심환 먹지 않은 걸 후회했다는 생생한 목소리들이 기존 노동운동의 한계를 증언한다. 영화 〈카트〉의 모티브가 되기도 했다. 10여년이 흐른 지금, 과연 그녀들은 더 나은 세상을 살고 있을까?

특권
/명문 사립 고등학교의 새로운 엘리트 만들기

세이머스 라만 칸 지음, 강예은 옮김, 2019

미국의 뉴햄프셔 주, 콩코드에 위치한 명문 사립고 세인트폴 스쿨은 오랫동안 부유층 자제들만이 다니는 배타적 영역이었다. 이 학교의 연간 학비는 4만 달러, 학생 1인당 책정된 학교 예산은 8만 달러, 한 학생당 기부금은 100만 달러에 달한다. 가난한 파키스탄 이민자였지만 외과의사로 성공한 아버지 덕에 이 사립학교에서 3년을 보낼 수 있었던 저자는, 그러나 그 시간이 "행복하지만은 않았다"고 고백한다. 졸업 당시 동문회장으로 뽑힐 정도로 학교생활에는 잘 적응했지만, 실은 엘리트 친구들 사이에서 그는 내내 "불편"했다. 왜 누구는 이런 학교에 들어오는 게 당연한데, 누구는 죽도록 노력해 성취해야 하는 일이 되는가? 왜 어떤 애들은 학교생활이 너무 편하고 쉬운데, 어떤 애들에겐 악전고투해야 하는 일이 될까? 왜 이런 엘리트 학교의 대다수는 여전히 부잣집 애들인가? 이들은 어떻게 기존의 특권을 그대로 수호하면서도 공정사회의 '능력자'로 자리매김할 수 있는 걸까? 이 의문을 풀기 위해 그는 졸업 후 9년 만에, 선생으로서 모교로 돌아가 엘리트 문화를 관찰하기 시작한다. 2011년 C.라이트 밀스상 수상작.

「4장 젠더와 특권의 수행」에서 펼쳐지는 버틀러의 수행성 이론에 기반한 여학생들의 문화 분석은 엘리트 여학생들이 어떤 식으로 성적 위계 속에서 평가받고 억압이 실천되는지를 잘 보여 준다.

불안들

레나타 살레츨 지음, 박광호 옮김, 2015

패닉 상태에 빠진 우리 문화의 이면과 불안한 우리의 마음속을 정신분석학적으로 분석하면서, 누구에게 그리고 무엇에 책임이 있는지 묻는다. 살레츨은 불안에 대해 우리가 꼭 제기해야 할 질문들을 던진다. 불안은 권위가 부재하기 때문인가, 너무 많기 때문인가? 미디어는 불안을 보도하는가, 만들어 내는가? 약은 불안의 치료제인가, 원인인가? 진정한 내 모습을 찾지 못해 불안한 것인가, 아니면 다른 사람처럼 되지 못해 불안한 것인가? 불안은 정말로 행복을 가로막는 궁극의 장애물인가?

〈X파일〉 같은 드라마나 〈인생은 아름다워〉 같은 영화에서부터 전쟁에서 군인이 느끼는 불안을 없애기 위한 각종 처방들, 사랑할 때 겪을 수밖에 없는 불안, 자식을 죽인 어머니가 느끼는 불안 등 생생한 사례들을 들어 실제로 불안을 낳는 것은 그것을 없애려는 시도임을 이야기한다. 정신분석학을 일상생활에 대한 분석 속에 녹여 내는 살레츨의 유려한 솜씨에 라캉의 이론도 쉽게 이해할 수 있다.

헤게모니와 사회주의 전략
/급진 민주주의 정치를 향하여

샹탈 무페·에르네스토 라클라우 지음, 이승원 옮김, 2012

포스트 마르크스주의의 선언문이자, 포스트구조주의 이론에 기반을 둔 정치 사회 분석의 기념비적 저작으로 평가받는 책. 1990년에 처음 번역 출간된 이래로, 마르크스주의 이론 진영은 물론, 다양한 사회운동 이론에 큰 영향을 미쳤으며, 수많은 비판과 찬사의 대상이 되어 왔다. 20년이 지난 지금도 좌파 이론 진영은 물론 포스트구조주의 이론 논쟁의 핵심에서 여전히 그 힘을 잃지 않고 있는 이 책은 여성운동을 포함한 사회운동들의 등장 속에서 어떻게 마르크스주의 이론을 새롭게 구축할 수 있는지에 대한 해답을 제시한다. 특히 적대 antagonism 개념을 중심으로 사회의 완전한 봉합 불가능성을 논의하는 3장은 오늘날까지도 이 책의 의미를 생생히 살아 있게 하는 가장 중요하고도 도발적인 이론적 쟁점을 다루고 있다.

정치적인 것의 귀환

샹탈 무페 지음, 이보경 옮김, 2007

포스트마르크스주의의 시각에서 급진적이고 다원적인
민주주의 기획을 제시하는 샹탈 무페의 대표작. 무페는
자유민주주의의 지속적인 발전을 위해서 명확하게
분화된 입장을 둘러싼 집단 정체성의 구성, 그리고
실제적 대안 사이에서 선택이 가능한 정치적 조건이
반드시 필요하다고 주장한다. 정치가 축소되면
민주주의는 화합과 통합의 사회를 만들어 낼 수 있을까?
이 책의 대답은 단호하다. 절대 그럴 수 없다는 것이다.
지은이는 정치의 세계가 갈등과 대립을 본질로 하는 데,
이런 갈등이 정치의 영역에서 제대로 표출되고 대표되고 경쟁될 수 없다면, 그 에너지는 사회를
원초적으로 분열시키는 힘으로 작용하게 된다고 지적한다. 다양한 이익과 다원적 정체성의
차이에서 비롯되는 갈등과 적대를 다루는 데 어려움을 겪고 있는 오늘의 한국 사회 현실을
상기하면, 이 책은 상당히 많은 생각거리를 던져 준다.

시스터 아웃사이더

1판 1쇄. 2018년 8월 13일
1판 4쇄. 2022년 7월 11일
지은이. 오드리 로드
옮긴이. 주해연·박미선

펴낸이. 안중철, 정민용
책임편집. 이진실
편집. 윤상훈, 최미정, 심정용

펴낸 곳. 후마니타스(주)
등록. 2002년 2월 19일 제2002-000481호
주소. 서울 마포구 신촌로14안길 17, 2층(04057)

편집. 02-739-9929, 9930
제작. 02-722-9960
팩스. 0505-333-9960
블로그. https://blog.naver.com/humabook
페이스북, 인스타그램/Humanitasbook

인쇄. 천일인쇄 031-955-8083
제본. 일진제책 031-908-1407

값 18,000원

ISBN 978-89-6437-311-8 04300
      978-89-6437-310-1 (세트)